Reiseführer Natur
Schottland

BLV

Renate und
Achim Kostrzewa

Reiseführer Natur
SCHOTTLAND
mit England und Wales

Die Deutsche Bibliothek – CIP-Einheitsaufnahme

Reiseführer Natur Schottland: mit England und Wales
Renate und Achim Kostrzewa.–
München; Wien; Zürich: BLV, 1994
ISBN 3-405-14509-0
NE: Kostrzewa, Renate; Kostrzewa, Achim

Umschlagfotos: Achim Kostrzewa, (vorn: Dorset-Klippen, Südengland; hinten: Junger Baßtölpel und Fetthenne; großes Foto: Nordseite des Ben Lawers)
Foto Seite 1: Baßtölpel bei der Gefiederpflege
Foto Seite 2/3: Shetland-Inseln, Ostküste des Mainland, Bucht von Noness, im Hintergrund die Insel Mousa mit ihrem Wehrturm (Broch of Mousa)

BLV Verlagsgesellschaft mbH
München Wien Zürich
80797 München

Umschlaggestaltung: Julius Negele, München
Karten: Viertaler + Braun, Grafik + DTP, München
Redaktionelle Mitarbeit: Dr. Einhard Bezzel, Prof. Dr. Josef H. Reichholf
Lektorat: Dr. Friedrich Kögel
Layout und Satz: Grafisches Büro V. Fehrenbach, München
Herstellung: Hermann Maxant
Reproduktionen: Grafikstudio, Verona
Druck: Appl, Wemding
Gedruckt auf chlorfrei gebleichtem Papier
Bindung: Bückers GmbH, Anzing

Printed in Germany · ISBN 3-405-14509-0

Inhalt

Einführung

Essays

Hauptreiseziele

Nebenreiseziele

Reiseplanung

Anhang

Zum Geleit

Reiseführer Natur — eine Chance für den sanften Tourismus?

Dem Massentourismus ist sehr viel Natur zum Opfer gefallen. Der Versuch, der Unwirtlichkeit der Städte und der Industriegesellschaft in eine »intakte Natur« für die kostbarsten Wochen des Jahres zu entfliehen, mißlang gründlich. Denn der Ruhe, Entspannung und Naturgenuß suchende Mensch wurde im Touristikboom schnell wieder in die Massen einbezogen und beinahe zu einer »Ware« degradiert. Der zähe Brei des Massentourismus wälzte sich, da er fortlaufend seine eigenen Existenzgrundlagen zerstört, immer weiter hinaus bis in die letzten Winkel der Erde. Mit größter Sorge betrachteten Naturschützer in aller Welt diese Entwicklung und versuchten – vergeblich – sich dagegenzustemmen. Sie waren und sind machtlos gegen die Flut, die über sie und die wenigen geschützten Gebiete hereinbrach. Die Naturschützer hatten so gut wie keine Chancen, die Natur vor dem Massenansturm zu bewahren.
So wurde denn der Tourismus in Bausch und Bogen als nicht natur- und umweltverträglich verdammt und gebrandmarkt. Nicht ganz zu Recht, wie man bei objektiver Betrachtung der Sachlage zugeben muß. Denn nicht wenige der wichtigen, ja unersetzlichen Naturreservate der Welt konnten gerade wegen des Tourismus gesichert werden, der Staaten wie Tansania mit der weltberühmten Serengeti und Ecuador mit seinen Galápagos-Inseln mehr harte Währung einbrachte, als eine Umwidmung der geschützten Flächen zu anderen Formen der Nutzung. Durch geschickte und gezielte Lenkung des Besucherstromes ist es möglich, die Schäden gering zu halten, aber großen Nutzen einzubringen. Viele Beispiele gibt es hierfür. In Amerika, in Afrika und in Südostasien gelingt es offenbar weitaus besser, Naturreservate zu erhalten als hierzulande in Mitteleuropa, wo Naturschutzgebiete fast automatisch zu Sperrgebieten für Naturfreunde gemacht werden (während andere Nutzungsformen, insbesondere Jagd und Fischerei, in der Regel uneingeschränkt weiterlaufen dürfen).
Es fehlt an Information und an Personal, das die Schutzgebiete überwacht, Besucher betreut und für die Erhaltung der Natur wie für die Einhaltung der Schutzbestimmungen sorgt. Vielfach können gerade da, wo die Schutzgebiete mit strengem »Betreten Verboten« ausgewiesen sind, die Schutzziele nicht eingehalten werden. Es fehlen die »Verbündeten«; sie sind als Naturfreunde ausgeschlossen und damit keine starken Partner. Eine grundsätzliche Änderung, eine Wende zum Besseren ist derzeit nicht in Sicht. So bleibt der Naturfreund auf sich allein gestellt, Natur zu erleben, ohne sie zu zerstören.
Die neue Serie »Reiseführer Natur« folgt diesem Leitgedanken. Sie will den engagierten Naturfreunden die Möglichkeit aufzeigen, sich schöne Landschaften mit einem reichhaltigen oder einzigartigen Tier- und Pflanzenleben auf eine »umweltverträgliche« Art und Weise zu erschließen. Ein Tourismus dieser Art, der auf Information aufbaut und dessen Ziel die Sicherung der Naturschönheiten ist, wird vielleicht die überfällige Wende bringen. Unberührte Natur, naturnahe Landschaften und freilebende Tiere und Pflanzen haben ihren besonderen Wert. Aber er wird nicht zum Nulltarif auf Dauer zu erhalten sein.

Dr. Einhard Bezzel
Prof. Dr. Josef H. Reichholf

Vorwort

Mit Schottland assoziieren viele hunderttausend deutschsprachige Touristen dudelsackspielende Highlander, berühmte Schlösser und Kirchen, Landlords, die nur zu bestimmten Zeiten in ihrem Pub Ale, Stout oder Single Malt Whisky ausschenken dürfen, Schafe in karger Heidelandschaft und natürlich auch den typischen schottischen »Drizzle«, den berühmten Nieselregen, der angeblich im Sommer wie im Winter die Landschaft einhüllt und im Sommer nur wenig wärmer als zur Winterszeit ist. Zugegeben, in manchen dieser Vorurteile steckt etwas Wahres, obwohl das Wetter meist deutlich besser als sein Ruf ist.

In Schottland konzentrieren sich die meisten Touristen auf bestimmte Reiserouten, die sich grob mit fünf Städten umreißen lassen: Edinburgh, Aberdeen, Inverness, Fort William und Glasgow. Eine solche Rundreise bietet die gesamte Palette der vielen guten kulturhistorischen Reiseführer. Oft unbeachtet dagegen liegen auch an diesen Reiserouten grandiose Naturschönheiten, an denen oftmals der (Individual)tourismus vorbeigeht, weil es an deutschsprachiger Information fehlt. Gerade einmal der berühmte Bass Rock oder die Fischadler von Loch Garten werden als Ausflugsziel in die Natur gewählt. Die meisten Besucher sind von diesen Naturerlebnissen genauso begeistert, wie wir es 1980 auf unserer ersten Reise durch Schottland waren.

Aber vor allem abseits der Touristenströme bietet Schottland überwältigend viel Natur wie die North Western Highlands, die Hebriden, Orkney- und Shetland-Inseln. Letztere liegen in jeder Hinsicht 14 beruhigende Fährstunden von Aberdeen entfernt und nehmen landschaftlich eine Mittelstellung zwischen Highlands und norwegischen Fjorden (hier Voe genannt) ein. Ausreichende deutschsprachige Informationen über Naturreiseziele fehlen aber auch für England und Wales.

Dieser Führer ist ein Versuch, dem Manko nach 14 Jahren eigener Reiseerfahrung in diesen Ländern abzuhelfen; zumal der Tourist an die Natur in Großbritannien durch ein hervorragend organisiertes System von Naturschutzgebieten und -parks herangeführt wird. Informationszentren und die stetige Überwachung durch hauptamtliche Naturschutzbedienstete verhindern gewollte oder ungewollte Störungen der Tier- und Pflanzenwelt. Der sanfte Tourismus ist hier schon Wirklichkeit.

Dieser Naturreiseführer soll dem Besucher auch helfen, sich richtig und angemessen (gekleidet) in der Natur zu bewegen und diese so zu respektieren und wieder zu verlassen, daß die Naturschönheiten für künftige Besucher uneingeschränkt erfahrbar bleiben.

Wir danken allen, die auf die ein oder andere Art zum Zustandekommen dieses Buches beigetragen haben. Vor allem den vielen Angehörigen des Nature Conservancy Council und der Royal Society for the Protection of Birds, die uns vor Ort immer sehr kollegial mit Informationen versorgt oder/und geführt haben. Die British Tourist Authority unterstützte uns mit Informationsmaterial. Hier möchten wir vor allem vielen hilfsbereiten Damen und Herren der örtlichen Tourist-Informationen danken. So manchen Tip verdanken wir auch Reisebekanntschaften und Kollegen. Der Leiterin der Brühler Stadtbücherei, Frau Reuter, möchten wir für ihre Unterstützung danken. Unsere Freunde Horst und Christa Dunkel animierten uns, nach Schottland zu reisen.

Dr. Renate Kostrzewa
Dr. Achim Kostrzewa

Einführung

Zur Benutzung des Buches

Dieses Buch stellt dem Leser die typischen Landschaften von Schottland, England und Wales mit ihrer Tier- und Pflanzenwelt vor. Bei der Auswahl der Gebiete wurde die Betonung auf Schottland gelegt, da hier die überwiegende Zahl der Naturfreunde hinreist. Aber auch Ziele in England und Wales sind so interessant, daß man sie in eine Rundreise mit dem Auto oder Wohnmobil einbinden sollte. Viele Besucher Großbritanniens nutzen die kurzen und relativ preiswerten Fährverbindungen über den Kanal und vielleicht demnächst auch den Eurotunnel.

Die Auswahl der Gebiete berücksichtigt hauptsächlich Landesteile, die für den Normaltouristen erreichbar sind. Deshalb sind so spektakuläre, aber kaum zugängliche Plätze wie St. Kilda ausgeklammert.

Um die in diesem Band enthaltenen Informationen möglichst optimal zu nutzen, sollte man sich zunächst mit der Gliederung vertraut machen. In der **Einführung** erhält der Leser einen Überblick über Schottland, England und Wales. Die wichtigsten Angaben zu Lage, Größe, Geologie, Geomorphologie, Klima, Pflanzen- und Tierwelt sind zusammengestellt. Es folgt ein Abschnitt über Naturschutz und Naturschutzgebiete. Diese Angaben sollen helfen, die eigenen Beobachtungen im Gelände richtig einzuordnen.

Den Hauptteil des Buches bildet die Beschreibung der ausgewählten Reiseziele. Alle 22 Haupt- und 21 Nebenreiseziele sind in einer Übersichtskarte eingetragen, die sich hinten auf der inneren Umschlagseite befindet.

Hauptreiseziele sind besonders sehenswerte Gebiete, die entweder eindrucksvolle Landschaften, besondere geologische Formationen oder interessante Tier- und Pflanzenarten bieten. In manchen Hauptreisezielen wurden nahe beieinanderliegende, sehr unterschiedliche Gebiete wie Steilküsten- und Dünenlandschaft z.B. Holyhead und Newborough Warren (Hauptreiseziel 20) oder sehr ähnliche Landschaften, die aber etwas weiter auseinanderliegen können,wie die Vogelkolonien von Bempton Cliffs und den Farne Islands (Hauptreiseziel 16) zusammengefaßt. Manche dieser Gebiete haben für den Naturschutz einen hohen Stellenwert und sind entsprechend streng geschützt, bzw. der Zugang wird durch einen Naturschutzwart reglementiert.

In jedem Kapitelbeginn werden die Hauptattraktionen stichwortartig vorgestellt. Anschließend sind die naturräumlichen Gegebenheiten mit den typischen Tier- und Pflanzenarten beschrieben, wobei die besonders charakteristischen in Fotos vorgestellt werden. Die weitaus meisten Bilder sind vor Ort entstanden. Verweise auf Arten, die an anderer Stelle des Buches abgebildet sind, erfolgen durch den Hinweis »(S. ...)«, Textstellenverweise durch »(s.S. ...)«.

Fotos erleichtern zwar das Erkennen von Tieren und Pflanzen, können aber ein gutes Bestimmungsbuch nicht ersetzen. Bestimmungsbücher mit gezeichneten Abbildungen (Zeichnungen erfassen das typische einer Art besser als Fotos) für Vögel, Säuger und Pflanzen sind neben einem Fernglas dringend zu empfehlen.

Kurze **Essays,** kenntlich durch blaue Unterlegung, geben zusätzliche Informationen zu wichtigen Themen.

Eine Karte zu jedem Hauptreiseziel erlaubt eine rasche Orientierung im Gebiet. Im Zusammenhang mit dem Abschnitt **»Im Gebiet unterwegs«** soll sie dem Besucher helfen, die beschriebenen Plätze aufzusuchen.

Die **»Praktischen Tips«** geben Hinweise über Anreise, Klima, Informations- und

Unterkunftsmöglichkeiten. Die im Text aufgeführten topografischen Karten sind als Wegweiser bei Wanderungen oft unerläßlich. Die Übersichtskarte im Buch reicht nicht in jedem Fall aus. Alle Angaben sind auf dem Stand 1993, Adressen, Telefonnummern, Fährzeiten, Öffnungszeiten und Sonstiges können sich schnell ändern.
Im Abschnitt **»Blick in die Umgebung«** sind lohnende Ausflugsziele in der Nähe eines Hauptreisezieles angeführt.
Die **Nebenreiseziele** bieten weitere interessante Naturschönheiten. Es handelt sich um Gebiete, die entweder nur zu bestimmten Jahreszeiten besonders interessant sind, die abseits einer möglichen Rundreiseroute liegen, nur schwer zu erreichen oder vom Charakter her ähnlich einem Hauptreiseziel sind.
Das Kapitel **Reiseplanung** soll die Vorbereitung und Durchführung einer Reise erleichtern. Hier stehen die wichtigsten Vorinformationen.
Im **Anhang** werden Hinweise auf wichtiges Kartenmaterial und Literatur gegeben. Das **Wörterbuch** ist zweiteilig und enthält im ersten Teil die deutschen, englischen und wissenschaftlichen Namen der im Text erwähnten Pflanzen und Tierarten, im zweiten Teil die englischen (damit die in den vielen guten Informationszentren genannten Artnamen für jedermann verständlich sind) und deutschen Namen. Das **Register** ist in zwei Teile gegliedert. Im ersten sind Tier- und Pflanzennamen, im zweiten Verzeichnisse der Ortsnamen, Sachbegriffe und erwähnten Personen enthalten.

Zeichenerklärung für die im Hauptteil abgedruckten Karten

Um die Übersichtlichkeit der Karten zu gewährleisten, wurden vor allem die für den Touristen interessanten Informationen aufgenommen. Die verwendeten Symbole und Abkürzungen werden im folgenden erklärt. Andere Sonderzeichen sind in der jeweiligen Karte erklärt, wenn sie nur für ein bestimmtes Gebiet verwendet werden.

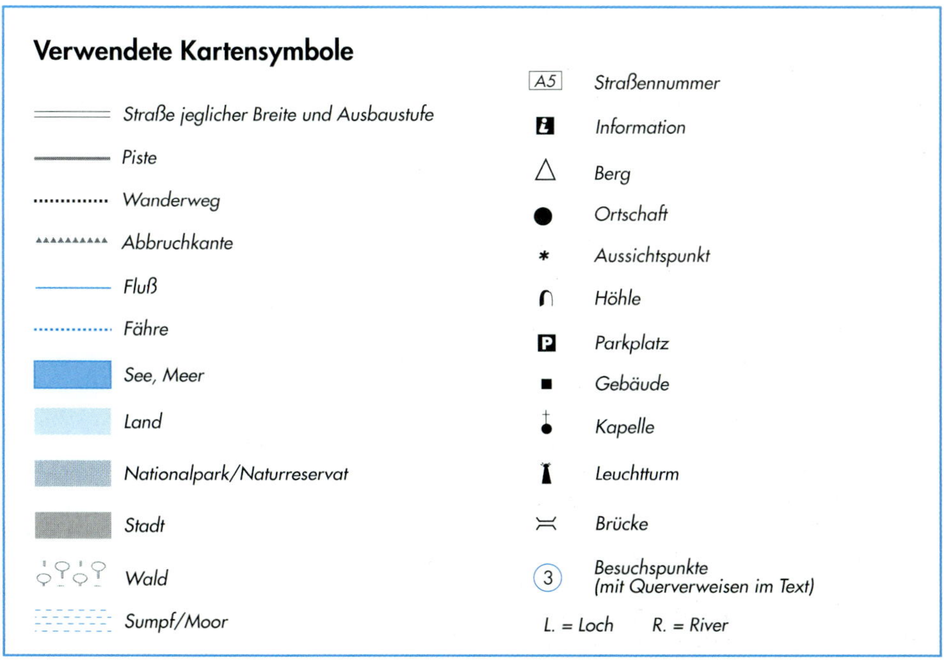

Kleine Landeskunde

Lage und Größe

Schottland, England und Wales gehören politisch zu Großbritannien. Sie können aber als »Länder« bezeichnet werden, da sie eigene kulturgeographische Merkmale aufweisen und z.T. Sonderrechte innerhalb der Verwaltungseinheit des Vereinigten Königreiches (zu dem auch das hier nicht behandelte Nordirland gehört) genießen.
Großbritannien ist 229 870 km² groß. Hier leben 57,5 Mio. Menschen (im Vergleich: Bundesrepublik Deutschland 357 326 km² mit 80,9 Mio. Einwohnern). Es liegt im Westen Europas und erstreckt sich von Land's End, das auf gleicher Breite mit Frankfurt liegt, bis zu den Shetland-Inseln, die sich schon auf gleicher Breite mit der Südküste Grönlands befinden. Die beiden äußeren »Festland«punkte Land's End und Duncansby Head sind etwa 1415 km voneinander entfernt.
Schottlands Fläche beträgt mit den Inseln 78 764 km², hier leben aber nur 4,96 Mio. Einwohner. Die Besiedlung ist sehr ungleichmäßig. Während in den Lowlands 700 und mehr Menschen pro km² leben, sind die Highlands und Inseln nur spärlich besiedelt bis unbewohnt. Die Landeshauptstadt ist Edinburgh.
England hat eine Fläche von 130 345 km² und ist damit das größte Land Großbritanniens mit 49,5 Mio. Einwohnern. Die Hauptstadt ist London.
Wales, auf walisisch Cymru genannt, ist eine 20 761 km² große Halbinsel zwischen der Irischen See und dem Bristolkanal mit 2,8 Mio. Bewohnern. Die Landeshauptstadt ist Cardiff.

Typisch U-förmiges Gletscher- oder Trogtal im Glen Coe.

Geologie

Schottland, Wales und Mittelengland gehören zum kaledonischen Gebirgsrumpf, der sich in einem Halbkreis von hier über die Skanden in Norwegen, über Spitzbergen, die Ostküste Grönlands nach Neufundland und Neuschottland in Nordamerika entlangzieht. Die kaledonische Gebirgsbildung setzte Ende des Kambriums (vor 515 Mio. Jahren) ein und dauerte bis zum Silur (vor 440 Mio. Jahren). Lediglich in Südwestengland und in Südwales wirkte sich die jüngere, variskische Gebirgsbildung (Devon) aus, die weitgehend die mitteleuropäischen Mittelgebirge gebildet hat. Die Geologie Großbritanniens ist sehr komplex, wobei die Gesteinsserien meistens in Bändern quer über die Insel verlaufen.
Ganz grob kann man Großbritannien in Tiefland und Bergland einteilen, wobei das westliche Gebirgsland dem flachen Osten vorgelagert ist (s. Karte S. 17). Das Bergland ist ein altes Rumpfgebirge, das sich im Tertiär nach der kaledonischen Gebirgsbildung und Abtragungsphasen entwickelt hat. Über die Rumpfflächen ragen einzelne massive Erhebungen wie z.B. Ben Nevis, 1343 m, oder Snowdon, 1085 m, die als Härtlinge der Abtragung widerstanden haben.

Einfluß der Eiszeiten

Im Pleistozän wurden die Rumpfflächen vom Eis überschliffen. Die Vergletsche-

Loch Tay vom Rand des Ben-Lawers-Massiv aus gesehen.

rung während der Eiszeiten hat die heutige Landschaft entscheidend überformt. Nur der Süden Englands bis nördlich der Themse-Mündung war mindestens in der letzten Eiszeit nicht mehr vergletschert, sondern Periglazialgebiet; daher ist die Landschaft vom Bodenfrost beeinflußt worden.
Im ehemalig vergletscherten Wales, Mittelengland und Schottland sieht man charakteristische glaziale Formen wie U-förmige Trogtäler, Hängetäler, die mit deutlicher Stufe ins Haupttal einmünden, Moränendecken, Findlinge und Kare. Letztere sind sesselförmige Hohlformen in den Steilhängen ehemaliger Täler, die von schroffen Karwänden umgeben sind.

Landschaften

Mit Schottland, England und Wales verbindet man eine abwechslungsreiche Landschaft mit Küsten, Bergland (Land über 240 m Höhe meist Heide- oder Deckenmoore, s. S. 15), Tälern, Seen und Flüssen. An der 11 200 km langen Küstenlinie gibt es Steilküsten mit Seevogelkolonien oder Flachküsten mit Strandbuchten, Dünen und Marschen. Beim Reisen tangiert man immer wieder die Küsten. Zwischen Firth of Clyde und Firth of Forth ist die schmalste Stelle Großbritanniens mit knapp 50 km Breite, kein Punkt Englands liegt weiter als 120 km vom Meer.
In den entlegenen Bergländern, wo in Moor- und Heidegebieten nur noch extensive Schafweidewirtschaft betrieben wird, liegen die meisten Reiseziele. Das Tiefland (mittelschottische Senke, Süd- und Ostengland) ist stark besiedelt, mit viel Industrie und Landwirtschaft. Außer dem New Forest gibt es hier nur noch kleinflächige Naturlandschaften.
Schottland: Im Nordwesten kommen die ältesten Gesteine Europas vor, präkambrischer kristalliner Lewisian Gneis (2,8 bis 1,4 Mrd. Jahre). Jüngere Gneise und Schiefergesteine bilden weithin die Oberfläche. In den herausgehobenen Gebirgsschollen herrscht kristallines Gestein vor; in den Senkungsgebieten ist die Sedimentdecke des Old Red Sandstone (Devon), dem kaledonischen Faltenrumpf oft flach aufgelagert, formenbestimmend.
Schottland gliedert sich in mehrere von

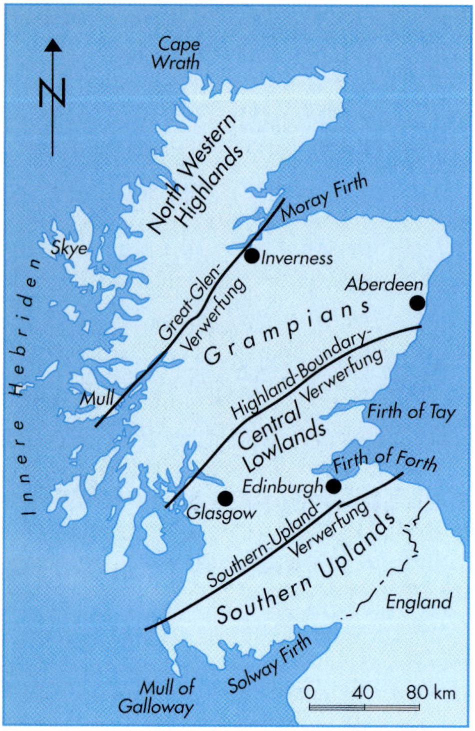

Landschaftliche Grobgliederung Schottlands.

Süd nach Nord verlaufende Landschaften, deren morphologische Abgrenzungen durch Verwerfungslinien oder Zerrungsspalten, z.B. dem Great Glen, gebildet werden.
Southern Uplands, das südschottische Bergland, ist ein breitflächig gegliedertes Mittelgebirge, das bis 842 m aufsteigt.
Central Lowlands, die mittelschottische Senke, liegt zwischen den Buchten des Firth of Clyde im Westen und des Firth of Forth im Osten. Es ist eine geologisch vorgezeichnete Senkungszone, in der sich jungpaläozoische Schichten erhalten haben. Sie sind durch langgestreckte Bruchlinien im Süden gegen die Uplands und im Norden gegen die Highlands deutlich abgesetzt. In der Landschaft wechseln kleine Tiefebenen, Hügelländer und schroff aufgesetzte Bergstöcke. Rund drei Viertel der schottischen Bevölkerung lebt hier. Trotz des feuchten Klimas herrscht in der Landwirtschaft Ackerbau vor.
Das schottische Hochland wird durch den tiefeingeschnittenen Grabenbruch des Great Glen in zwei Teile gegliedert, den **Grampians** im Süden und den **Northwestern Highlands** im Norden. Die Northwestern Highlands haben im Westen eine stark zerklüftete Küste. Ehemalige Talgletscher drangen hier ins Meer ein und bildeten langgestreckte Fjorde.
Die schottischen **Inseln** sind die entlegensten Gebiete, wo sich viele alte Traditionen erhalten haben.
England teilt sich in zwei Großlandschaften. Im Norden liegt das kumbrische Gebirge (Lake-District-Nationalpark) und die Pennines mit Kohlelagerflächen an ihren Flanken. Die **Pennines** bilden eine breite nordsüdlich streichende Aufwölbung, die aus Gesteinsschichten des Karbons bestehen und auf dem gefalteten Untergrund des kaledonischen Rumpfes liegen. Südöstlich einer Linie von der Mündung des Exe quer durch Mittelengland bis Nordostengland nördlich der North-York-Moore liegt das **Tiefland** (unter 240 m), kein Flachland, sondern ein tiefer gelegenes Hügelland (s. Karte S.17). Die Schichtstufenlandschaft hat zwei markante Stufen (Jura, Kreide), dazwischen liegen Beckenlandschaften mit überwiegend tertiären und mesozoischen Sedimenten. Das Schichtstufenrelief hat sich wegen unterschiedlich wasserdurchlässiger und widerstandsfähiger Sedimente bei Abtragungsprozessen herausmodelliert.Während der alpidischen Faltungsphase (im Tertiär, Bildung z.B der Alpen, Rocky Mountains und des Himalaya) erfuhren die Stufen eine Schrägstellung.
Wales: Der geologische Schichtenbau ist sehr komplex. Im Westen auf Anglesey und der Halbinsel St. David's stehen ganz alte, präkambrische Gesteine (2,0 bis 1,1 Mrd. Jahre) an, ältere Gesteine kommen nur noch in Schottland (s.o.) vor.

Irgendwo in den Western Highlands – im Wechselbad des Wetters.

Hauptsächlich besteht Wales aus Gesteinen des kaledonischen Rumpfes; Härtlinge aus Erstarrungsgestein wie der Snowdon ragen heraus. Im Süden ist Old Red Sandstone angelagert.
Wales ist ein waldarmes, zerklüftetes, unwirtliches Bergland, das zum Rückzugsgebiet der keltischen Bevölkerung wurde. Daneben hat Wales eine imposante Küstenlandschaft.

Klima und Wetter

Insellage, geographische Breite und Golfstrom haben starken Einfluß auf das Klima Großbritanniens. Es ist kühl-gemäßigt, ozeanisch, mit kühlen Sommern und milden, fast frostfreien Wintern.

Temperatur

Generell läßt sich ein Süd-Nord- und ein West-Ost-Klimagefälle feststellen: In London beträgt die durchschnittliche Julitemperatur 18°C, in Edinburgh an der Ostküste nur 15°C, dagegen ist es an der Westküste mit 17°C im Juli wärmer (zum Vergleich: Frankfurt 18,7°C). Die durchschnittliche Januartemperatur liegt an der Westküste bei 6°C, an der Ostküste nur noch bei 3 bis 4°C (zum Vergleich: Frankfurt 0,5°C). Die Bergregionen in Wales, Mittelengland und besonders die Highlands in Schottland bilden Kälteinseln, hier fällt im Winter auch Schnee. Betrachtet man die Jahresmitteltemperatur, dann ist sie mit 9,9°C nicht tiefer als in Frankfurt (10°C).

Niederschlag

Großbritannien liegt im Westwindgürtel, der sehr feuchte Luftmassen mit sich bringt, die sich in den Bergregionen der Westseite mit 2000–4000 mm Niederschlägen im Jahr abregnen. Im Lee der Bergländer fallen auf der Ostseite nur 600–800 mm Niederschläge (zum Vergleich: Frankfurt 676 mm). Statistisch gesehen sind die Monate Mai und Juni trockener als Juli und August. Wegen hoher Luft-

Die Stechpalme, britische Nationalpflanze und Ersatz für den Weihnachtsbaum.

feuchtigkeit gibt es besonders in Beckenlagen und an den Küsten viel Nebel.
Durch die stetig wehenden Winde, besonders an der Westküste, wechselt das Wetter rasch. Daher kann es morgens »aus Kübeln schütten« und nach ein paar Stunden die Sonne herrlich scheinen. Die durchschnittlichen Sonnenscheinstunden im Sommerhalbjahr nehmen zu, je weiter man nach Norden reist. Als Faustregel gilt, daß die Ostküste kühl und trocken, die Westküste eher mild und feucht ist.

Region	Tagestemperatur Januar max.-min. (°C)	Juli	Niederschlag (mm/Jahr)
im Osten:			
London	7 bis 1	22 bis 13	610
Edinburgh	6 bis 1	18 bis 11	676
im Westen:			
Fort William	7 bis 1	18 bis 11	2007
Glasgow	6 bis 1	19 bis 11	1034
Frankfurt	3 bis -2	25 bis 15	676

Durchschnittliche Tagestemperatur im Januar und Juli sowie durchschnittliche jährliche Niederschläge.

Pflanzen und Tiere

Waldentwicklung

Nach den Eiszeiten (10 000 v. Chr.) entwickelten sich in Großbritannien wieder ausgedehnte Laubmischwälder mit hauptsächlich Eichen, daneben Eschen und Haselnuß. Im Atlantikum (5000 v. Chr.) als es viel wärmer als heute war, drang die Eiche bis Nordwestschottland und auf die Hebriden vor. Nährstoffarme Böden in Schottland wurden ab 6000 v. Chr. als Außenposten des borealen Nadelwaldes von einer Unterart der Waldkiefer besiedelt, der »Scots Pine«, die den »Kaledonischen Wald« bildete. Auf etwas nährstoffreicheren Böden wuchsen Birken. Waldfrei blieben lediglich zu nasse, zu trockene oder alpine Bereiche oberhalb der natürlichen Baumgrenze.

Heute sind nur noch 9 Prozent der Landesfläche von Wald bedeckt. Die Waldvernichtung hatte vielfältige Ursachen. Schon ab der Steinzeit gab es erste Waldrodungen, die mit zunehmendem Bevölkerungsdruck ausgeweitet wurden. Waldweidewirtschaft im Mittelalter und Intensivierung der Schafzucht in Schottland im 18. und 19. Jh. bedingten eine Übernutzung. Für den Schiffsbau (16. Jh.) wurden zahlreiche Wälder abgeholzt, denn etwa 1000 gewachsene Eichen benötigte man für ein mittelgroßes Kriegsschiff. Einen zusätzlichen Bedarf schufen die Holzkohle zur Verhüttung und Grubenholz für den Bergbau (England und Wales).

Reste der ursprünglichen Laubwälder finden sich z.B. in den Schluchtwäldern im Exmoor oder in Tälern des Peak Districts. Eingestreut in diese Wälder stehen schöne Exemplare der Stechpalme, ein atlantisches Florenelement (s. S. 16). Reste des ursprünglichen Kaledonischen Waldes mit »Scots Pine« haben nur noch ein inselartiges Vorkommen, hauptsächlich bei Rothiemurchus, Abernethy, Inshriach, Invereshie, Glen Feshie und Beinn Eighe.

Typisch atlantische Heidevegetation mit Ginster im Exmoor.

Da die Waldfläche Großbritanniens nur noch 9 Prozent (im Vergleich: in der Bundesrepublik 30 Prozent) beträgt, werden heute aus wirtschaftlichen Gründen mit großem Arbeits- und Kapitaleinsatz Aufforstungsprogramme forciert (s. S. 173).

Die Moor- und Heidegebiete

Auf nährstoffarmen Böden bei hohen Niederschlägen bildet der Wald ein sensibles Ökosystem, vergleichbar mit dem tropischen Regenwald. Wird dieser Wald gerodet und gebrannt, gehen die meisten Nährstoffe verloren. Der Boden der sekundär entstandenen Heidevegetation ist durch weiteren Brand und Schafweide derart ausgelaugt worden, daß praktisch keine natürliche Sukzession zum Wald mehr erfolgen kann.
Die für Großbritannien typischen baumlosen, atlantischen Moor- und Heidegebiete sind also ein von Menschen geschaffenes Degradationsstadium. Lange Zeit nahm man an, sie bildeten eine zonale Vegetation, da die Entwaldung so vollständig war. Im Englischen werden die Moor- und Heidegebiete unter dem Sammelbegriff »moorlands«, abgekürzt »moors«, zusammengefaßt, der einen Landschaftstyp vergleichbar mit dem skandinavischen Fjell bezeichnet.
Bei Moor- und Heidegebieten kann man zwischen Deckenmooren, Heidemooren und atlantischen Grasländern (s. Karte S. 17)

Die Gewöhnliche Kratzdistel – schottische Nationalpflanze als Symbol für die Armut des Bodens und der Crofter.

Die winzige Netzweide ist zweihäusig – Männchen und Weibchen bilden getrennte Pflanzen.

unterscheiden. Sie decken sich weitgehend mit den Erhebungen über 240 m Höhe und durchschnittlichen Jahresniederschlägen von 1250 mm. An der niederschlagsreichen Westküste reichen sie bis zum Meeresspiegel.
Großflächige **Deckenmoore** kommen in den regenreichen Pennines und im schottischen Hochland vor. Klassisch ist das Rannoch-Moor. Die Deckenmoore entwickeln sich mit dem Wachstum von Torfmoosen, bei mehr als 235 Regentagen überziehen sie auch hügeliges Gelände.
Die trockeneren **Heidemoore** liegen im Lee der Bergregionen in den östlichen Grampians, den North-York-Mooren, den Ostflanken des Waliser Berglandes, aber auch an den Rändern von Exmoor und Dartmoor sowie im New Forest. In den Heidemooren dominiert die Besenheide (S. 121), ein Zwergstrauch. Etwa 1/4 bis 1/3 der Gesamtfläche Schottlands sind mit diesen *Calluna*-Heiden bestockt.
Zwischen trockeneren Heidemooren und Deckenmooren gibt es gleitende Übergänge. Die Artenzusammensetzung ändert sich mit dem Feuchtegrad. In Heidemooren überwiegen Grauheide (S. 120), Besenheide und Blaubeeren, vergesellschaftet mit Stechginster und Adlerfarn; in feuchteren Mooren dominieren Glockenheide, Wollgras und Gagelstrauch (S. 141).

In den übrigen Heide- und Moorgebieten von Wales, dem Lake District und den schottischen Highlands bildeten sich **atlantische Grasländer**. Je nach Niederschlagsmengen gibt es unterschiedliche Grasgesellschaften. In feuchten Regionen gedeihen Pfeifengras, Riedgräser und Borstgras, im trockeneren Osten Schwingelgräser und Borstgras. Die Grasländer werden hauptsächlich zur extensiven Schafweidewirtschaft genutzt.

Pflanzenwelt

Aufgrund der vielfältigen Biotope zeigt die Pflanzenwelt Großbritanniens trotz der Insellage ein breites Artenspektrum. Durch Landwirtschaft, hauptsächlich Weidewirtschaft, sind jedoch weite Bereiche degradiert. Die Zahl der Gefäßpflanzen-Arten auf den Britischen Inseln (mit Irland) beträgt 2300 (zum Vergleich: Bundesrepublik Deutschland etwa 3000).
Wegen des ozeanischen Klimas gibt es zahlreiche atlantische Florenelemente, darunter Ginster, Glockenheide, Gagelstrauch, Stechginster, Rhododendron, Hasenglöckchen und die immergrünen Stechpalmen, die die östlichen, kontinentalen Gebiete mit harten Wintern meiden. Die atlantischen Moor- und Heidegebiete sind mit Besenheiden, Blaubeeren und Krähenbeeren als Zwergsträucher bestanden, die von der Ebene bis 1000 m hoch in die schottischen Highlands und damit noch über die Baumgrenze hinaus reichen. Man nimmt an, daß »Scots Pine«-Wälder bis 680 m Höhe gereicht haben.
In den Hochlagen der Gebirge wächst nur noch arktisch-alpine Vegetation, die als Glazialrelikt nach den Eiszeiten auf Kälteinseln der Highlands zurückgedrängt worden ist. Hierzu zählen Gletscherhahnenfuß, Silberwurz, Roter Steinbrech und Netzweide, außerdem in Nordostschottland, auf den Orkney- und Shetland-Inseln die Schottische Schlüsselblume.
In den wenigen noch vorhandenen Laub-

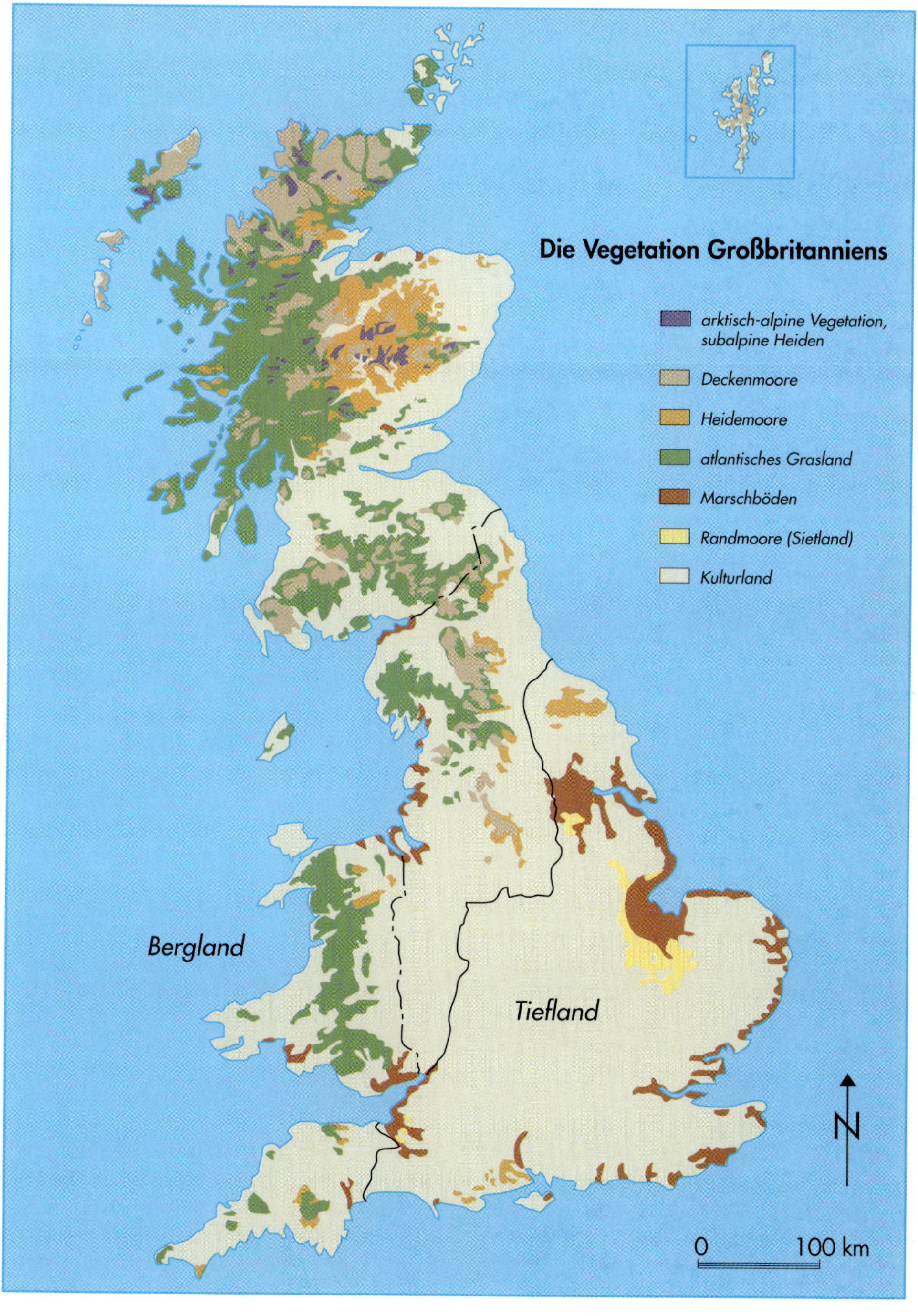
Die Vegetation Großbritanniens
arktisch-alpine Vegetation, subalpine Heiden
Deckenmoore
Heidemoore
atlantisches Grasland
Marschböden
Randmoore (Sietland)
Kulturland
Bergland
Tiefland
N
0
100 km

Brutplatztypen am Vogelfelsen

Die Ziffern in der Grafik und Tabelle bezeichnen die verschiedenen Brutplatztypen.

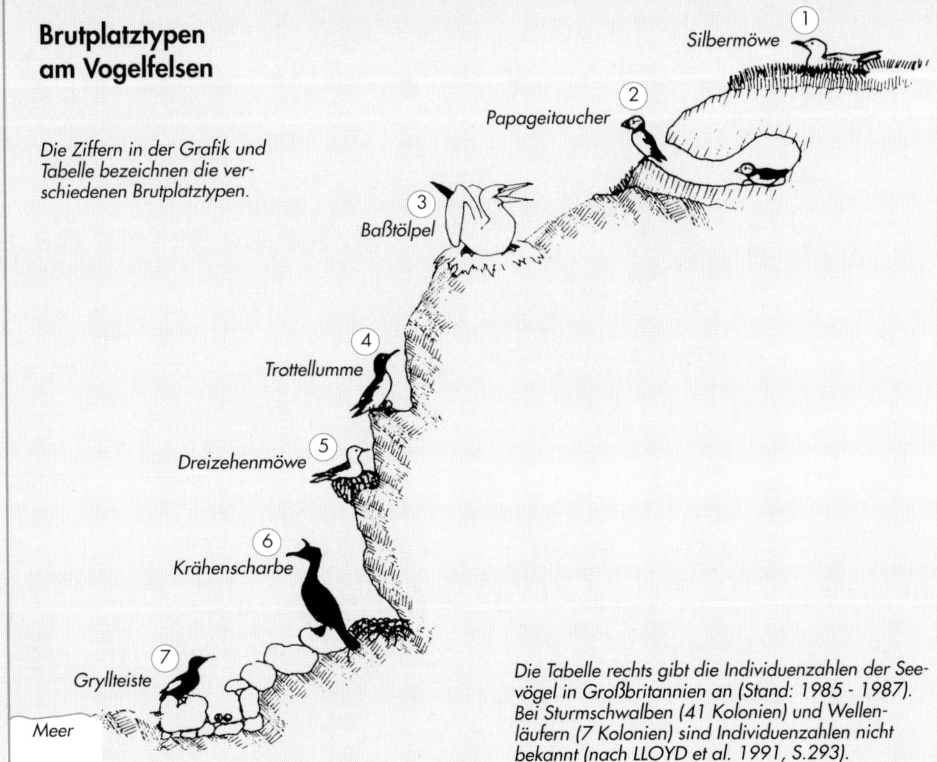

Die Tabelle rechts gibt die Individuenzahlen der Seevögel in Großbritannien an (Stand: 1985 - 1987). Bei Sturmschwalben (41 Kolonien) und Wellenläufern (7 Kolonien) sind Individuenzahlen nicht bekannt (nach LLOYD et al. 1991, S.293).

wäldern findet man einen mit Mitteleuropa vergleichbaren, sehr artenreichen und üppigen Unterwuchs. An der Südküste Englands oder auch an der Westküste Schottlands kann sich wegen des milden ozeanischen Klimas mit frostfreien Wintern auch angepflanzte subtropische Vegetation halten.
Einen weiteren wichtigen Lebensraum bilden die Küsten mit Salz- und Brackwasser(pflanzen)gesellschaften sowie Vegetationsabfolgen der Küsten- und Binnendünen. Auf den Hebriden und an der Westküste sind Machairs, grasbewachsene küstennahe Flächen, typisch.

Tierwelt

Die Tierwelt Großbritanniens ist relativ artenarm. Die Artenzahlen der Säuger, aber besonders der Reptilien, Amphibien wie auch Insekten belegen dies. Die Insellage begünstigt dagegen den Artenreichtum der Meeresfische und infolgedessen auch der Seevögel.
Manche Tiere der mitteleuropäischen Fauna fehlen, wie z.B. Steinmarder. Von den Bilchen kommt nur die Haselmaus in England und Wales vor. Siebenschläfer wurden in England eingeführt. Die seit 7000 Jahren bestehende Isolation durch den Är-

Art	Anzahl	Brutplatz-typ (vgl.Grafik)
Eissturmvogel	1 074 000	3
Trottellumme	1 048 600	4
Dreizehenmöwe	981 000	5
Papageitaucher	894 900	2 H
Schwarzschnabel-Sturmtaucher	502 000	2 H
Silber- und Heringsmöwe	394 000	1
Baßtölpel	317 360	3
Küstenseeschwalbe	155 360	1
Lachmöwe	154 600	1
Tordalk	146 800	4
Krähenscharbe	72 740	6+7
Gryllteiste	37 540	7
Brandseeschwalbe	28 100	1
Flußseeschwalbe	23 700	1
Mantelmöwe	18 510	1
Skua	15 800	1
Sturmmöwe	14 840	1
Kormoran	12 100	6+7
Schmarotzer-raubmöwe	6 800	1
Zwergseeschwalbe	4 460	1
Rosenseeschwalbe	270	1

H = höhlenbewohnende Seevögel

melkanal hat zur Bildung von einigen Unterarten geführt. Beispiele sind das Schottische Moorschneehuhn (S. 123) oder der Shetland-Zaunkönig. Dem Schottischen Fichtenkreuzschnabel billigen manche Taxonomen sogar schon Artstatus zu.

Säugetiere

Rotfuchs, Dachs, Mauswiesel, Hermelin und Baummarder leben in ganz Großbritannien. Der Iltis (S. 155) hält sich nur noch in Rückzugsgebieten in Wales und an der Westküste Schottlands auf. Wildkatzen sind hauptsächlich in Nordschottland anzutreffen. Eine Plage stellen Wildkaninchen dar. Während Feldhasen außer den Hochlagen ganz Großbritannien besiedelt haben, leben Schneehasen (S. 135) in Nordschottland und den höheren Lagen oberhalb der Baumgrenze.

Interessant ist das Vorkommen von Eichhörnchen und Grauhörnchen (S. 139); letzteres ist aus Nordamerika eingebürgert worden. Grauhörnchen sind schon in England, Wales sowie Teilen Schottlands heimisch und verdrängen das Eichhörnchen zunehmend, zumal dieses durch eine Seuche dezimiert worden ist.

Reh und Rothirsch bewohnen die Wälder. In Schottland sind die Geweihe meist wegen Nahrungsmangel schwach ausgebildet. Eingebürgert wurden Damhirsch, Muntjak, Sikahirsch und Mufflon. Rentiere (S. 43) aus Schweden sind in den Cairngorms angesiedelt worden.

5 Insektenfresserarten, Maulwurf, Igel, Zwergspitzmaus, Waldspitzmaus und Wasserspitzmaus, kommen in Großbritannien vor. Fledermäuse sind selten, obwohl es 14 verschiedene Arten gibt. Die meisten leben in Südengland.

Waldwühlmaus und Erdmaus sind überall verbreitet. Waldwühlmäuse haben auf Skomer eine Unterart gebildet. Auch die Westschermaus ist weit verbreitet, die Ostschermaus kommt nur in Nordschottland

Die Pfuhlschnepfe, ein typischer Vertreter der Watvögel.

Beobachten und Fotografieren (hier am Bass Rock) erfordert gegenseitigen Respekt. Ein Baßtölpel kann sich diesen mit dem Schnabel verschaffen. Ruhiges Sitzen ohne hektische Bewegungen stört die Tölpel kaum.

vor. Feldmäuse, die in Mitteleuropa häufig sind, treten in Großbritannien nur in jeweils einer Unterart auf Orkney und der Kanalinsel Guernsey auf. Von den Langschwanzmäusen fehlt die Zwergmaus in Nordschottland, Gelbhalsmäuse sind nur in Wales, Süd- und Mittelengland heimisch. Wanderratten und Waldmäuse leben in ganz Großbritannien; letztere bildeten auf Fair Isle, Foula, Yell, St. Kilda und Rhum jeweils Unterarten.

Grünfrösche (und zwar der Seefrosch) kommen in Großbritannien bisher nur in den Elmley Marshes (N 18) vor.

An Meeressäugern bekommt man in der Regel Kegelrobbe und Seehund zu sehen, die auf flachen Inseln vor der Küste ruhen. Weiter draußen im offenen Meer schwimmen Delphinarten und Schweinswale. Fischotter kommen sowohl in Buchten an der Küste, in Flußmündungen oder in Flüssen im Inland vor.

Vögel

Die Vogelwelt ist reichhaltig: Zum einen kommen zahlreiche mitteleuropäische Arten vor, zum anderen auch solche, die man der subarktischen Vogelwelt zurechnen muß. Sie finden sich überwiegend in hochgelegenen Moor- und Heidegebieten der schottischen Highlands und auf den Inseln. Schließlich sind vor allem die Insel-

gruppen der Shetlands, Orkney und der Äußeren Hebriden bekannte Konzentrationspunkte und Rastplätze für den nordischen Vogelzug.
Die Ausdehnung Großbritanniens über 11 Breitengrade bewirkt eine deutliche klimatische Zonierung. Im südenglischen New Forest treten wärmeliebende Arten auf, die sich hauptsächlich von Insekten, Amphibien und Reptilien ernähren. Wespenbussard und Provencegrasmücke sind Beispiele für die punktuelle Verbreitung von Arten in einer Wärmeinsel. Der Mornellregenpfeifer als Vertreter der nordischen Vogelwelt ist dagegen auf die alpinen Regionen Schottlands mit seinem Hauptbrutgebiet in den Cairngorm Mountains beschränkt. Odinshühnchen und einzelne Schnee-Eulen sind nordische Faunenelemente der Shetland-Inseln.
Einige auffällige Greifvogelarten wie Seeadler, Fischadler und Habicht waren zeitweise ausgestorben. Die Rückkehr des Fischadlers (s.S. 51) nach Schottland stellt sicher eine der erfolgreichsten natürlichen Wiederbesiedlungen der neueren Zeit dar. Seeadler sind auf den Inneren Hebriden (Rhum) durch Zucht und Aussiedlung wieder heimisch geworden. Eine wohl einmalige Geschichte ist die Rückkehr des Habichts nach seiner Ausrottung. Entflogene oder freigelassene Beizhabichte skandinavischer Herkunft führten, möglicherweise mit einer minimalen Restpopulation oder eingewanderten Habichten, wieder zu einer ausbreitungsfähigen Population in England, zumal die Jägerschaft ausreichend Fasane, die aus Asien eingebürgert sind, als Nahrung nachliefert. Die Wiederbesiedlung durch den Habicht in Großbritannien ist aber noch nicht abgeschlossen.
Die Kontaktzone Meer und Land ist ungeheuer artenreich. Auffällig sind die teilweise riesigen **Vogelkolonien**, die eine besondere Anziehungskraft ausüben. In Europa bestehen auf den Britischen Inseln die besten Möglichkeiten, verschiedene Seevogelarten zu beobachten und zu fotografie-

Das Rotkehlchen ist ein verbreiteter Wald- und Parkvogel.

Die Gebirgsstelze lebt an Bächen und kommt dort neben Bachstelze und Englischer Schafstelze vor.

Pfeifentenerpel sind an ihrem gelblich-weißen Vorderkopf leicht zu erkennen.

Die Besiedlung von Inseln

Zwischen der Größe eines Lebensraums und der Zahl der dort vorkommenden Pflanzen- und Tierarten besteht ein klarer Zusammenhang. Je größer ein Lebensraum, desto mehr Arten lassen sich feststellen. Diese einfach erscheinende Beziehung ist eine der Kernaussagen der sogenannten Inselbiogeographie. Hinter dem Begriff verbirgt sich folgende Überlegung: Wie haben Arten, die weder schwimmen noch fliegen können, weit im Meer liegende Inselgruppen besiedeln können? Diese Frage ist insbesondere für solche Inseln von Bedeutung, die vulkanischen Ursprungs sind, auf denen also mindestens zeitweise überhaupt kein Leben existiert haben kann. Vergleicht man solche Inseln mit dem nächstgelegenen Festland, stellt man fest, daß eine kleine Anzahl von Arten des Festlandes trotzdem auf solchen Inseln zu finden ist. Bei größeren und näher gelegenen Inseln sind es proportional mehr Arten. Was zunächst nur für Inseln Gültigkeit zu haben schien, ließ sich aber sogar auf Kontinente, die größten Inseln unseres Planeten, übertragen.

Großbritannien ist seit der Entstehung des Ärmelkanals vor 7000 Jahren eine Insel und vom europäischen Subkontinent isoliert. Die Eiszeiten haben während ihrer Höhepunkte weite Teile der damaligen Halbinsel bedeckt und die Tier- und Pflanzenwelt vernichtet oder zum Ausweichen gezwungen. Nachdem das Eis taute und der Meeresspiegel anstieg, wirkte der Ärmelkanal als geographische Schranke für die Wiederbesiedlung der neu entstandenen Insel.

Dieser Isolationsmechanismus läßt sich gut an Säugern zeigen. Es fehlen z.B. Steinmarder, zwei Bilch- und etwa die Hälfte aller europäischen Fledermausarten. Die Artenzahlen der Reptilien und Amphibien, selbst die der Pflanzen sind geringer als die auf dem Festland.

Einzelne Arten waren besonders auf den vorgelagerten Inseln (etwa Hebriden, Orkney, Shetlands) möglicherweise Jahrtausende isoliert. So bildete beispielsweise die in ganz Großbritannien verbreitete Waldmaus auf Fair Isle, Foula, Yell, St. Kilda und Rhum eigene Unterarten.

ren. Der Besuch einer Seevogelkolonie mit Tausenden von Vögeln, die sich auf schmalen Felssimsen dicht nebeneinander drängen, bietet ein einmaliges Erlebnis. Schon die hohe Individuenzahl, der ohrenbetäubende Lärm und der strenge Geruch sind überwältigend. Jedes Frühjahr kehren Millionen von Seevögeln an die Küsten Großbritanniens und Irlands zum Brüten zurück.

Von 24 in Großbritannien vorkommenden Seevogelarten sind 2,1 Mio. Alken (Trottellumme, Papageitaucher, Tordalk, Gryllteiste) und 3,8 Mio. andere Seevögel (vgl. Tabelle S. 19). 70 Prozent der Weltpopulation von Baßtölpeln und Schwarzschnabel-Sturmtauchern brüten auf den Britischen Inseln, 50 Prozent der Skuas und Sturmschwalben, 10 bis 50 Prozent der Krähenscharben, Tordalken und Heringsmöwen. Die Rosenseeschwalbe ist hier die seltenste Art. Der hohen Zahl von 12 Mio. Seevögeln an den Küsten Großbritanniens und Irlands stehen »an Land« alleine

14 Mio. Amseln gegenüber, um nur eine Relation von Häufigkeiten der verschiedenen Vogelgruppen zu geben.
Flachküsten und Wattgebiete bieten großen Mengen Watvögeln und Enten Nahrungs- und Rastplätze.

Reptilien, Amphibien, Fische, Insekten
Besonders arm ist die Amphibien- und Reptilienfauna mit jeweils nur 6 Arten. In Großbritannien verbreitet sind Kammolch, Teichmolch, Fadenmolch und Erdkröte (S. 57), ferner Kreuzotter (S. 121) sowie Bergeidechse (S. 148). Zauneidechse und Glattnatter sind auf den New Forest beschränkt. Ein größeres Areal besiedeln Blindschleichen und Ringelnatter (S. 136). Kreuzkröten bewohnen kleine Gebiete in England. Von den Braunfröschen lebt nur der Grasfrosch in Großbritannien. Eine Grünfroschart, der Seefrosch, ist eingeführt worden und hat sich in den Elmley Marshes an der Themsemündung halten können.
Da die Sommer kühl sind, hat sich auch keine vielfältige Insektenwelt entwickelt. Wegen des Zusammenflusses von Atlantik und Nordsee im Bereich der Orkney- und Shetland-Inseln ist die Meeresfischfauna besonders artenreich (s. S. 96). In den zahlreichen Binnenseen und Lochs leben Süßwasserfische, u.a. Salmoniden wie Lachse, Bachforellen und Äschen. Am weitesten verbreitet sind Karpfen, Schleien, Rotfedern und Plötze.

Sandregenpfeifer auf Nahrungssuche rennen hektisch am Spülsaum des Meeres entlang.

Naturschutz

Der Naturschutz in Schottland, England und Wales zeichnet sich im Vergleich zu Deutschland und anderen Ländern durch einige Besonderheiten aus. Nur sehr wenig Land ist in Staatsbesitz und unter direkter staatlicher Verwaltung, hauptsächlich militärische Sperrgebiete und Ländereien, die von der Forstverwaltung (Forestry Commission) verwaltet werden. Der überwiegende Teil der offenen Landschaft mit für den Naturschutz relevanten Flächen ist in Privatbesitz, der in Großbritannien historisch bedingt eine nicht zu unterschätzende Rolle spielte und spielt. Die landesweite Naturschutzbehörde, der die Betreuung von Naturschutzgebieten unterliegt, war das Nature Conservancy Council (NCC) mit seinem Hauptsitz in Peterborough. Seit kurzem ist das NCC in drei Organisationen aufgespalten worden: in English Nature, Scottish Natural Heritage in Edinburgh und auch die Waliser haben jetzt eine eigene Organisation. Über das Land verteilt gibt es eine Reihe von weiteren dem ehemaligen NCC angegliederten Naturschutzinstituten, in denen Wissenschaftler und Verwaltungsfachleute arbeiten.

Nationalparks
Außerhalb Schottlands regelt seit 1949 ein Gesetz die Ausweisung von Nationalparks. Die 10 Gebiete umfassen insgesamt 13 637 km², also immerhin 9 Prozent der Gesamtfläche von England und Wales. Sie ähneln in ihrer Konzeption deutschen Naturparks oder Landschaftsschutzgebieten, da sie für die Bevölkerung in der Nähe von Ballungsräumen zur Erholung mit Freizeit- und Picknickeinrichtungen geschaffen wurden. Die Mehrheit der Besucher ent-

fernt sich höchstens 1 km vom Auto; daher bilden die Nationalparks dank ihrer Lage und Größe auch wichtige Rückzugsgebiete für Tiere und Pflanzen.
Innerhalb der Nationalparks sind kleinere besonders schützenswerte Gebiete einem privatorganisitierten Naturschutz unterstellt und z.B. als RSPB (Vogelschutzgebiet) oder National Nature Reserve ausgewiesen, die einen besseren Schutzstatus als Nationalparks genießen. So werden die Zutrittsmöglichkeiten fast aller Vogelkolonien (meist RSPB-Reservate) von einem Naturschutzwart kontrolliert.
Die Fläche eines Nationalparks ist zum größten Teil in Privatbesitz. Daher müssen das Wegerecht und das Recht der Landwirte beachtet werden. Ausnahmen bilden besonders gekennzeichnete Moor- und Heidegebiete innerhalb eines Nationalparks, für die die Parkverwaltung eine spezielle Zugangserlaubnis für die Öffentlichkeit mit den Landeigner ausgehandelt hat. Grundbesitzer dürfen mit Ausnahme einer ordnungsgemäßen Land- und Forstwirtschaft keine Veränderungen in der Landschaft vornehmen.
Negative Auswirkungen haben Aufforstungen wie im North-York-Moors- und Northumberland-Nationalpark, Militärische Sperrgebiete sowie Talsperren für Trinkwasserversorgung und Elektrizität. Sogar Industrieanlagen können innerhalb von Nationalparks liegen.

Schutzgebiete in Schottland
Da die Highlands Schottlands relativ unberührt sind und es keine Ballungsräume wie in Südwales und England gibt, erschien die Einrichtung von Nationalparks nicht vordringlich. Die Countryside Commission for Scotland wies 1978 40 National Scenic Areas aus, die die schönsten naturbelassenen Landschaften (auch weite Teile der Küste) umfassen und immerhin 12,5 Prozent der Land- und Wasserflächen ausmachen. Sie werden als wissenschaftlich bedeutend (Site of Special Scientific Interest – SSSI) oder als Forest Park, z.B. Argyll Forest Park oder Galloway Forest Park, bezeichnet und sind nicht immer unter Schutz gestellt.
Heute gibt es etwa 83 Schutzgebiete auf Privatland, die im Besitz z.B. der RSPB, des Scottish Wildlife Trust, regionaler Organisationen oder als National Nature Reserve dem Scottish Natural Heritage unterstellt sind. Naturschutzbestimmungen werden meist sehr wirkungsvoll durchgesetzt, da mindestens während der Hauptbesucherzeit vom Frühsommer bis zum Herbst ein oder mehrere Naturschutzwarte für das jeweilige Gebiet zuständig sind.

Eintritt
Nationalparks als großflächige Landschaftsschutzgebiete sind frei von Eintrittsgebühren, im Gegensatz zu den meisten anderen Schutzgebieten, für die der jeweilige Träger zur Finanzierung der Personal-, Erhaltungs- und Forschungskosten Eintritt verlangt. In manchen Gebieten muß bis zu 10,-DM pro Person und Tag bezahlt werden.
Die Bootstouren zu Vogelinseln werden meist von ortsansässigen Fischern organisiert und müssen extra bezahlt werden. Der Eintritt zur Kolonie wird gewöhnlich vom Naturschutzwart als Landegebühr kassiert.

Verhalten in der Natur
Die hervorragende Organisation der Schutzgebiete ermöglicht es den Besuchern unter strikter Einhaltung der Zugangsregelung auch sehr seltene Arten aus teilweise atemberaubend kurzer Distanz zu beobachten. Mit Seilen abgesperrte Pfade führen mitten durch individuenreiche Vogelkolonien. Geschickt angebrachte Beobachtungshütten stehen 20 m vom nächsten Säbelschnäbler-Brutplatz entfernt. Dieses Naturschutzmanagement macht es leicht, Menschen, die sonst ganz andere Interessen haben, für Tiere und Pflanzen zu begeistern. Nicht umsonst sind britische Naturschutz- oder auch

Brutkolonien von Vögeln – hier Papageitaucher auf Skomer – sind oft durch Seile abgesperrt. Die Einhaltung der Naturschutzbestimmungen ist auch für Fotografen obligatorisch.

ornithologische Organisationen im Verhältnis zur Gesamtbevölkerung enorm mitgliederstark.
Das bedeutet für die Einheimischen die selbstverständliche Beachtung der Naturschutzregeln wie z.B. das Wegegebot. Deutsche Naturtouristen, die im Ausland nicht selten dadurch auffallen, daß sie sich kamerabewaffnet über Verbote und Absperrungen hinwegsetzen, haben hier wenig Chancen. Sie werden schnell von anderen Besuchern oder dem Naturschutzwart an ihrem Tun gehindert. Natur beobachten, heißt daher auch, die Natur zu respektieren und selbstverständlich weder Tiere zu stören, noch Pflanzen zu sammeln, zu zertreten oder abzureißen.
Auch außerhalb der ausgewiesenen Naturschutzgebiete bewegt man sich oft auf Privatländereien, die man auf »public footpaths«, auf alten, historischen Wegen (»byways«) oder nicht eingezäunten Bereichen begehen darf. Es kann aber hin und wieder vorkommen, daß man nach dem woher oder wohin gefragt wird. In typischem britischen Understatement wird die Frage »was machen Sie auf meinem Grundbesitz?« meist wesentlich freundlicher mit »can I help you?« ausgedrückt. Als Antwort wird erwartet, daß man Auskunft über sein Wanderziel und seine Absichten gibt.
Schilder, die »private property, no trespassing« (betreten verboten) oder im August Jagdgebiete ausweisen, sollten schon zur eigenen Sicherheit unbedingt respektiert werden. Ein Jedermannsrecht – wie in Skandinavien üblich – ist auf den Britischen Inseln unbekannt.
Auch die Abfallentsorgung der Wanderer wird zunehmend nach Hause verlagert. Statt Ausflugsziele und Wanderwege mit überquellenden Papierkörben zu schmükken, findet man immer häufiger das Schild »take your litter home« (nehmen Sie Ihre Abfälle mit nach Hause).
Bei Zuwiderhandlung drohen empfindliche Geldstrafen.

1 Bass Rock und Isle of May

Der Bass Rock ist berühmt für seine riesige und gut zugängliche Baßtölpelkolonie; auf der Isle of May brüten vor allem Papageitaucher, Tordalken, Trottellummen und Dreizehenmöwen.

Der **Bass Rock** liegt 5,2 km nordöstlich von North Berwick und nur 2 km von der Küste entfernt. Vom Tantallon Castle an der Küstenstraße A 198 hat man einen schönen Blick auf die Felsinsel. Von dort sieht er gewaltig aus. Immerhin beträgt seine Gesamthöhe 127 m, davon ragen 107 m über dem Meeresspiegel auf. Der Umfang liegt bei 1,6 km.

Der Bass Rock ist einer von mehreren Vulkanstümpfen, die im schottischen Tiefland entlang der Küste anzutreffen sind. Der »North Berwick Law« und »Arthur's Seat« in Edinburgh sind weitere Zeugen des Vulkanismus im Karbon (vor 320 Mio. Jahren). Der Bass Rock besteht aus Phonolith (dunkelgrau verwitterter Säulenbasalt). Die weicheren Gesteine des ehemaligen Vulkankegels, wie vulkanische Asche und Sedimente, wurden durch Erosion weggespült. Der harte Kern, d.h. der Vulkanschlot, ist heute übriggeblieben. Schon aus der Ferne kann man die vielen Baßtölpel als weiße Punkte auf dunklem Fels sehen, und die Wolke von um die Felsen kreisenden Baßtölpeln hüllt den Berg ständig ein, wie manchmal auch der Nebel.

Die Baßtölpelkolonie kann auf das 7. Jh. zurückdatiert werden. Mitte des 12. Jh. wurde sie beurkundet. Der Baßtölpel (damals »Solan Goose« genannt) diente in früheren Jahrhunderten auch als Nahrung:

Isle of May – Blick auf die Klippen von Pilgrims' Haven.

Baßtölpel brüten exakt im Abstand der Schnabelreichweite. Revier ist, soweit man hacken kann.

Vögel und Eier wurden gegessen, die Federn verwendet. 240 Baßtölpel wurden beispielsweise gebraucht, um ein Federbett zu füllen.
Die **Isle of May** liegt 8 km südöstlich von Anstruther und hat eine maximale Ausdehnung von 1,9 x 0,5 km. Sie besteht aus hartem Ergußgestein (Olivin-Dolerit, einem Säulenbasalt), das »Greenstone« genannt wird, aber dunkelgrau verwittert. Die Westküste weist mit etwa 50 m die höchsten Klippen mit bizarren Felsenbögen, Säulen und Höhlen auf. Der Leuchtturm bildet mit einer Höhe von knapp 60 m den höchsten Punkt der Insel. Seit 1934 gibt es hier das zweitälteste »Bird Observatory« der Britischen Inseln, das von den schottischen Universitäten gemeinsam betrieben wird.
Seit 1956 ist die Insel Naturschutzgebiet. Bass Rock und Isle of May gelten als wahres Mekka für Ornithologen. Beide Inseln bieten Seevögeln sichere Brutplätze mit reichlich Nahrung, da sie in der Nähe von guten Fischgründen am Ausgang des Firth of Forth liegen.

Pflanzen und Tiere

Auf dem **Bass Rock** sind die Böden sehr fruchtbar, wo sie nicht durch die vielen Ausscheidungen der Vögel völlig überdüngt sind. Auf dem Gipfelplateau herrscht Weiches Honiggras vor. Daneben finden sich Disteln (S. 15) und andere Ruderalpflanzen. Von Bedeutung sind die Wilde Runkelrübe und eine Strauchpappelart, die zu den Malvengewächsen gehört.
Charaktervogel am »locus typicus« ist zweifellos der Baßtölpel mit seiner Spannweite von 170–180 cm und einer Körperlänge von 90 cm. 22 000 Paare mit Junggesellen und erbrüteten Jungvögeln ergeben im August 60 000 bis 70 000 Vögel. Ein phantastisches Schauspiel!
Eissturmvögel, Papageitaucher (S. 167), Dreizehenmöwen, Krähenscharben, Trottellummen und Tordalken stellen mehr die Begleitfauna dar, die man besser an den Klippen vom Boot aus beobachten kann. Im Meer sind Seehunde und Kegelrobben (S. 124) regelmäßig zu beobachten.
Die **Isle of May** ist baumlos, mit typischen Ruderalpflanzen, darunter Taubenkropf, bewachsen. Die Gewöhnliche Grasnelke (S. 90) ist verbreitet.
Seehunde und Kegelrobben sind häufig. Im Herbst und Frühjahr stellt die Insel einen Rastplatz für viele Durchzieher wie Blaukehlchen, Karmingimpel oder auch

Blick auf den Bass Rock vom Tantallon Castle an der A198.

Trottellummen brüten auf schmalen Felssimsen. Die noch flugunfähigen Jungen springen von hier aus ins Wasser!

Tordalken ähneln Trottellummen, sind aber mit den höhlenbrütenden Papageitauchern näher verwandt.

Krähenscharben bauen richtige Nester, wie die nahe verwandten Kormorane. Hier mit drei Jungen.

Trauerschnäpper dar. 9 Seevogelarten brüten in teilweise großen Zahlen: Dreizehenmöwen, Trottellummen, Tordalken, Krähenscharben, Papageitaucher, Eissturmvögel, Heringsmöwen, Silbermöwen (S. 166) und Lachmöwen (S. 91), aber auch Eiderenten (S. 127). Durch Anstieg der Möwenzahlen gibt es seit 1960 kaum noch Brutpaare der insgesamt 4 Seeschwalbenarten (vgl. Farne Islands, S. 127).

Im Gebiet unterwegs

Eissturmvögel (hier mit Jungem) brüten gern etwas geschützt unter Überhängen.

Der <u>Bass Rock</u> hat drei Etagen: Der Bootslandeplatz mit der Helikopterplattform bildet die unterste. Hier lassen sich vor allem Krähenscharben beobachten. Die mittlere umfaßt den Leuchtturm und die Ruine einer mittelalterlichen Kapelle, das botanisch interessanteste Gebiet. Die höchste ist der mittelalterliche Garnisonsgarten und das eigentliche Plateau. Ein Betonweg mit Handläufen aus Eisenrohren führt vom Landeplatz zunächst steil hoch und dann quer über das Plateau entlang des östlichen Steilabfalls des Bass Rock.
Der Weg passiert ganz nah die Vogelkolonie an der Hangkante. Es lohnt sich, bei einem Nest sitzen zu bleiben und länger zu beobachten. Fütterung, Begrüßungszeremonie, die oft mühseligen Landungen des Partners usw. bieten unzählige Fotomotive, und die Zeit vergeht wie im Fluge. Am Nebelhorn befand sich früher (noch 1980) der Junggesellenclub der Baßtölpel; bis heute (1993) hat sich eine große Brutkolonie auf diesem flacheren Teil der Insel gebildet, da der Bestand stark zugenom-

Dreizehenmöwen baden nach getaner Arbeit gern im Süßwasser.

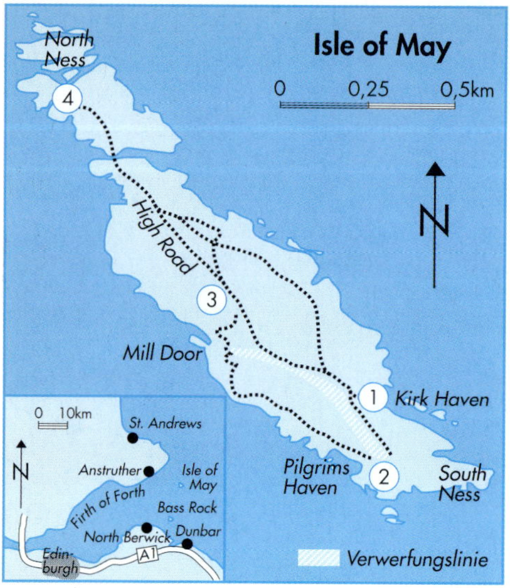

men hat. Die »Junggesellen« drängen sich daher am Rand der Brutkolonie zusammen, was zu vielen Streitereien der Vögel untereinander führt.

Am Ende des Aufstiegs zum Plateau gibt es eine Schlucht, in der Dreizehenmöwen und einige Tordalken brüten. Wenn man von halber Höhe aus in Richtung Leuchtturm blickt, sieht man in einen Kolonieteil, in dem seit den 60er Jahren wissenschaftliche Forschung betrieben wird. Aus der Vogelperspektive läßt sich sehr schön betrachten, wie regelmäßig die Nester im flachen Biotop verteilt sind: Die Abstände werden durch die Reichweite des Schnabels bestimmt. Wehe dem Baßtölpel, der sich dazwischen drängen will, er wird erbarmungslos von allen Seiten gehackt.

Landungspunkt für Isle of May ist »Kirk Haven« ① auf der flachen Ostseite. Man hält sich zunächst Richtung Südosten und trifft auf diesem Weg schon viele Papageitaucher. Am »South Horn« ② beginnt man die Erkundung der sehr lohnenswerten Westküste mit grandiosen Ausblicken auf »Pilgrims' Haven«. Die gesamte Westküste ist mit Brutkolonien verschiedener Alkenarten übersät. Trottellummen und Tordalken lassen sich sehr gut beobachten und mit längeren Brennweiten (400 mm) auch fotografieren. Der markierte Weg führt weiter zum Leuchtturm ③. Über die »High Road« kann man dann weiter nördlich bis zum »North Horn« ④ wandern, wo Seeschwalben brüten. Da die Zeit auf der Insel knapp bemessen ist, raten wir ornithologisch Interessierten, vor allem die südwestliche Küste zwischen South Ness und Mill Door zu erkunden.

Praktische Tips

Anreise

Bass Rock: Von der M 1 /A 1 nach North Berwick abzweigen oder von der A 7 auf den City Bypass (Edinburgh) nach Norden, bei Musselburgh auf die A 198.

Isle of May: Von Edinburgh aus braucht man mit dem Auto etwa 1 Stunde. Man fährt hinter der Forth Bridge (Mautpflichtig) rechts auf die E 92 und dann den braunen Schildern »tourist route« folgend nach Anstruther.

Bootstouren

Bass Rock: Die Bootstour geht vom Hafen von North Berwick aus. Der Skipper ist Fred Marr (Tel. 0620 2838). Die Fahrt startet gewöhnlich gegen 10.00 Uhr morgens (Anschläge im Hafen beachten). Man kann den Bass Rock umrunden und wieder zurückfahren; das ist das normale Touristenprogramm mit Führung durch Fred Marr, seine erwachsenen Söhne oder die Tochter. Eine Landung und Verweildauer von mehreren Stunden (ohne Führung), meist bis 14.00 oder 15.00 Uhr nachmittags (abhängig von den Witterungsverhältnissen und der Tide), lohnt sich unbedingt für den ornithologisch Interessierten.

Überfahrten sind vom Wetter abhängig; man muß ein paar Tage einplanen, da bei Nebel oder Sturm kein Boot fahren kann. Die Saison reicht von Mai bis Ende August. Für Fahrten mit Landung ist es besser, sich bei Fred Marr anzumelden oder minde-

Baßtölpel fliegen dicht an der Kolonie vorbei und nehmen Kontakt mit dem Partner auf.

stens den Anschlag »Bass Rock« am Hafen zu beachten. Es besteht keine Übernachtungsmöglichkeit auf dem Bass Rock!
Isle of May: Offene Boote fahren von Anstruther aus. Man sollte sich unbedingt mindestens einen Tag vorher anmelden. Abfahrtzeiten sind von Gezeiten und Witterung abhängig. Wenn man erst mittags fahren kann, dauert der Landgang auf der Insel meist nur 2 Stunden. Für die oft rauhe Überfahrt wird auch bei schönem Wetter Regenbekleidung empfohlen. Buchungen unter Anstruther/ Fife, Tel. 0333 310860, 310697 oder 310103.
Für gut beleumundete Ornithologen stehen 6 Betten auf der Insel als spartanische Übernachtungsmöglichkeit zur Verfügung (Nachfragen bei Mrs. R. Cowper, 9 Oxgangs Road, Edinburgh EH10 7BG oder Nature Conservancy Council, South-East Scotland Region, 46 Crossgate, Cupar KY15 5HS).

Unterkunft

Bass Rock: In North Berwick gibt es genügend Campingplätze, B&B und Hotels. Von Juni bis Juli ist Golfsaison, daher Hotels oder B&B vorbuchen, auf Campingplätzen schon mittags ankommen.
Isle of May: Campingplätze oder B&B gibt es auch entlang der Küste bis Anstruther in fast jedem Dorf.

Beste Reisezeit

Bass Rock: Juli bis Mitte August, wenn die Baßtölpel Junge in allen Alterstufen haben.
Isle of May: Mai bis Juni für die Alken, August bis Oktober für Zugvögel.

Blick in die Umgebung

Die weitere Umgebung von Edinburgh bietet insbesondere im Osten mit dem Meeresarm des Firth of Forth viele schöne Küstenabschnitte (aber auch viele, die durch Industrieanlagen zerstört sind). Zu den interessantesten gehören das ausgedehnte Sandwatt der **Aberlady Bay** (s. S. 170), der gemütliche Fischerhafen von **Dunbar** mit seiner Dreizehenmöwenkolonie mitten im Hafen oder die Klippen von **St. Abb's Head** (s. S. 170).

2 Spey Valley, Tay Valley, Glen Lyon

Landschaftlich idyllische Täler und Glens mit typischer Pflanzen- und Tierwelt.

Neben Küsten, Highlands und Lochs bestimmen Täler und Glens (= Felsschluchten) das Landschaftsbild. Besonders bekannt sind die Täler des Tay und Tummel mit dem dazwischenliegenden Glen Lyon und das durch die Wasserscheide der Grampians getrennte Spey Valley.

River Tay und **River Tummel** entspringen in den westlichen Grampians. Letzterer führt braunes, mit Huminsäuren angereichertes Wasser aus dem Rannoch-Moor (s. S. 38). Beide Flüsse sind im Loch Tay, Loch Tummel und Loch Rannoch gestaut worden. Bei Ballinluig verbinden sich Tay und Tummel zum breiten, gemächlich fließenden Strom des River Tay, der sich nach Süden in die Bucht des Firth of Tay bei Dundee ins Meer ergießt.

Der **Spey** entspringt im Little Loch of Spey, umgeht die Monadhliath Mountains (800–1000 m hoch), fließt dann nach Nordosten entlang der Grenze der Grampians, vorbei an Aviemore und Loch Garten zur Spey Bay in die Nordsee.

Während der Eiszeiten waren die Flüsse durch hohe Schmelzwasserstände breiter als heute und schufen weite Talböden, in die sich heutige Flüsse wieder eintiefen. Wo härteres Gestein der Wasserkraft zunächst widersteht, bilden sich Stromschnellen. In anderen Bereichen mäandrieren Tay und Spey in weiten Bögen.

Die Bachnelkenwurz ist als Rosengewächs an ihren vielen Staubgefäßen zu erkennen (Blütezeit: Mai/Juni).

Im **Glen Lyon**, dem längsten Glen Schottlands, hat sich der Bach tief in den Dalradian-Schiefer eingeschnitten. Er stürzt sich am Pass of Lyon durch eine felsige, mit üppigem Unterwuchs und Laubbäumen bestandene Schlucht. Im unteren Lauf mäandriert er in einem 10 m breiten Bett und mündet östlich des Loch Tay in den River Tay.

Schon Queen Victoria soll von der Schönheit dieser Flußlandschaften so begeistert gewesen sein, daß ihr Lieblingsaussichtspunkt »Queen's View« genannt wurde. Von hier kann man über Loch Tummel, nach Westen auf die (schneebedeckten) Gipfel des Schiehallion (1081 m) und weiter zu den Bergen des Glen Coe blicken, wenn gute Sicht herrscht.

Der Grasfrosch gehört zu den Braunfröschen.

Pflanzen und Tiere

In den Tälern läßt sich eine typische Vegetationsabfolge vom Talboden bis in die höheren Lagen erkennen.

Als Wasserpflanzen finden sich in ruhig fließenden Flußabschnitten Wasserhahnenfuß und Schwimmendes Laichkraut (S. 81).

Dichte Bestände der Pestwurz bilden sich auf den Naßwiesen am Ufer. Schon von weitem leuchten gelb die Sumpfdotterblumen; Sumpfvergißmeinnicht, Schlangenknöterich, Bachnelkenwurz und Gelbe Gauklerblume beleben das Bild. Wo es etwas moorig ist, treten Kleiner Klappertopf und Teufelsabbiß auf.

◁ Loch Tummel vom Queen's View aus gesehen.

Die Sumpfdotterblume blüht ab Mai. ▷

Die Gewöhnliche Pestwurz blüht im zeitigen Frühjahr und entwickelt über den Sommer riesige Blätter.

Schlangenknöterich (Blütezeit: ab Mai).

In den schon weiter vom Fluß entfernten trockeneren Fettwiesen blühen im Sommer Rote Lichtnelken (S. 166), Wiesenschaumkraut, Weidenröschen und viele andere Wiesenblumen, das in großen Beständen vorkommende Mädesüß (S. 109) und im September Herbstzeitlose. Die Fettwiesen werden gedüngt und in bestimmten Rhythmen gemäht. Die Wege säumen Gebüschreihen.

Allmählich geht der Talboden in die unteren Hanglagen über, die mit Nadelwald aufgeforstet wurden. Die ehemaligen »Scots Pine«-Wälder sind nur noch in kleinen Restbeständen erhalten. Wo die Bäume weit auseinander stehen und genügend Licht auf den Boden lassen, kommt Adlerfarn im Unterwuchs vor. Er setzt sich oberhalb der Baumgrenze fort und bildet den Übergang zur baumlosen Heidelandschaft mit Besenheide (S. 121), Grauheide und Glockenheide (S. 120) als bestandbildenden Pflanzen.

Auf den gestauten Lochs schwimmen Haubentaucher, Stock-, Krick-, Reiher- (S. 111) und Spießenten. Im Mündungsgebiet des Spey kommen auch noch Löffelente und Tafelente vor. An einigen sauberen Flußabschnitten, besonders im Glen Lyon, sieht man Wasseramseln, mit Glück auch einmal einen Eisvogel und im unteren Tay Valley bei Pitlochry Englische Schafstelzen. Uferschwalben bauen ihre Höhlen an den Prallhängen der Bäche. In Schilfbeständen am Ufer brüten Schilfrohrsänger und Rohrammern. Graureiher (S. 57) stehen am Wasser, um Fische zu jagen.

In den Tälern trifft man ein reiches Singvogelleben.

Mit viel Glück kann man im Frühsommer am Tag einen Jungigel finden, der das elterliche Revier verläßt, oder in der Dämmerung einen Rotfuchs die Straße überqueren sehen. Im Fluß leben Wasserspitzmäuse, am schilfbewachsenen Ufer kommen Westschermäuse vor.

Auf den Naßwiesen sieht man gelegentlich Erdkröten oder den terrestrisch lebenden

Grasfrosch. Kammolche leben in langsam fließenden Gewässern oder in Tümpeln. Tay, Tummel und Spey sind sehr bekannte Salmonidengewässer (Lachse),in denen auch Karpfen, Schleien, Rotfedern und Plötzen leben.

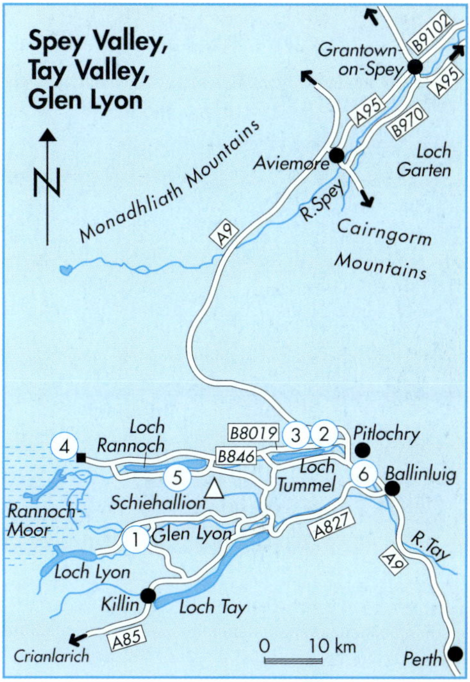

Im Gebiet unterwegs

Von der A 9 Perth Richtung Aviemore kann man in die Täler des Tay und Tummel nach Westen einbiegen; möglichst die kleinen Nebenstraßen entlang der Flüsse wählen. Nördlich des Loch Tay zweigt von der A 827 eine kleine Straße zum Ben Lawers (s. S. 37) und **Glen Lyon** ① ab. Durch das wild- romantische Glen Lyon führt eine enge, aber sehr empfehlenswerte Nebenstraße.
Entlang des Tummel kann man auf der B 8019 einen Stop am **Queen's View** ② einlegen. Die Aussicht über Loch Tummel und den im Westen gelegenen Schiehallion ist bei guter Sicht herrlich.
0,8 km westlich von Queen's View gehen vom Allean-Parkplatz ③ mehrere Wanderwege durch den **Tummel Forest.** Hier leben Auerhühner und Haubenmeisen (S. 52). Empfehlenswert ist die Weiterfahrt entlang des **Loch Rannoch** bis zur Rannoch-Bahnstation ④. Hier steht man am östlichen Rand des Rannoch-Moores (s. S. 42). Südlich des Loch Rannoch gibt es mehrere Parkplätze, von denen ausgewiesene Wanderwege durch den Black Wood of Rannoch abgehen. Vom Carie-Forest-Parkplatz ⑤ verläuft die längste Wanderroute nach einem mühseligen (mehrere Stunden) dauernden Marsch ins Glen Lyon.
In **Pitlochry** an der Fischtreppe des Staudamms ⑥ können ziehende Lachse beobachtet werden. Von April bis Oktober wandern etwa 5400 Lachse flußaufwärts.
Dem **Spey Valley** sollte man auf der B 970 ab (dem Anglerzentrum) Grantown-on-Spey auf der schmalen B 9102 folgen. Lohnenswerte Ausflüge in die Cairngorms (s. S. 43) und zum Loch Garten (s. S. 49).

Igel ernähren sich hauptsächlich von Schnecken, Würmern und Insekten.

Glen Lyon. Im Oberlauf weitet sich die enge Felsschlucht stellenweise.

Praktische Tips

Anreise
Über die A 9 nördlich von Perth.

Unterkunft
Hotels und B&B in den umliegenden Orten; Campingplätze sind ebenfalls vorhanden.

Die Gelbe Gauklerblume stammt aus Nordamerika (Blütezeit: Sommer).

Wanderungen
Wanderungen ins Gebirge (Ben Lawers, gilt auch für Glen Lyon) nur mit Bergstiefeln, Rucksack und mit Regenbekleidung; für Wiesen und Moore sind Gummistiefel empfehlenswert.

Lachsangeln
Hinweise am Fluß sind zu beachten. Um die notwendige Lizenz und Angelerlaubnis zu erhalten, muß man sich im nächsten Ort erkundigen. Manchmal geben Hinweisschilder an den Flüssen Auskunft.

Blick in die Umgebung

Pitlochry ist eines der bekanntesten Ferienzentren in Schottland. Richtung Braemar (A 93) beginnt einer der Castle Trails im Tal des Dee.
Folgt man dem Spey bis zur Mündung, sind in der **Spey Bay** besonders im Frühjahr und Herbst Samtenten, Bergenten, Trauerenten und Eiderenten (S. 127) sowie zahlreiche Watvögel, darunter Meerstrandläufer, zu beobachten.

3 Ben Lawers und Rannoch-Moor

Ben Lawers mit für Großbritannien sehr artenreicher, arktisch-alpiner Vegetation; Rannoch-Moor größtes zusammenhängendes Moor Großbritanniens, eine weite, einsame, baumlose Landschaft; beide Ziele landschaftlich sehr reizvoll.

Beide Gebiete bilden die westlichen Ausläufer der Grampian Mountains und werden im Westen vom Glen Coe und im Süden vom Tay Valley umrahmt.
Ben Lawers (1214 m) liegt nördlich des lachsreichen Loch Tay am Rande des Tay Valley und ist im Besitz des National Trust of Scotland.
Der Untergrund besteht aus einer dicken, kalkhaltigen Dalradian-Schieferschicht und aus Kalkgestein des unteren Paläozoikums. Der Schiefer ist weich und verwittert zu fruchtbaren Böden, die den Pflanzenreichtum begünstigen. Ben Lawers ist wegen seiner alpinen Vegetation berühmt, die für Großbritannien einzigartig ist. Mit dem botanischen Artenreichtum noch relativ unberührter Alpen- oder Pyrenäenbereiche ist er wegen der Insellage (s. S. 22) jedoch nicht vergleichbar.
Hangneigung, Bodenmächtigkeit und Höhenzonierung bedingen unterschiedliche Pflanzengesellschaften. Als Biotope lassen sich sumpfige Niederungen am Hangfuß des Ben Lawers, dann leicht ansteigende, trockenere, weiter höher immer steiler werdende, aus bloßem Gestein bestehende Hänge unterscheiden. In Felsnischen, kleinen Senken und Rinnen oder auch an Hangkanten und Überhängen versuchen Pflanzen Halt zu finden. Die Vegetation wächst so üppig über Steilhän-

Die Gipfelregion des Ben Lawers ist mit Gras bedeckt.

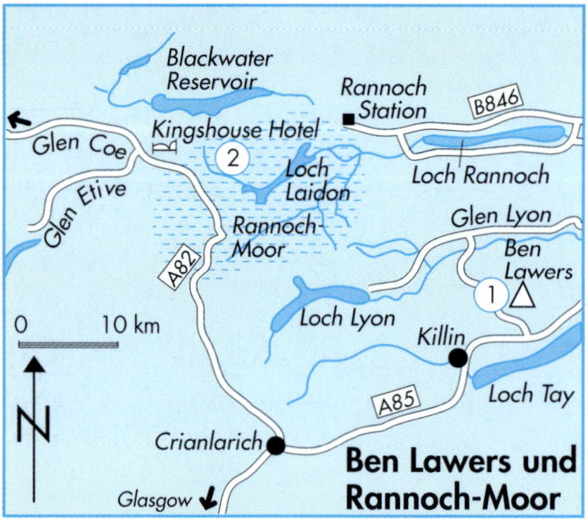

ge hinweg, daß der Eindruck »hängender Gärten« entsteht.
Ozeanisches Klima mit hohen Niederschlägen prägt das Gebiet.
Rannoch-Moor: Das National Nature Reserve, 250 km² groß und 360 m hoch gelegen, ist eine einsame, menschenleere, baumlose Landschaft. Sie wird hauptsächlich im Westen von Granitbergen und dem klassisch U-förmigen Gletschertal des Glen Coe (S. 10) umgeben.
Aus den Gletschertätigkeiten während der Eiszeiten stammt ein leicht gewelltes Relief. Wassergefüllte, versumpfte Rinnen und von Huminsäuren braungefärbte, nährstoffarme Lochs wechseln mit trockeneren, etwas höher gelegenen Moränendecken und kleineren Gesteinshügeln. Die feuchten, sumpfigen, mit Torfmoosen der Gattung *Sphagnum* bewachsenen Moorflächen sind als Deckenmoore ausgebildet und nehmen den größten Teil der Landschaft ein.
Wegen der westlichen Lage herrscht ozeanisches Klima. Die Niederschläge mit etwa 1250 mm Regen im Jahr sind hoch. Sie ermöglichten die Moorbildung, nachdem frühe menschliche Besiedler die Wälder abgeholzt und abgebrannt hatten. Dabei sind in Sumpflöchern Reste von Baumstümpfen und Ästen der »Scots Pine« konserviert worden. Der älteste Fund, datiert auf 7000 Jahre, reicht bis in die Jungsteinzeit zurück. Durch Managementmaßnahmen der Naturschutzbehörden wie z.B. extensive Schafweidewirtschaft und Brand wird eine Verbuschung des Hochmoors verhindert und seine Einzigartigkeit erhalten.

Pflanzen und Tiere

Ben Lawers: Als Folge der Höhenunterschiede wechseln Pflanzengesellschaften einander ab. Der Boden des Hangfußes ist sumpfig und teils auch vermoort. Daher findet sich hier typische Moorvegetation mit Torfmoosen, Ährenlilie, Sonnentauarten und dem lila blühenden Gewöhnlichen Fettkraut.
An den trockeneren Hanglagen kommen Besenheide, Blaubeeren, Rauschbeeren, Steinbeeren, Aufrechtes Fingerkraut, Bittere Kreuzblume (S. 139) und Sumpfläusekraut vor, letzteres als Wurzelparasit und Halbschmarotzer, vorwiegend auf Gräsern. Vereinzelt findet man Orchideenarten: z.B. Geflecktes Knabenkraut (S. 121), Grüne Hohlzunge und Großes Zweiblatt.
Alpine Vegetation wächst oberhalb der Baumgrenze, vor allem in Höhen über 450 m. 60 Prozent der arktisch-alpinen Pflanzen Großbritanniens lassen sich hier finden. Da die Böden auf der alpinen Stufe sehr flachgründig sind, spielt die chemische Zusammensetzung der Gesteine eine große Rolle. Das Kalkgestein bedingt den Artenreichtum (s. S. 183). Besonders an Stellen mit etwas tiefgründigerem Boden entwickeln sich arktisch-alpine Pflanzen, darunter Stengelloses Leimkraut, Alpenhornkraut und Nordischer Klappertopf besonders prächtig. Dazwischen gedeihen auch Pflanzen, die in niedrigeren Höhen unter 450 m zu finden sind. Am Ufer kleiner Gebirgsbäche sind Sumpfherzblatt (S. 91), Gewöhnlicher Thymian, Alpenfrauenmantel, Gewöhnlicher Frauenmantel und Bachnelkenwurz (S. 33) verbreitet.

Man muß schon genau hinsehen, um eine unscheinbare Kostbarkeit zu entdecken: die Mondraute, ein kleiner Farn mit halbmondförmig (Name!) ausgeschnittenen Fliederblättchen.
Nahezu bloßes Gestein überziehen Polster von Rosenwurz (S. 157), Moos-Steinbrech und Rotem Steinbrech. Der Rote Steinbrech ist eine arktische Pflanze, die bis 83° nördlicher Breite vorkommt und damit zu den am weitesten nach Norden vordringenden Pflanzenarten zählt. Er blüht sehr früh, von März bis April, sobald der Schnee zu schmelzen beginnt. Schnee-Enzian, Alpenberufkraut und Alpenvergißmeinnicht kommen in Großbritannien fast nur am Ben Lawers vor.
Die Tierwelt ist mit den Cairngorms vergleichbar. Hier finden sich Brutgebiete von Wanderfalken, Steinadlern (S. 61) und Kolkraben. Schottische Moorschneehühner (S. 123) bekommt der Wanderer kaum zu Gesicht, außer er scheucht sie auf. Wiesenpieper (S. 147) sind häufig, daneben gibt es Steinschmätzer (S. 111), Heckenbraunellen, Gebirgsstelzen, Goldregenpfeifer (S. 48) und Alpenstrandläufer (S. 85). Mitunter zeigt sich ein Mauswiesel (S. 71).
<u>Rannoch-Moor:</u> Betrachtet man die Landschaft im Überblick, wirkt sie relativ eben und eintönig in rötlichbraunen Farben mit niedriger Vegetation bewachsen. Moore sind Kleinode im Detail. Die Kostbarkeiten wachsen als kleine, wenige Zentimeter hohe Pflanzen neben Besenheiden, Glokkenheiden und Blaubeeren. Die wichtigsten Pflanzen im Hochmoor sind Torfmoose, die das Wachstum des Hochmoores und die Moorbildung erst ermöglichen. Sie bilden eine Decke, in der verstreut höhere Pflanzen wachsen.
Am Rand feuchter Schlenken (tiefer gelegene, sumpfige Rinnen) sind Schlammsegge, Weiße Schnabelbinse, Braune Schnabelbinse, Ährenlilie, Langblättriger und Rundblättriger Sonnentau zu finden. Der Sonnentau hat Anpassungen entwickelt, um trotz der Nährstoffarmut des

Der Fetthennensteinbrech ist häufig (Blütezeit: Sommer).

Moores existieren zu können. Mit seinen auf den Grundblättern sitzenden Klebehaaren hält er Insekten fest, rollt das Blatt um die Beute und löst sie bis auf den Chitinpanzer enzymatisch auf, um sich mit wichtigen Stickstoff- und Phosphatverbindungen sowie Spurenelementen zu versorgen. Das Gewöhnliche Fettkraut zählt ebenfalls zu solchen »fleischfressenden« Pflanzen, die sich im Laufe der Evolution an die Nährstoffarmut des Moors angepaßt haben, indem sie sich anderweitig mit Nährstoffen versorgen.
Auf trockeneren Bulten (kleine, höher gelegene Stellen im Moor) wachsen Besenheide, Glockenheide, Grauheide, Blaubeere, Krähenbeere und Gewöhnliche

Neben dem hier abgebildeten Frauenmantel, kommt auch der ähnliche Alpenfrauenmantel vor (Blütezeit: Sommer).

Das Rannoch-Moor ist das größte Hochmoor Schottlands.

Moosbeere zusammen mit Rentierflechten (S. 48), Zackenmützenmoosen und Blauem Pfeifengras. Strauchartig treten niedrige Weiden, Birken und Zwergbirken auf; letztere stoßen im Rannoch-Moor an ihre südliche Verbreitungsgrenze.
In sauren, nährstoffarmen und mit Huminsäuren versetzten Lochs wachsen weiß blühender Fieberklee (S. 80), Breitblättriges Wollgras, Knöterich-Laichkraut, Weiße Seerose, Gelbe Teichrose, Gewöhnlicher Wasserschlauch und Tausendblatt.

In sumpfigen Niederungen findet sich ein in Großbritannien inselartiges Vorkommen der unauffälligen Blasenbinse, die in Nord- und Zentraleuropa heimisch ist.
Im Moor ist die Tierwelt sehr artenarm, und die Arten weisen nur geringe Populationsdichten auf. Am häufigsten trifft man Goldregenpfeifer, die auf erhöhten Steinen ihre Umgebung beobachten. Daneben kommen Merlin und Turmfalke (S. 144) vor. Schottische Moorschneehühner und Birkhühner sind selten.

Das Stengellose Leimkraut, eine typisch alpine Pflanze, blüht im Sommer.

Der Schnee-Enzian faltet bei Beschattung seine Blüten zusammen (Blütezeit: Sommer).

Rauschbeere (links) und Schwarze Krähenbeere (rechts) sind Zwergsträucher, also winzige Gehölze.

Langblättriger (Foto) und auch Rundblättriger Sonnentau nehmen Nährstoffe aus gefangenen Insekten auf.

In den Lochs leben wegen der Nährstoffarmut nur wenige Fische. Auf dem Wasser tummeln sich Pfeifenten, Krickenten und einzelne Sterntaucher (S. 61).

Im Gebiet unterwegs

Ben Lawers ①: Am Ben Lawers Mountain Visitor Centre schlängelt sich ein Naturlehrpfad ein kleines Tal hoch. Es bietet sich ein herrlicher Blick auf Loch Tay (S. 11).

Die Gewöhnliche Moosbeere blüht im Frühjahr, fruchtet über Sommer, ist aber erst im Herbst rot und reif.

Am Bach wachsen Gewöhnliches Fettkraut, Alpenfrauenmantel, vereinzelt Schnee-Enzian und in dichten Polstern Fetthennensteinbrech. Seit 1990 ist das Gebiet um den Nature Trail eingezäunt, damit sich die Vegetation von den negativen Auswirkungen der Schafbeweidung erholen kann. Der Ben-Lawers-Pfad führt zum Gipfel. Man kann alle typischen Pflanzen auch entlang der einspurigen Straße in nördlicher Richtung nach Bridge of Balgie sehen.

Das Gewöhnliche Fettkraut ist wie der Sonnentau eine »fleischfressende« Pflanze.

Die Mondraute - ein winziger, seltener Farn.

Die recht häufige Ährenlilie blüht im Sommer.

Rannoch-Moor ②: Von der A 82 durch das Glen Coe können Ausflüge in das Moor unternommen werden. Vom Kingshouse Hotel führt ein Pfad mitten durch das Rannoch-Moor, vorbei am Loch Laidon bis zur Rannoch-Bahnstation (s. S. 35). Regenkleidung immer mitnehmen.
VORSICHT! Es kommt schnell zu Wetterumschwüngen. Bei Nebel verliert man leicht die Orientierung.

Praktische Tips

Anreise

Ben Lawers: Von Perth auf der A 9 bis Ballinluig, dann nach Westen auf die A 827 entlang des River Tay (s. S. 32); am Loch Tay nördlich zum Ben Lawers abbiegen, nach etwa 3 km Parkplatz und Informationszentrum. Ein sehr empfehlenswerter Weg führt vom Tay Valley über Glen Lyon (s. S. 33) bis Bridge of Balgie; hier zweigt eine kleine Seitenstraße südlich zum Ben Lawers ab.
Rannoch-Moor: Von Glasgow die A 82 oder vom Ben Lawers die A 85 bis Crianlarich, dann auf die A 82 und entlang des Glen Coe bis Kingshouse Hotel. Im Osten liegt das Rannoch-Moor.

Unterkunft

Ben Lawers: Hotels und B&B in Killin am Loch Tay.
Rannoch-Moor: Kingshouse Hotel oder Hotels, B&B und Campingplätze in Ballachulish.

Blick in die Umgebung

Lohnenswert ist ein Abstecher vom Glen Coe ins **Glen Etive.** Man folgt der einspurigen Straße entlang des wildromantischen Flüßchens bis zum salzhaltigen Loch Etive. Die umliegende, grandiose Bergwelt besteht aus nacktem Granitgestein und ist bei Bergsteigern beliebt.
Im Norden des Ben Lawers schließt sich das **Glen Lyon** an (s. S. 33).

4 Cairngorm Mountains

Höchstgelegene zusammenhängende, wilde Bergregion der Grampians; stabile Schneelagen im Winter; Mornellregenpfeifer, zwei Unterarten der Schneeammer, aus Schweden eingeführte Rentiere und arktisch-alpine Vegetation.

Die Cairngorm Mountains im Osten der Grampians, bilden die höchstgelegene zusammenhängende Bergregion Schottlands. Es handelt sich um ein altes Rumpfflächengebirge mit zergliederten, vermoorten Granitplateaus über die einzelne massive Erhebungen ragen. Vier Gipfel sind höher als 1200 m: der Ben Mac Dhui (1311 m), zweithöchster Berg Großbritanniens, der Braeriach (1295 m), der Cairn Toul (1293 m) und der Cairngorm (1245 m). Der höchste Berg Großbritanniens, der Ben Nevis (1343 m; s. S. 55), liegt bei Fort William im Westen der Grampians.

In dieser wilden, zerklüfteten Berglandschaft haben Gletscher während der Eiszeiten deutliche Spuren hinterlassen: U-förmige Trogtäler, Hängetäler, Moränendecken, Findlinge, z.T. mit Wasser gefüllte Kare in den hohen Gipfelregionen, spitze Grate und abgerundete Buckel bestimmen das Landschaftbild.

Die Berglandschaft der Cairngorm Mountains, nördlich des River Dee gelegen, um-

Rentiere wurden in den Cairngorms eingebürgert. Bei dieser Art tragen Männchen und Weibchen Geweihe.

faßt eine Fläche von 1000 km^2 und liegt bis auf das Cairngorm National Nature Reserve (s.u.) sehr isoliert. Es gibt kaum Zugangsmöglichkeiten, so daß das Gebiet seine ursprüngliche Wildheit und seinen Urzustand bewahrt hat. Weite Teile des Gebietes sind nur zu Fuß erreichbar.
Geologisch herrscht rosaroter Granit vor. Als charakteristisches Element findet man sehr bunt gefärbte Quarzfragmente, die während der Abkühlung des Ergußgesteins Hohlräume auffüllten. Sie treten nach Verwitterung des umliegenden weicheren Gesteins als die berühmten »Cairngorm stones« zutage, die heute bei Mineraliensammlern sehr begehrt sind.
Auf den sich entwickelnden sauren Böden gedeiht nur eine artenarme Vegetation. An den Flanken, z.B. im südlich gelegenen Glen Feshie, treten Schiefer und Kalkstein zutage. An solchen Stellen gibt es eine artenreiche Pflanzenwelt.
Der östliche Teil der Grampians ist nicht mehr so extrem ozeanisch wie der West-

◁ Blick über Loch Morlich und den Glen More Forest auf die Gipfel der Cairngorms.

▽ Mornellregenpfeifer, Hauptbrutgebiet sind die Cairngorms.

Fliegen- und Birkenpilze sind im Glen More Forest häufig.

teil. Die Winter in den höheren Lagen sind schneereich. Wegen der kühlen Sommer bleiben Schneefelder an Nordhängen das ganze Jahr über liegen. Die Niederschlagssumme beträgt 1200–2000 mm.

260 km² sind als **Cairngorm National Nature Reserve** um den Glen More Forest, Loch Morlich und die hohen Gipfelregionen ausgewiesen. Es ist sehr gut zugänglich, und der Grat zwischen Naturschutzbemühungen und Verwertung der Landschaft ist schmal.

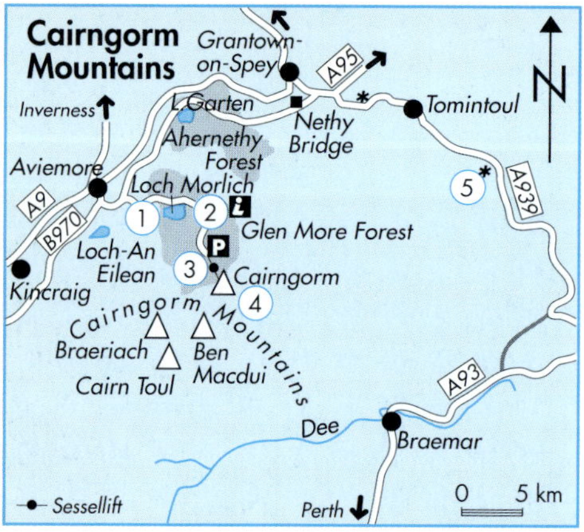

Zunehmender Tourismus, ausgehend vom Wintersportzentrum Aviemore, birgt zahlreiche Konflikte mit dem Naturschutz. Sessel- und Schlepplifte verschandeln die Landschaft, Planierungen für Skipisten bedingen Erosionsschäden. Wanderer im Sommer haben den Weg vom Sessellift bis zum Gipfel der Cairngorms schon weit ausgetreten und die Vegetation zerstört. Freizeitaktivitäten wie z.B. Surfen, Bootfahren und Schwimmen im Loch Morlich hinterlassen in der Natur ihre Spuren, obwohl die Parkverwaltung das Einhalten der Parkregeln kontrolliert.
Abseits der Touristenströme liegt das weite, unwegsame, einsame Gelände der Gipfelregionen.

Pflanzen und Tiere

In den unteren Tal- und Hangbereichen finden sich im Glen More Forest Restbestände alter »Scots Pine«-Wälder. Botanisch ähnelt der Glen More Forest dem Abernethy Forest (s. S. 49), ohne jedoch dessen Vielfalt zu erreichen. Im Unterwuchs kommen Heidevegetation und Adlerfarn vor, dazwischen wachsen Fingerkraut, Hainveilchen oder Gewöhnliche Brunelle. Unter den verschiedenen Moos- und Flechtenarten sind besonders auffallend die Bartflechten (S. 54), die von den Ästen der Bäume herabhängen.
Auf den Plateaus haben sich weite, teilweise birkenbestandene Heidemoore mit flächendeckenden Teppichen von Besenheide, Glocken- und Grauheide (S. 120), Blaubeeren, Zwittrigen Krähenbeeren sowie Wollgrasbeständen gebildet; dazwischen stehen Schwedischer Hartriegel, Birken- und Fliegenpilze. Die flechtenbewachsenen Besenheidebestände gedeihen bis maximal 950 m Höhe. In exponierten Lagen bis 1150 m Höhe kommen Moosheiden mit Zackenmützenmoosen vor. Darüber löst sich die Vegetationsdecke girlandenförmig auf; Hauptart ist hier die Dreispaltige Binse. In Schneetälchen gedeihen arktisch-alpine Pflanzen, beispielsweise die im Juni rosa blühende Alpenazalee, Alpengänsekresse, Alpenehrenpreis, Stengelloses Leimkraut (S. 40), das seltene Arktische Hornkraut und Zwergweiden. Die Artenvielfalt des Ben Lawers (s. S. 37) wird auf dem sauren Gestein aber längst nicht erreicht.

Am Ende der Seilbahn (Ptarmigan Station) kann man mit etwas Glück Alpenschneehühner beobachten.

Die Tierwelt der Cairngorms bietet einige Besonderheiten.In den unteren bewaldeten Lagen leben verschiedene Meisenarten, Schottische Fichtenkreuzschnäbel und Auerhühner (S. 53). Bis 400 m Höhe gibt es noch einige Birkhühner. In den höheren Lagen haben Mornellregenpfeifer ihr Hauptbrutgebiet in Schottland. Ferner brüten Goldregenpfeifer, Schottische Moorschneehühner (S. 123), wenige Rotdrosseln, Wacholderdrosseln, Steinschmätzer (S. 111) und der hier seltene Bergfink. An Greifvögeln kann man hauptsächlich Steinadler (S. 61), Wanderfalken, Turmfalken (S. 144) und Merline sehen.
Das Alpenschneehuhn bewohnt die arktisch-alpine Stufe bis etwa 1200 m Höhe. Durch Skitourismus seit 1960 hat der Bestand wegen Störungen stark abgenommen. Gleichzeitig stieg wegen vermehrten Nahrungsangebotes durch herumliegende Abfälle die Zahl von Krähen und Möwen drastisch, die im Frühjahr die Nester der Alpenschneehühner ausrauben. Beide Schneeammer-Unterarten (*Plectrophenax nivalis nivalis* und *P.n. insulae*) haben hier ihre südliche Verbreitungsgrenze und ihr einziges regelmäßiges Brutgebiet in Schottland.
Alle schottischen Säuger kommen vor. Selbst der Baummarder, der in Großbritannien stark zurückgegangen war, ist seit kurzem im Glen More Forest wieder heimisch geworden. Rehe sind in den Wäldern der Tieflagen sehr häufig. 1952 sind aus Schwedisch Lappland Rentiere eingebürgert worden. Da der Flechtenreichtum (Rentierflechte) ihnen eine gute Nahrungsgrundlage bietet, konnten sie sich gut vermehren. Die Herdengröße beträgt über 500 Rentiere und wird durch Verkauf an Tierparks und Abschuß kontrolliert.
Zur Insektenwelt im Glen More Forest zählen Ameisenarten, z.B. die Rote Waldameise, Spinnen-, Schmetterlings- und verschiedene Käferarten. Für den Nadelwald typisch ist ein Nachtschmetterling, die Forleule .

Charakteristisch für die baumlose Landschaft: die Schneeammer.

Im Gebiet unterwegs

Von Aviemore verläuft die B 9152 in den **Glen More Forest** ① zum Besucherzentrum ② hinter dem Loch Morlich. Markierte Wanderwege gehen von verschiedenen Parkplätzen in den Glen More Forest. Am »Reindeer Centre« am Loch Morlich kann man sich für eine geführte Exkursion an-

Der Schwedische Hartriegel blüht erst im Juli/August.

Die Rentierflechte *Cladonia* bildet becherförmige Fruchtstände.

Der Goldregenpfeifer bevorzugt erhöhte Singwarten.

melden, um Rentiere zu beobachten. In die Cairngorms führt eine Paßstraße bis hinauf zum Parkplatz am Sessellift ③. Man kann entweder von hier zu Fuß die Gipfelregionen ersteigen oder benutzt den Sessellift, der bis zur **Ptarmigan Station** ④ auf 1200 m Höhe fährt. Bei schönem Wetter erschließt sich ein herrliches Bergpanorama. Vor Wetterumschwüngen wird allerdings gewarnt, denn meistens sind die Gipfel wolkenverhangen.
Besucher, die dem Castle oder Whisky Trail folgen, haben die ausgezeichnete Möglichkeit von Braemar (A 93) östlich des Balmoral Castle der A 939 nach Tomintoul zu folgen. Bei gutem Wetter eröffnet sich ein phantastisches Panorama ⑤ auf die Cairngorms. Es gibt auch Wandermöglichkeiten. Bei Tomintoul erreicht man wieder den Whisky Trail.

Praktische Tips

Anreise

Von Perth die A 9 bis Aviemore. Beschilderung »Glen More Forest« folgen.

Unterkunft

Im Touristenzentrum Aviemore und Umgebung zahlreiche Hotels, B&B und Campingplätze vorhanden. B&B (wenige) und Camping auch im Glen More Forest möglich. In der Hauptsaison wird Reservierung empfohlen.

Wanderungen

Regenkleidung, warmer Pullover, Kartenmaterial sind notwendig; Wetterumschwünge beachten; Wettervorhersage Cairngorms, Tel. 047 986261.

Blick in die Umgebung

Highland Wildlife Park in Kincraig bei Kingussie. Hier werden schottische Säuger (auch im Freiland ausgestorbene Arten) gezeigt sowie die wichtigsten Rauhfußhühner und Greifvögel. Geöffnet täglich ab 10.00 Uhr.
Highland Folk Museum in Kingussie. Geöffnet April bis Oktober, Mo.-Sa. 10.00–18.00 Uhr, So. 14.00–18.00 Uhr.

5 Loch Garten

Wiedereinbürgerung des Fischadlers; Kaledonischer Wald mit »Scots Pine«, reichhaltige Pflanzen- und Tierwelt.

Ab 1975 wurden 617 ha um Loch Garten mit angrenzendem Wald zum Schutz eines Fischadlerbrutplatzes von der RSPB gesichert. Heute ist das Gebiet, das im Spey Valley nahe bei Aviemore liegt, auf 12150 ha erweitert worden und umfaßt auch den **Abernethy Forest**. In diesem Wald ist ein Restbestand der ursprünglichen natürlichen Vegetation, der »Scots Pine« (S. 74), einer Unterart der Waldkiefer, erhalten geblieben.
Nach den Eiszeiten, mit Beginn des Alleröd (9000 v.Chr.), kam die »Scots Pine« vergesellschaftet mit Birken in weiten Teilen Schottlands vor und bildete um 6000 bis 3000 v. Chr. den Kaledonischen Wald. In der Folgezeit bewirkten Hochmoorbildung durch Klimaänderung und seit dem Mittelalter Abholzungen für den Schiffbau, daß heute nur noch kleine Restbestände dieser Kiefernwälder bestehen, die zusammengenommen in Schottland 11 789 ha umfassen und damit weniger als 1 Prozent der ursprünglichen Fläche ausmachen. Der Abernethy Forest ist mit über 1825 ha der größte Restbestand.

Pflanzen und Tiere

Bestandbildend ist im Abernethy Forest die meist mit Flechten überzogene »Scots Pine«, dazwischen wachsen Birken. Die ältesten »Scots Pines« sind etwa 300 Jahre

Abendstimmung am Loch Garten; im Hintergrund liegen die Cairngorm Mountains.

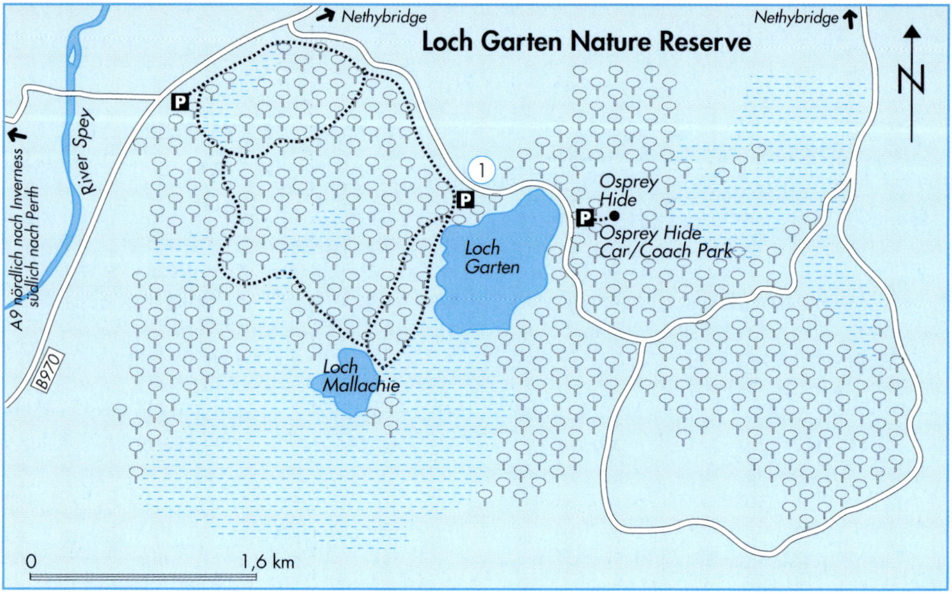

alt. (Ähnlich, aber artenärmer ist der nahegelegene Glen More Forest, s. S. 46.) Unterwuchs bilden Besenheide (S. 121), Glokkenheide, Grauheide (S. 120), Blaubeeren, Preiselbeeren und Adlerfarn. Kleines Wintergrün, Moosglöckchen und die Orchideenarten Großes Zweiblatt, Herz-Zweiblatt und Kriechstendel finden sich vereinzelt.

Südwestlich des Loch Mallachie liegt ein kleines, nicht zugängliches artenreiches Heidemoorgebiet. Durch Eingriffe wird hier Verbuschung vermieden: In Rotation finden Brand oder Beweidung statt.

Der Anlaß zum Schutz war zunächst die Rückkehr des Fischadlers als Brutvogel. Im Abernethy Forest leben Schottische Fichtenkreuzschnäbel, Haubenmeisen und Auerhühner, die hier und in der näheren Umgebung ein inselartiges Vorkommen haben. Schottische Fichtenkreuzschnäbel unterscheiden sich von den sonst auf den Britischen Inseln verbreiteten Fichtenkreuzschnäbeln (S. 75) durch größeren Kopf und Schnabel.Es ist noch umstritten, ob es sich um eine Unterart des Fichtenkreuzschnabels oder schon um eine richtige Art handelt (s. S. 19). Der typische Brutbiotop der Haubenmeise sind Nadelwälder. Möglicherweise breitet sich die Art durch verstärkte Aufforstung mit Sitkafichten aus. Das Auerhuhn ist selten, aber typisch für Wälder im Klimaxstadium.

Weitere 55 Vogelarten nisten im Reservat, z. B. die Greifvögel Sperber, Mäusebussard und Turmfalke (S. 144) sowie die Eulen Waldkauz und Waldohreule. Spechte sind durch Buntspecht und Grünspecht vertreten. Durchzügler sind Gartenrotschwanz, Grauschnäpper, Baumpieper und Fitis. Im Heidemoor leben das seltene Birkhuhn und das weiter verbreitete Schottische Moorschneehuhn (S. 123).

Brutvögel um den See sind u.a. Gänsesäger und Krickenten sowie die in Großbritannien seltenen baumbrütenden Schellenten. Im Frühjahr rasten viele Mittelsäger (S. 57), im Herbst Gänsesäger, bis zu 1000 Graugänse, Singschwäne (S. 84), viele Enten- und Möwenarten.

Den Abernethy Forest bewohnen Eichhörnchen, Rotwild, Baummarder, Dachs,

Fischadler

Der Fischadler ist einer der wenigen Greifvögel, die fast weltweit verbreitet sind. In Schottland sank sein Bestand schon um 1850 auf nur 40–50 Paare, da er im letzten Jahrhundert stark bejagt und durch Eiersammler dezimiert wurde. Das unwiderruflich letzte Brutpaar verschwand 1916 aus Großbritannien.
Der europäische Fischadler ist ein Zugvogel, der in Afrika überwintert. Während des Frühjahrs- und Herbstzuges sind daher regelmäßig skandinavische Fischadler in Großbritannien zu beobachten. Die Wiederbesiedlung von Schottland lief einem deutlichen Populationsanstieg in Skandinavien parallel. Schutzmaßnahmen in Schottland führten dann später zu einer ausreichenden Reproduktionsrate, so daß die Population auch aus eigener Kraft wachsen konnte.
Seit 1954 brütete wieder das erste Paar in Strathspey. Es war jedoch mehrere Jahre nicht erfolgreich. 1958 wurden trotz Schutz durch die RSPB das Nest zerstört und die Eier gestohlen. 1959 brüteten die Adler in der Nähe des alten Nestes, wurden rund um die Uhr bewacht und zogen drei Junge auf.
Die Fischadler benutzten von 1959 bis 1979 immer denselben Baum, bis sie dann auf den Nachbarbaum umzogen. Der alte Baum ist heute tot. Auf ihm wurde eine Videoanlage montiert.
Im Laufe der Jahre gab es gelegentliche Rückschläge für die Naturschützer: Zweimal zerstörten Stürme das Nest, nochmals wurden Eier gestohlen, zweimal wurden Nester durch Vandalismus(!) zerstört. 1990 ist sogar das Besucherzentrum niedergebrannt worden.

Doch die Bilanz ist heute glücklicherweise positiv: Bis 1989 sind am Brutplatz von Loch Garten insgesamt über 50 Junge aufgewachsen und die schottische Population hat sich seit 1959 auf über 60 Paare vermehrt. Seit 1991 ist auch wieder der seit 1984 nicht mehr erfolgreiche Horst am Loch of the Lowes (bei Dunkeld) produktiv. 1993 wurden sogar drei Junge erbrütet. Für das Jahr 2000 werden für Großbritannien 100 Brutpaare erwartet.
Trotz der positiven Tendenz konzentrieren sich die Bruten bisher auf Lochs und Flüsse der Highlands. Dies steht im Gegensatz zu anderen Fischadlervorkommen weltweit, bei denen die Vögel flache Küstenregionen besiedeln und hier ihre dichtesten Vorkommen erreichen.

Der Fischadler ist zum Symbol für erfolgreichen Naturschutz in Schottland geworden.

Der berühmteste, meist fotografierte Fischadlerbrutplatz von ganz Schottland liegt am Loch Garten.

Im Abernethy Forest ist die Haubenmeise heimisch.

Der Kriechstendel ist am Parkplatz ① häufig.

Auf dem Loch Mallachie kann man regelmäßig Schellenten beobachten. (Fernglas mitnehmen!)

Rotfuchs und Fischotter (S. 65). Im Loch Garten sind Erdkröten die häufigste Amphibienart. Man kennt keine Schlangen, da die Winter wahrscheinlich zu kalt sind; nur Bergeidechsen (S. 148) sind regelmäßig anwesend.
Von 16 Tagfalterarten ist der Bläuling *Aricia artaxerxes* der häufigste. Er ist von Juli bis August anzutreffen. Daneben gibt es Brombeerzipfelfalter und Aurorafalter im Mai, Braunfleckige Perlmutterfalter im Juni und Juli sowie Große Heufalter im August. International wichtig ist das Reservat auch für Libellen, darunter Heidelibellen, Vierfleck (S. 79) und Torf-Mosaikjunfer. Bis zu 800 Käferarten leben hier. Bemerkenswert ist der Zimmerbock, dessen Männchen bis 10 cm lange Antennen tragen.

Der Bläuling *Aricia artaxerxes* ist im Gebiet häufig.

Im Gebiet unterwegs

Die Fischadlerbeobachtungshütte erreicht man vom Hauptparkplatz. Hier hat man auch einen schönen Überblick über Loch Garten. In der Beobachtungshütte ist eine Videoanlage installiert, die alle Geschehnisse vom Horst in Bild und Ton live überträgt. Mit Ferngläsern und Spektiven kann man – ohne die Brut zu stören – den Horst beobachten, ein exzellentes Beispiel für anschaulichen Naturschutz. Eine große Informationstafel hält die Tagesaktivität des Brutpaares und seiner Jungen fest und berichtet über frühere Brutvorkommen und deren Erfolg. Täglich kommen Hunderte von Besuchern.
Es gibt zwei Hütten, die man stundenweise zum Fotografieren mieten kann. Man benötigt aber mindestens ein Objektiv mit

Im Klimaxstadium der »Scots Pine«-Wälder lebt der Auerhahn. Die Henne ist graubraun gefärbt.

Krustenflechten (links) und Bartflechten (rechts) finden sich auf vielen Bäumen.

400 mm (besser 800 oder 1000 mm) Brennweite, da der Horst relativ weit entfernt liegt.
Von zwei Parkplätzen ① aus kann das Schutzgebiet auf ausgewiesenen Wegen verschiedener Länge erkundet werden. Landschaftlich sehr schön gelegen sind Loch Garten und Loch Mallachie, die eiszeitlich gebildete Toteislöcher darstellen.

Das Kleine Wintergrün wird nur bis 20 cm groß und blüht (weiß) im Frühsommer.

Praktische Tips

Anreise
Von der A 9 Ausfahrt Aviemore auf der A 95.

Unterkunft
Hotels und B&B in Aviemore. Campingplätze sind auch in der Umgebung von Aviemore vorhanden.

Beste Reisezeit
Zur Brutzeit der Fischadler Mai bis Juli; Junge im Horst kann man meistens den ganzen Juli über beobachten. Die Fischadlerbeobachtungshütte ist Ende April bis Ende August von 10.00–20.00 Uhr täglich geöffnet; übriges Reservatgelände ganzjährig zugänglich.

Blick in die Umgebung

Aviemore ist im Winter ein Skizentrum und bietet dem Naturkundler wenig. In der Nähe liegt der »Highland Wildlife Park«. Exkursionen zu anderen Reisezielen wie den Cairngorms (s. S. 43) oder Tayside (s. S. 32) sind wegen der kurzen Entfernungen gut möglich.

6 Great Glen (Loch Ness, Ben Nevis)

Great Glen, ein enger Grabenbruch mit einer Kette von Lochs, das bekannteste ist Loch Ness; im Südwesten des Grabens der höchste Berg Schottlands, der Ben Nevis; reizvolle Landschaft und interessante geologisch-geographische Gegebenheiten.

Great Glen, der große Graben, ist vor etwa 400 Mio. Jahren (im Silur) durch eine große Bruchlinie (97 km Länge), die mitten durch Schottland verlief, entstanden. Sie trennt die Grampians und die Nordwestlichen Highlands diagonal von Nordost nach Südwest. In dieser Bruchlinie liegen vier nährstoffarme Seen, Loch Ness, Loch Oich, Loch Lochy und Loch Linnhé, die durch den künstlich angelegten Kaledonischen Kanal (von Inverness an der Ostküste bis Fort William an der Westküste) im 19. Jh. für die Schiffahrt miteinander verbunden wurden. Eine Umschiffung Schottlands über den Pentland Firth im Norden erübrigte sich (vgl. Umschlagkarte).
Gletscher überformten während der Eiszeiten das Gebiet und übertieften die heutigen Seen. Vor 12 000 Jahren war Loch Ness wahrscheinlich noch eine Meeresbucht. Als sich die Gletscher zurückzogen, hob sich das Land bei Inverness – von der Eislast befreit – und schnitt den Zugang zum Meer ab. Loch Ness wurde ein Binnensee, das Seeungeheuer »Nessy« saß in der Eiszeitenfalle fest, wie die populäre Vorstellung besagt.
Der irische Missionar St. Columba machte als erster auf »Nessy« aufmerksam; der bekannte Zoologe Sir Peter Scott klassifizierte es mit trockenem britischen Humor als »*Nessitera rhombopteryx*« (= Rhombenfüßiges Nessimonster). Es beschäftigt zuweilen noch heute die Phantasien der Menschen, besonders der Journalisten zu Zeiten der Parlamentsferien.
Das Gebiet weist aber auch noch weitere Besonderheiten und Superlative auf: Wegen der Gletscherübertiefung ist Loch Ness (wie auch Loch Maree; s. S. 72) ein klassisches Beispiel für ein langes (36 km Länge), enges (nur 1,5 km Breite) und sehr tiefes Gewässer. Die bis jetzt gemessene Tiefe beträgt 325 m. Loch Ness ist damit tiefer als viele Teile des Nordseebodens. Auch im Sommer beträgt die Wassertemperatur nur 6 – 7°C, im Winter friert das Loch als Folge des ozeanischen Klimas nicht zu.Im Great Glen steht hauptsächlich Moine- Schiefer an. Bei Inverness tritt Old Red Sandstone zutage, Ben Nevis (1343 m) bei Fort William besteht dagegen aus Granit. Hier fallen mit 4000 mm Regen im Jahr die höchsten Niederschlägen in ganz Schottland.

»Wanted 500,000 £«. Gefangen haben wir Nessi zwar nicht, wohl aber fotografiert. Dafür zahlt die Guinness-Brauerei leider nichts.

Eines von vier Lochs im Great Glen: Loch Lochy.

Pflanzen und Tiere

Neben den Lochs liegen viele landwirtschaftlich genutzte Weide- oder Fettwiesenflächen, die in relativ kurzen Abständen gemäht werden. Daneben gibt es kleine aufgeforstete Nadelwälder.
Am Ben Nevis sind Besenheide (S. 121) und Adlerfarn (S. 76) verbreitet, in höheren Lagen kommen alpine Pflanzen vor, darunter Alpenfrauenmantel, Alpenazalee und polsterartig wachsende Steinbrecharten. Die Pflanzengesellschaften auf dem sauren, unfruchtbaren Boden sind mit denen der Cairngorm Mountains auf ähnlichen Böden vergleichbar.
Im Great Glen sieht man sowohl Rabenkrähen als auch Nebelkrähen. In einem schmalen Band längs durch Schottland von Argyll über Loch Ness, Inverness bis Caithness treffen die am Gefieder gut unterscheidbaren Unterarten der Aaskrähe aufeinander: Während die Nebelkrähe überwiegend in den westlichen und nördlichen Highlands und auf den Inseln zu finden ist, lebt die Rabenkrähe im Osten Schottlands.
Charaktervögel der Wiesenflächen sind Kiebitze und Wiesenpieper (S. 147). Im Glen Nevis fallen Ende August große durchziehende Buchfinkenschwärme auf. Auf den Lochs schwimmen Ohrentaucher, die hier auch ihr Hauptbrutgebiet in Schottland haben, Krickenten, Pfeifenten (S. 21), Höckerschwäne, Gänsesäger und Mittelsäger.
Biologisch interessante Seen sind Loch Linnhé und Loch Leven, die schon mit Salzwasser des Atlantiks vermischt sind; hier machen sich Gezeitenwechsel bemerkbar. Auf den Wattflächen suchen Sandregenpfeifer (S.23), Alpenstrandläufer (S. 85), Großer Brachvogel (S.85), Rotschenkel (S. 91), Grünschenkel,

Graureiher sind überall zu finden, wo es was zu fischen gibt, auch an den Küsten.

Graureiher und Austernfischer nach Nahrung. Silber-, Sturm- und Lachmöwen (S. 91) ziehen ihre Runden. Flußseeschwalben und Küstenseeschwalben (S. 128) stoßtauchen nach ihrer Hauptnahrung, den Sandaalen.

Im Gebiet unterwegs

Inverness, ein wichtiges Touristenzentrum, kann als Ausgangspunkt vieler Besichtigungstouren dienen. Landschaftlich reizvoll ist die Fahrt entlang des Südostufers ① von **Loch Ness.**
Ein Besucherzentrum ②, das die Geschichte von »Nessy« chronologisch aufzeigt, liegt am Fuß des fruchtbaren Glen Urquhart bei Drumnadrochit. Nicht weit entfernt steht die berühmte Ruine des Urquhart Castle.
Am **Loch Linnhé** ③ und **Loch Leven** ④ gibt es weite Schlickbereiche mit Watvögeln. Vom Hafen Fort Williams wird eine Schiffstour (tägliche von Ostern bis Oktober, Tel. 0397 705589) zu einer Kegelrobbenkolonie angeboten.
Mit dem Auto nur wenige Minuten von Fort Williams Stadtmitte entfernt führt eine Nebenstraße ins **Glen Nevis** ⑤. Am Fuß des Ben Nevis liegt ein Rastplatz direkt am klaren Bach. Hier ist der Ausgangspunkt für den Ben-Nevis-Wanderweg (etwa 3,5 Stunden steiler Aufstieg, 2,5 Stunden Abstieg). Das Glen Nevis Centre ist 1992 ganz neu eingerichtet worden.
Nicht weit vom Ben Nevis entfernt, kann man mit einer Seilbahn (10.00–17.00 Uhr) auf den etwa 1219 m hohen **Aonach Mor** ⑥ fahren. Die Aonach Mor Gondola ist ab

Mittelsäger. Männchen am Beginn zur Mauser ins Prachtkleid (Foto) sehen Gänsesägern sehr ähnlich.

Die Erdkröte, der wohl häufigste Lurch in Schottland.

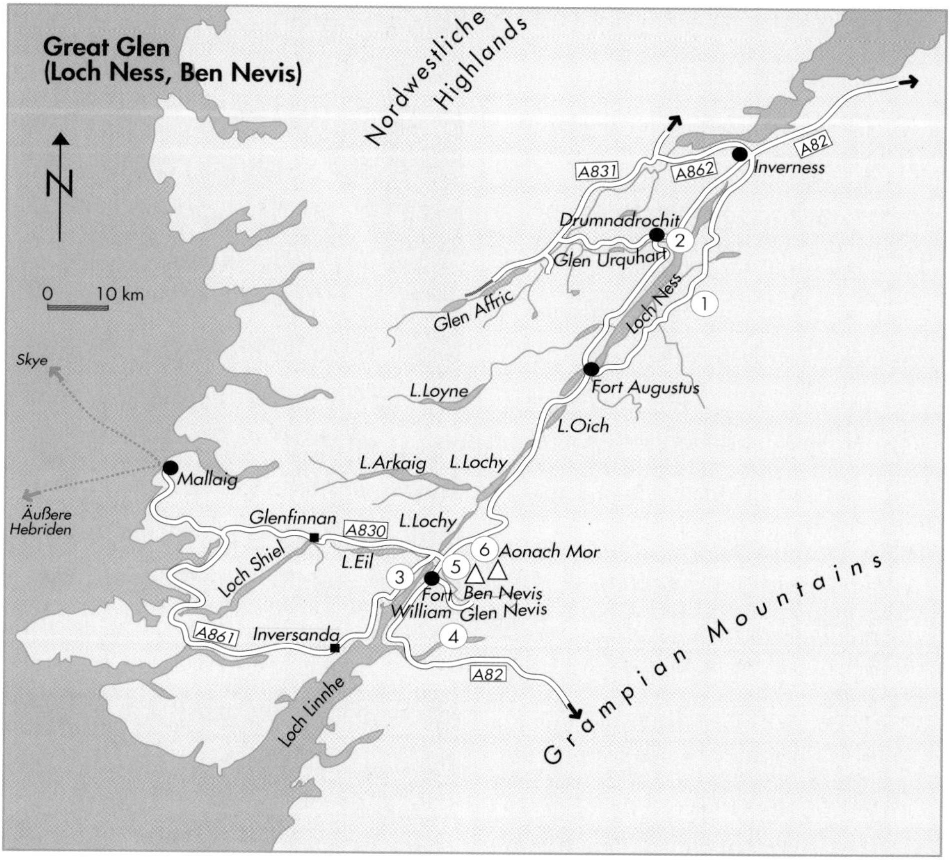

Fort William beschildert. Wanderwege führen zu Aussichtspunkten, von denen man bei klarer Sicht die Highlands und Inseln überblicken kann.

Praktische Tips

Unterkunft

Hotels, B&B und Campingplätze in zahlreichen Orten der Umgebung. Hauptzentren sind Inverness und Fort William.

Hinweis für Autofahrer

Alle »single track roads« – einspurige Straßen mit Ausweichbuchten – sollten nicht mit Wohnanhängern befahren werden!

Blick in die Umgebung

Landschaftlich reizvoll ist eine Fahrt über die A 830 von Fort William nach Mallaig. Bei Glenfinnan hat man einen Blick über Loch Shiel. An der Westseite kann man auf einer 24 km langen Forststraße entlang des **Loch Shiel** wandern. Die A 861, die am Loch Ailort von der A 830 abzweigt, verläuft z.T. einspurig durch Eichen-Birken-Wald mit üppigem Moos- und Flechtenbewuchs. Am **Loch Linnhé** führt sie zurück nach Fort William. Bei Ebbe kann man auf kleinen Felsinseln im Loch Linnhé Kegelrobben (S. 124) liegen sehen. Ebenfalls sehenswert ist das schluchtartige, bewaldete **Glen Affric.**

7 Äußere und Innere Hebriden

Herbe Schönheit der hügeligen, baumlosen, wind- und wettergepeitschten Äußeren Hebriden; vielfältige Landschaft der Inneren Hebriden mit hohen Bergen und Tälern.

Als Hebriden werden zwei Inselbögen vor der Nordwestküste Schottlands bezeichnet. Die **Äußeren Hebriden**, auch Western Isles genannt, erstrecken sich über eine Länge von 210 km von Butt of Lewis im Norden über Harris, Uist bis Barra Head im Süden. Der etwa 70 km breite Minch trennt sie vom Festland. Die Western Isles stellen die ersten atlantischen Wellenbrecher vor der schottischen Küste dar. Weit draußen im Meer, 80 km von der zerklüfteten Küste des Inselbogens entfernt und nur schwer erreichbar, liegt das Vogelparadies der St.-Kilda-Inseln.

Die **Inneren Hebriden**, meist nur durch eine schmale Meerenge vom Festland getrennt, verlaufen, gegenüber den Äußeren Hebriden südlich versetzt, von Skye im Norden bis Islay im Süden. Klima und Vegetation entsprechen weitgehend der schottischen Westküste.

Während die Äußeren Hebriden hauptsächlich aus sauren Gneisen (Lewisian) bestehen, sind die Inneren Hebriden überwiegend aus vulkanischen Gesteinen wie Basalt, Dolerit und Andesit aufgebaut. Durch Vulkanismus im Tertiär (vor 70 Mio. Jahren) entstanden Basaltsäulen, die in ihrer schönsten Ausprägung an der Antrim Coast in Nordirland den berühmten Giant's Causeway bilden. Diese Säulenbasalte setzen sich auf den Inneren Hebriden fort, auf der Insel Staffa in der Fingal's Cave und auf Skye z.B. im Old Man of Storr. Gleichalte Basaltgesteine finden sich nicht nur auf Skye, sondern auch auf Mull und den kleineren Inseln Canna, Eigg und Muck.

Die südlichen Inseln Jura und Islay sind dagegen aus Schiefer und Torridon-Sandsteinen aufgebaut. Tiree und Coll kann man geologisch mehr den Äußeren Hebriden zuordnen, da sie ebenfalls aus alten Gneisen bestehen.

Die Hebriden liegen auf gleicher Breite wie das viel kältere Labrador. Durch den Golfstrom sind sie klimatisch begünstigt; milde Winter und kühle Sommer bestimmen den Jahreslauf. Charakteristisch sind häufiger Nebel und hohe Niederschläge. Treffend haben schon die Wikinger Skye als »Wolkeninsel« bezeichnet.

Die Landschaften der Inseln leben von Kontrasten: Kahle, schroffe Felskuppen, sanft gewellte Hügel und eiszeitlich überformte Täler wechseln sich ab. Überall deuten Findlinge als erratische Blöcke auf die Kräfte der eiszeitlichen Gletscher hin.

Die Äußeren Hebriden sind noch karger und flacher. Ständig wehende Westwinde – oft bis Orkanstärke – fegten sie kahl; Bäume konnten sich nicht halten. Deckenmoore und nährstoffarme Lochs beherrschen das Landschaftsbild.

Ein häufiger Bewohner der Äußeren Hebriden: der Prachttaucher.

Isle of Skye: Auf der Halbinsel von Trotternish steht der bizzare »Old Man of Storr«, eine Basaltformation.

Insgesamt zählen zu den Hebriden etwa 500 größere und kleinere Inseln, von denen nur 30 bewohnt sind. Die Abgeschiedenheit und Unwirtlichkeit besonders der Äußeren Hebriden lassen die Bevölkerungszahlen stetig sinken. Die verbliebenen Menschen leben von Fischfang und Fischzucht, im Sommer vom Fremdenverkehr, der besonders Skye erobert hat. Als Kleinpächter betreiben die Bewohner auch etwas Landwirtschaft. Viele ihrer Crofter-Hütten sind aber verlassen und verfallen zusehends. Die kargen, sauren Moorböden bieten außer extensiver Schafweide und etwas Gartenbau für den Eigenbedarf kaum Lebensgrundlagen.
Prähistorische Zeugnisse menschlichen Lebens in der Steinzeit geben z.B. die Menhire von Callanish auf Lewis.
Die Isolation der Inseln spiegelt sich auch in der Sprache wider. Besonders auf den Äußeren Hebriden spricht man gälisch. Manche Ortsschilder sind hier nicht einmal zweisprachig. Wie die Orkney- und Shetland-Inseln haben die Hebriden vom 9.–13. Jh. unter norwegischer Herrschaft gestanden.

Pflanzen und Tiere

Moorböden überwiegen und bestimmen die Pflanzen- und Tierwelt der Hebriden entscheidend. Der Steinadler erreicht hier die wahrscheinlich höchste Dichte in Schottland.

Innere Hebriden
Hohe Niederschläge, die eine Erosion der Böden zur Folge haben, und ständig wehende Winde haben ein Baumwachstum weitgehend verhindert. Erst im letzten Jahrzehnt wurde an geschützten Stellen versucht aufzuforsten.
Neben vielen Seevögeln brüten Sterntaucher und Prachttaucher überall an der Westküste und auf den Hebriden, Prachttaucher sind auf den Inneren Hebriden allerdings seltener als auf den Äußeren. Der Wachtelkönig hat auf den Hebriden seinen Verbreitungsschwerpunkt.
Skye: Im Süden befinden sich Reste von Eichenwäldern, vergesellschaftet mit Birken, Ebereschen, Stechpalmen (S. 14) oder auch auf nährstoffreicheren Böden mit Haselnußsträuchern und Eschen. Die Cuillin

Der Steinadler hat einen Verbreitungsschwerpunkt auf den Hebriden.

Hills (bis 1008 m) und Quiraing (543 m) weisen zusätzlich alpine Florenelemente auf, darunter Alpengänsekresse. Der Islandknöterich ist die botanischen Besonderheit der Halbinsel von Trotternish. Die Tierwelt entspricht den Western Highlands. Im nördlichen Küstenbereich brüten Sturmschwalben (s. S. 165). An Greifvögeln kann man regelmäßig den Merlin sehen.

Mull: Die Insel weist im Gegensatz zu Skye mehrere große Inlandlochs auf. Vegetation und Tierwelt sind weitgehend identisch.

Jura: Der Name bedeutet im Gälischen »Hirschinsel« und weist auf die große Rotwildpopulation hin. Als botanische Besonderheit finden sich an der geschützten Ostküste Palmen, die zwar angepflanzt wurden, aber unter dem Golfstromeinfluß lebensfähig sind. Rhododendron kommt in größeren Beständen vor.

Von den weiteren Inseln sind **Islay** mit dem RSPB-Reservat Loch Gruinart (Gänserastplatz) und **Colonsay** mit Seevögeln, Fischottern und Seehunden bemerkenswert. Beide Inseln bilden den Verbreitungsschwerpunkt der Alpenkrähe in Schottland.

Der Sterntaucher im Prachtkleid ist an seinem roten Vorderhals zu erkennen.

Rhododendron setzt farbige Akzente in die graubraune Frühjahrslandschaft.

Die Insel **Rhum** (National Nature Reserve), die heute betreten werden darf (nur Fußpfade), dient einer großen Herde Rothirsche als Lebensraum. Für Ornithologen besonders bekannt wurde sie als der Welt größte Einzelkolonie des Schwarzschnabel-Sturmtauchers (s. S. 165) an den Hangterrassen von Askival und Hallival (150 000 Paare) und durch Seeadleraussetzungen während der 70er und 80er Jahre. Die Pflanzenwelt auf Rhum ist sehr artenreich und bildet im Sommer ein Blumenmeer.

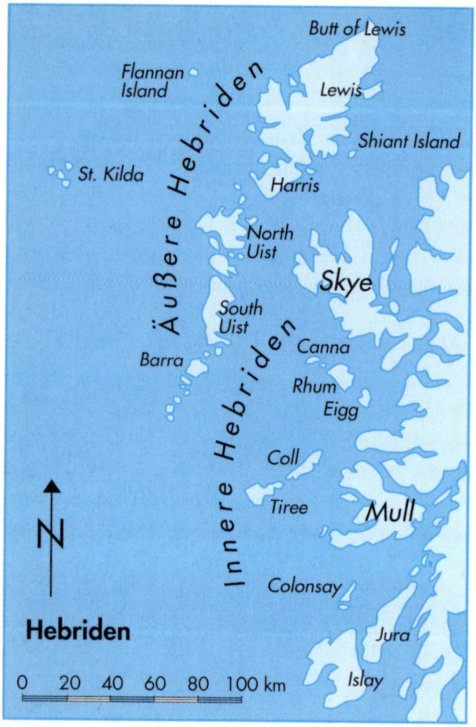

Äußere Hebriden

Die Äußeren Hebriden sind weitestgehend baumlos, mit Ausnahme von einigen engen Tälern, die mit gebüschartigem Birkenbestand bestockt sind, z. B. wie das »Allt Volagair« auf South Uist; rund um Stornoway Castle gibt es einen angepflanzten Wald.

Lewis ist fast völlig kahl und von Deckenmooren überzogen. **Harris** weist rauhe Gneisberge auf. Wegen des sauren Gesteins ist die Bergpflanzenwelt sehr arm. Hier wachsen Alpenfrauenmantel, Sternblütiger Steinbrech, Rosenwurz (S. 157), Alpensäuerling (S. 160), Alpenwiesenraute und Schlangenknöterich (S. 34), der sehr feuchte Standorte bevorzugt.

Während im Osten der Inseln Deckenmoore ausgebildet sind, gibt es auf der Westseite – zum offenen Atlantik hin – weiße Sandstrände und die für die Äußeren Hebriden charakteristischen »Machair«- Wiesen (S. 78).

Machair kommt aus dem Gälischen und bezeichnet eine küstennahe Fläche auf Muschelsand, die von Gräsern dominiert ist. Diese Ebenen können bis 2 km Breite aufweisen. Sie finden sich auch in Teilbereichen der schottischen Westküste und den Inneren Hebriden. Typisch sind kalkliebende Pflanzen wie Kleiner Klappertopf und Orchideen, z.B. Fleischrotes Knabenkraut. Machairs wurden fast überall von den Croftern als Weiden für Schafe, aber auch als Ackerland hauptsächlich für Hafer- und Kartoffelanbau genutzt. Sie sind Brutgebiete für Brandgänse, Alpenstrandläufer (S. 85), Sandregenpfeifer (S. 23), Bekassinen (S. 95) und Rotschenkel.

Auf den Lochs von **North Uist** (RSPB-Reservat: Balranald) finden sich Taucher sowie Schnatterente, Pfeifente (S. 21), Krickente, Löffelente, Reiherente (S. 111), Bergente und seltener die Spießente. Außerdem gibt es im Inland eine Kormorankolonie. Seevogelvorkommen sind auf den Äußeren Hebriden verstreut, große Kolonien bestehen aber nur auf den weit im Westen vorgelagerten Flannan Islands und St. Kilda (National Nature Reserve).

Normalerweise baumbrütende Greifvögel wie Mäusebussard (S. 138) und Turmfalke (S. 144) sind auf den Hebriden vereinzelt Bodenbrüter. Auf Uist und Barra hat die Kornweihe (neben Orkney) einen Verbreitungsschwerpunkt. Von den Rauhfußhühnern kommt nur das Schottische Moorschneehuhn (S. 123) vor, das besonders auf Lewis weit verbreitet ist. Die weiter vom Festland entfernten Inseln beherbergen typischerweise immer weniger Arten (s. S. 22).

Im Gebiet unterwegs

Skye: Sie ist die größte und wahrscheinlich bekannteste Insel der Hebriden und nur durch eine schmale Meerenge vom Festland getrennt. Man erreicht sie schnell und bequem durch eine 10-minütige Fährfahrt von Kyle of Lochalsh bis Kyleakin. Skye ist daher aber touristisch auch stark erschlossen.

Eine grandiose Bergwelt mit den aus Basalten bestehenden Trotternish Hills im Norden und den Cuillin Mountains im Südwesten wird von eiszeitlich überformten Tälern zerschnitten. Die Felsspitzen der aus Gabbro bestehenden Black Cuillins (900–1000 m) liegen halbkreisförmig um Loch Cornisk und werden ihrerseits im Norden und Osten von den etwa 700 m hohen Granitfelsen der Red Cuillins umgeben. Im Inland herrscht Moor- und Heidelandschaft vor mit extensiver Schafweidewirtschaft und Torfabbau. Da keine Stelle weiter als 8 km vom Meer entfernt liegt, gelangt man rasch in Klippen- und Wattbiotope.

Das Straßennetz ist gut ausgebaut. Die **»Cuillin Hills«** können über zwei Wege erreicht werden: Von Broadford nimmt man die A 881 bis Elgol ① und setzt mit einer Personenfähre zur gegenüberliegenden Küste über; von hier aus geht es nur zu Fuß weiter. Von Sligachan ② aus an der Kreuzung A 850 und A 863 gibt es ab der alten Brücke von Sligachan ebenfalls eine Wanderroute, dabei hat man einen grandiosen Blick auf die Bergwelt. Die Westseite der »Cuillin Hills« erreicht man von der A 863 und der B 8009, die ins Glen Brittle ③ abzweigt. Die Wanderwege in die »Cuillin Hills« haben einen hohen Schwierigkeitsgrad und sollten nicht unterschätzt werden!

Einen guten Gesamteindruck von der Landschaftsvielfalt Skyes erhält man auf der Rundfahrt über die **Halbinsel Trotternish.** Die A 856/855 führt westlich entlang der Klippen bis **Score Bay** ④. Von hier aus kann man die Inseln Harris und North Uist der Äußeren Hebriden gut sehen. Fährmöglichkeiten gibt es beim nahegelegenen Uig ⑤. Bei Kilmuir liegt das »Croft-Freilichtmuseum« ⑥. Es bietet einen gewissen Einblick in die Lebensweise der Kleinpächter (Crofter) im 19. Jh.

Von Uig nach Staffin führt eine schmale Straße (A 853) quer durch die Insel zum **Quiraing** ⑦. Vom Parkplatz aus geht eine Wanderroute am Fuß der Bergspitzen entlang. Von den verwitterten Basaltsäulen ist die 40 m hohe »Needle« am bekanntesten. In diesem Gebiet herrscht alpine Vegetation vor.

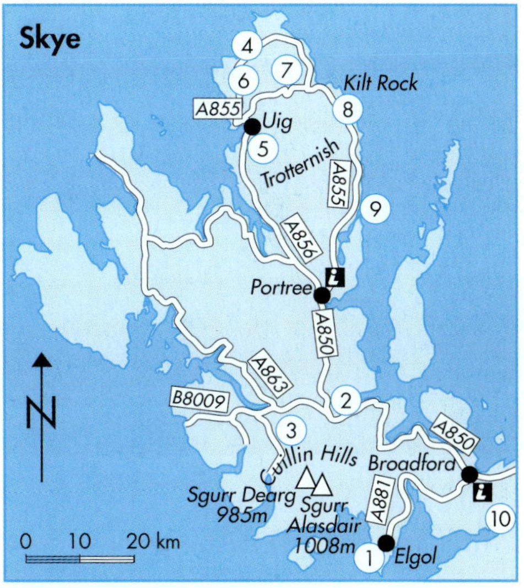

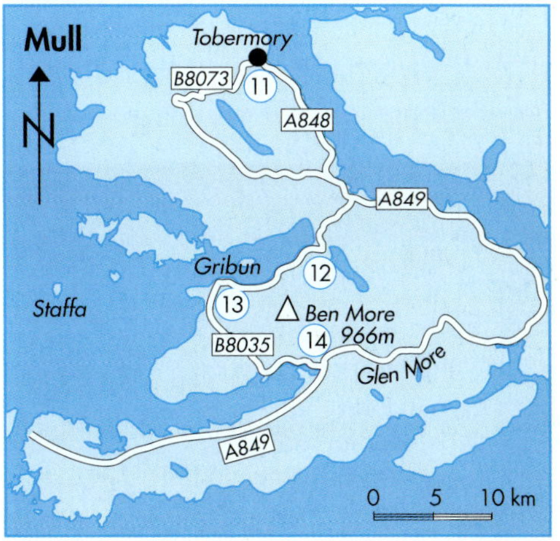

Die Südküste von Staffa zeigt, daß die Insel aus Basaltsäulen besteht.

Wieder auf der A 855 blickt man vom Parkplatz am **Loch Mealt** ⑧ nach Norden auf die »Kilt Rocks«. Der Fluß, der sich ins Loch Mealt ergießt, ist der kürzeste Schottlands. Er legt nur eine Wegstrecke von 46 m

Kormorane brüten in Bäumen oder auch auf Felsen und wie Krähenscharben in selbstgebauten Nestern.

zurück, ehe er in einem 67 m hohen Wasserfall ins Meer stürzt. An den Klippen brüten einige Seevogelarten. Sehenswert sind auch die **Felsnadeln »The Storr«** ⑨. »The Old Man of Storr« ist ein 50 m hoher bizarrer Basaltmonolith. Die danebenstehenden kleineren Felsnadeln werden »The Old Man's Wife«, »Castle« und »Dog« genannt. Bei Kylerhea ⑩ südlich der A 850 gibt es eine Hütte, von der man Fischotter beobachten kann.

Um dem Touristenstrom im Sommer zu entgehen, sollte man mit einer guten Straßenkarte möglichst auch die ganz kleinen Sträßchen aufsuchen, um die Landschaft in Ruhe zu genießen.

Mull: Das Straßennetz ist ebenfalls gut ausgebaut. Südlich von Tobermory ⑪ gehen am Picknickplatz »Aros Park« verschiede-

ne Wanderwege durch einen Wald und um einen See; man kann auch einen Küstenweg entlang der Meeresklippen gehen. Bei den Moorgebieten um Knock ⑫ blickt man auf den 966 m hohen Ben More. Bei Gribun ⑬ befinden sich 330 m hohe Basaltklippen; manche erheben sich direkt von der Straße aus. Vorsicht, Steinschlaggefahr! Von der Höhe kann man mit viel Glück seewärts bei guter Sicht mit dem Fernglas die Basaltsäulen der Fingal's Cave von Staffa sehen. Die A 849 führt durch das ehemals vergletscherte Glen More ⑭.
Staffa: Die winzige unbewohnte Insel ist berühmt wegen der »Fingal's Cave« mit ihren meist sechseckigen Basaltsäulen aus erstarrter Lava, die man von der Insel Ulva auf einer 1,5-stündigen Schiffahrt bewundern kann. Nur bei gutem Wetter und ruhiger See legt das Schiff bei der Höhle an.

Praktische Tips

Anreise

Skye: Die A 82 von Glasgow, auf die A 87 bis Kyle of Lochalsh an der Spitze der Halbinsel Balmacara, von hier kürzeste und preiswerteste Fährverbindung bis Kyleakin. Eine wesentlich teurere Fähre geht von Mallaig bis Ardavasar im Süden Skyes. Fährverbindungen nach Mull, Colonsay, Coll, Tiree, Barra und Uist von Oban; nach Jura und Islay von Tarbert aus.
Lewis ist von Ullapool aus zu erreichen.
Für **Staffa, Mull** und **Iona** gibt es ein teures Rundticket für eine Personenfähre. Entweder täglich zwei Bootsfahrten von Iona mit etwa 1 Stunde Aufenthalt auf Staffa (Näheres: D.R. Kirkpatrick, Seaview Cottage, Isle of Iona) oder Bootsfahrten mit Ulva Ferry von Mull aus (Näheres: B.J. Burgess, Castlecroft, Tobermory, Isle of Mull). 2mal wöchentlich fährt Caledonian MacBrayne Ltd. von Oban nach Iona, wobei Staffa vom Boot aus zu sehen ist. Zu den kleineren Inseln gehen nur Personenfähren.
Rhum: Personenfähre von Mallaig nach Rhum durch Caledonian MacBrayne Ltd.

Fischotter lassen sich an manchen Plätzen gut mit dem Fernglas oder Spektiv beobachten.

Alle Fährzeiten sollten vorher erfragt werden, da die Inseln nicht jeden Tag angefahren werden. Caledonian MacBrayne verkauft »Island-Hopscotch«-Tickets zum Inselspringen; für Autofahrer am günstigsten »Rover-Tickets«, die für ein Auto, Fahrer und Beifahrer gelten und bis 15 Tage lang unbegrenzte Benutzung der meisten Verbindungen erlauben. Fährpläne der Caledonian MacBrayne anfordern vom Ferry Terminal, Gourock, PA19 1QP, Renfrewshire, Tel.0475 33755.

Unterkunft

Skye und **Mull:** Es gibt kleine Hotels, B&B und Campingplätze.Im Juli und August möglichst vorbuchen!
Auf **Rhum** gibt es ein Gästehaus in Kinloch Castle, ein Haus für Selbstversorger und drei Hütten. Campingplätze in Kinloch. Näheres: Chief Warden, White House, Kinloch, Tel. 0687 2026. Sofern nicht im Hotel logiert wird, müssen Sie alle Versorgungsmittel mitbringen. Während erster Mai- und erster Augustwoche Insel für Besucher geschlossen. Weitere Informationen: Regional Officer, Nature Conservancy Council, Caledonia House, 63 Academy Street, Inverness.

8 Northwestern Highlands und Caithness

Felsige Bergkuppen, hügeliges Moorland und Seen; steile Klippen an den Küsten; vor allem im Westen von Wind und Wellen stark zerklüftet.

Die Northwestern Highlands neigen sich von Süden nach Norden und Westen nach Osten. Die Küsten bilden meist steile Klippen. Vor allem der Westen ist stark von Wind und Wellen zerklüftet. Eiszeitlich entstandene Fjorde dringen bis weit ins Inland vor. Loch Broom mit seiner Hafenstadt Ullapool sowie Loch Cairnbawy und seine weit ins Land ragenden Ausläufer (Loch Glendhu und Loch Glencoul) bei Unapool sind gute Beispiele.
Die Gesteinsschichten verlaufen im Norden Schottlands etwa von Süden nach Nordnordost. An der Westküste von Moidart (Loch Shiel) bis Cape Wrath befindet sich die älteste Gesteinsschicht Schottlands, der Lewisian-Gneis. Isoliert stehende Sandsteinberge ragen aus dem Gneis, z. B. die Gipfel des Suilven und Quinag. Manche Berge haben eine Spitze aus weißem Quarzit, etwa Beinn Eighe und Canisp.
Östlich des Gneis verläuft von Nord nach Süd ein Band kambrischen Kalkgesteins (weitere Einzelheiten zur Geologie s.S. 77), das sich in der Vegetation widerspiegelt (kalkliebende Vegetation bei Inchnadamph, s. S. 183, und bei Durness). Daran schließt sich ein breites Band aus Moine-Schiefer (Devon) an. Caithness und große Teile der Ostküste bis zum Moray Firth bestehen aus Old Red Sandstone, der sich im Norden über die Orkney- bis zu den Shetland-Inseln fortsetzt.
In den nahezu menschenleeren Northwestern Highlands liegen felsige Bergkuppen, hügeliges Moorland mit Deckenmoo-

Duncansby Head im äußersten Nordosten ist ein guter Beobachtungspunkt für Seevögel und Robben.

Eine Schlucht mit Birkenwald, typisch für die Northwestern Highlands.

ren und Seen. Während der Eiszeiten schürften Gletscher Vertiefungen aus, die heute wassergefüllt oder vermoort sind. Im Westen Nordschottlands, der noch am ehesten allen Vorurteilen gerecht wird – schlechtes Wetter, aber guter Whisky – findet jeder noch sein ungestörtes Lieblingsplätzchen.

Caithness dagegen ist relativ bevölkert, flach, baumlos und weist zur Grafschaft Sutherland hin ebenfalls große zusammenhängende Deckenmoore auf. Die fruchtbaren Böden im äußersten Nordosten werden als Farmland genutzt. Der nördlichste Punkt Schottlands auf dem Festland ist keineswegs das von Touristen überschwemmte John o'Groat's, sondern Dunnet Head.

Der Norden Schottlands zeichnet sich durch reiches Tierleben, wunderschöne Aussichten und grandiose Klippen aus – solange nicht der Nebel alles verhüllt. Doch erwächst eine Bedrohung Nordschottlands durch Infrastrukturmaßnahmen, den Bau von Wochenendhäusern und eine Atomanlage.

Pflanzen und Tiere

Durch geologische und geomorphologische Vielfalt entwickelten sich nicht nur verschiedenartige Landschaften, sondern auch eine vielfältige Pflanzenwelt, die viele ökologische Nischen für eine artenreiche Tierwelt bereithält. Alle typischen Pflanzengesellschaften vom Meeresstrand über bach- und seenbegleitende Pflanzen bis hin zu Birkenwäldern, Mooren und alpiner Vegetation sind vertreten.

Der charakteristische Baum in den Northwestern Highlands ist die Birke. Sie erreicht die Baumgrenze bei 330 m Höhe. Hier gibt es Moose, Flechten und Farne im Überfluß, eingestreut stocken Eichen, die aber ihre nördliche Verbreitungsgrenze auf einer Linie von Scourie bis Spinningdale haben. In den Nadelwäldern bei Golspie kommt als Besonderheit das Einblütige Wintergrün vor. Am Loch Fleet hat sich hinter der Küstenbefestigung ein mooriger Erlen- und Weidenbruchwald entwickelt.

Durch das kühle ozeanische Klima gedeiht alpine Heidevegetation mit Zwergwacholder, Netzweiden, Zwittrigen Krähenbeeren und Moltebeeren (S. 134) 330 m tiefer als in den Grampians. Bei Durness wachsen diese Arten sogar bis auf Meereshöhe. Auf Kalk und braunen Muschelsandböden kommt hier u.a. Silberwurz vor.

In der Klippenlandschaft wachsen zahlreiche, teilweise seltene alpine Pflanzen, darunter Rosenwurz (S. 157), Alpensäuerling (S. 160), aber auch Feldenzian (auch weiß blühend),Sumpfherzblatt, Ährenlilie (S. 42),

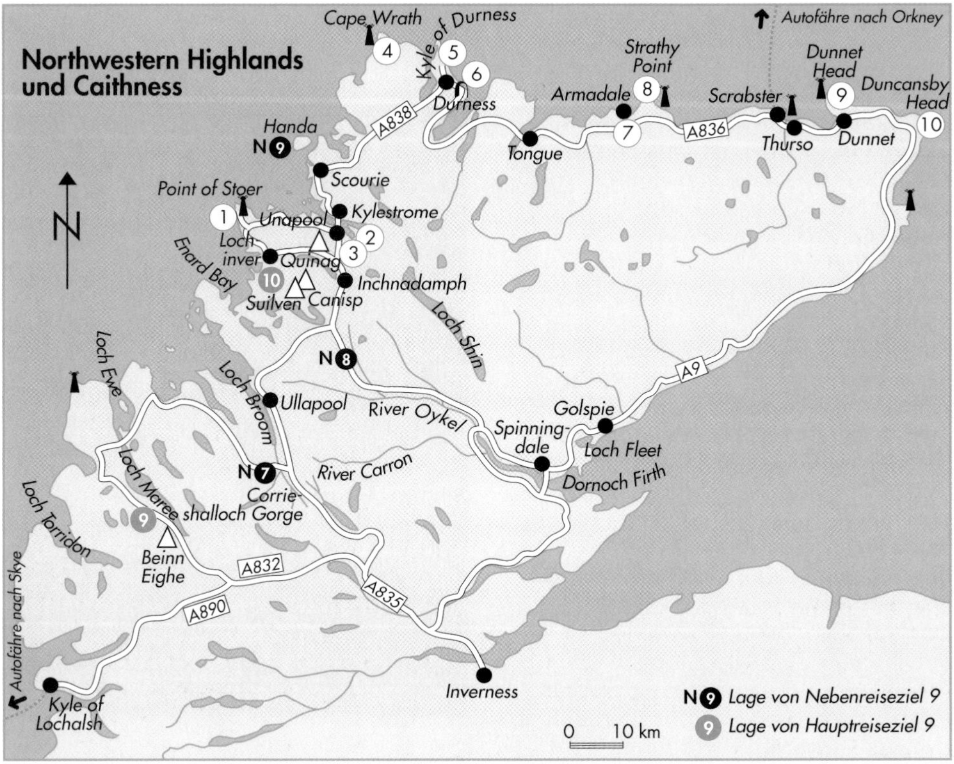

Sumpfläusekraut, Echte Engelwurz (S. 119) und Rote Lichtnelke. Im Nordosten (Caithness) kommt an feuchten Stellen die seltene, rot blühende Schottische Schlüsselblume vor. Auf trockener Sandheide befinden sich große Bestände mit im Juni gelb blühendem Stechginster.

An den Küsten sind Hasenglöckchen (S. 134) und Gewöhnliche Grasnelken (S. 90) verbreitet. Stellenweise treten Salzwiesen mit Strandflieder auf, an Spülsäumen gedeiht Meersenf.

Die Tierwelt konzentriert sich an den Küsten. Die Kontaktzone zwischen Land und Meer wimmelt von Leben. Die nahrungsarmen Inlandbereiche dagegen sind nur dünn besiedelt.

An allen Küsten findet man Graureiher (S. 57), Eiderenten (S. 127) und verschiedene Watvogelarten. Grünschenkel konzentrieren sich im nordwestlichen Sutherland. Besonders wo saurer Lewisian-Gneis ansteht, ernähren sie sich von Insekten, die an Wasserpflanzen leben. Strandpieper bevorzugen steinige Küsten. Der Wachtelkönig brütet gelegentlich an der Westküste in meernahen Wiesen.

Auf den Lochs schwimmen einzelne Mittelsäger (S. 57), Tauchenten, Prachttaucher (S. 59) und Sterntaucher (S. 61).

In den Bergen sind Steinadler (S. 61), Kolkrabe und Alpenschneehuhn (S. 46) heimisch. Rotdrosseln, deren Hauptbrutgebiet von Skandinavien bis Sibirien reicht, haben seit Mitte der 60er Jahre zunehmend auch Nordschottland besiedelt.

Hausmaus, Erdmaus, Ostschermaus, 3 Arten Spitzmäuse, Maulwurf, Mauswiesel, Hermelin, Wildkaninchen, Feldhase, Schneehase (S. 135), Eichhörnchen, Wild-

katze (S. 73), Reh und Rotwild – die Säugetiere sind mit vielen Arten vertreten. Der Wanderer bekommt davon allenfalls Feldhasen, Wildkaninchen oder einen recht mickrigen Hirsch zu sehen, der wegen der kargen Pflanzenkost meist nur ein kleines Geweih ausbildet und geringe Körpermasse erreicht.
Ratten und Rotfüchse sind besonders auf Vogelkolonien spezialisiert und können dort großen Schaden unter den brütenden Vögeln, Gelegen oder Jungen anrichten. Rotfüchse patrouillieren häufig am Fuß der Klippen und fressen verunglückte Vögel, die es zahlreich genug gibt, um eine verläßliche Nahrungsquelle zu sein. Küste und Flüsse sind (noch) fischreich und bieten Kegelrobben (S. 124), Seehunden und Fischottern einen Lebensraum.
An den Küsten kommen bis zu 12 verschiedene Seevogelarten teilweise kolonieartig brütend vor. Besonders eindrucksvoll sind Besuche auf der Insel Handa (s. S. 174) oder an den weit im Nordosten gelegenen Klippen des Dunnet und Duncansby Head. Vereinzelt brüten in den Klippen Felsentauben und Wanderfalken; einzelne Seeadler kommen auf ihren Jagdausflügen an den Klippen entlang.

Im Gebiet unterwegs

Die Westküste und die Northwestern Highlands sind für jeden Schottlandreisenden ein Muß. Sie bieten das wirklich typische Schottland mit vielseitigen Biotopen und Landschaften.
Es lohnt sich, die Küste entlang zu bummeln und die kleinen Nebenstraßen auszunutzen, auch solche, die ins Inland führen. Die Northwestern Highlands präsentieren sich noch fast überall in ihrer ursprünglich herben Schönheit, so daß man nicht gezwungen ist, von Naturschutzgebiet zu Naturschutzgebiet zu reisen. Eine Bedrohung bedeutet die großflächige Anpflanzung von forstlich nutzbarem Nadelholz, z.B. im Strath Oykel (s. S. 173), wo die industrielle Nutzung der Landschaft beginnt, die sich in zunehmendem Maße an der Nord- und Ostküste fortsetzt.
Von **Lochinver** nimmt man die schmale B 869 entlang der Küste Richtung Norden. Ein Abstecher zum Leuchtturm beim **Point of Stoer** ① ist sehr lohnenswert. Weiter führt die Straße über Drumberg zurück zur A 894 nach Unapool. Von hier sieht man den südlich gelegenen Gipfel des Quinag. Bei **Kylestrome** (nördlich Unapool) kann man einen Bootsausflug auf dem Loch

Rothirsche haben im nahrungsarmen Schottland vergleichsweise kleine Geweihe.

Weißblühender Feldenzian, eine Rarität (Blütezeit: Sommer).

Das Lachsparadies »River Farrar« ist über Nacht geschlossen, die Autonummern werden registriert.

Glencoul unternehmen und dabei Großbritanniens höchsten Wasserfall ② besichtigen (Eas a Chùal Aluinn, 198 m). Eine zweite Möglichkeit für Hartgesottene ist die Tageswanderung vom Parkplatz ③ an der A 894. Vorbei am Loch Ganvinch gelangt man nach 4,8 km über einen schwierig zu gehenden Weg zum Wasserfall. ACHTUNG! Diese 9,6 km sind eine Tageswanderung für bergerfahrene Wanderer!
Cape Wrath ④ ist mit dem Auto oder zu Fuß nicht erreichbar. Es ist ein zeitweise gesperrter Schießplatz der Marine. Von Keoldale setzt man mit einem kleinen Boot über den Kyle of Durness. Am anderen Ufer wartet ein Minibus, der die gut 17 km bis zum Leuchtturm innerhalb einer Stunde zurücklegt. Clo Mor auf Cape Wrath ist die höchste Klippe Schottlands (159 m). Hier gibt es eine Seevogelkolonie mit 8 Arten. Früher wurde allein die Papageitaucherkolonie auf 25000–50000 Paare geschätzt. Die neuesten Daten sprechen nur noch von 5900, was auf einen möglichen Rückgang in einer der größten Kolonien Schottlands hindeutet.
Durness ist ein kleines Dorf an der A 838. Man biegt zur Old Church ab und erreicht die Küste. Die Straße endet an der Kirche. Eine weite Sandbucht lädt zum Wandern und Muschelsammeln ein. Eine Dünenwanderung 3,2 km in nördlicher Richtung endet am Farraid Head ⑤. Hier befindet sich ein militärisches Sperrgebiet (Radar- und Funkstation). An der Nordostseite liegt eine Papageitaucherkolonie. Zur Beobachtung ist ein Spektiv erforderlich.
Etwas weiter östlich an der Hauptstraße im Osten von Durness an der Sango Bay liegen die **Smoo Caves** ⑥. Eine der Kalksteinhöhlen ist bei Ebbe vom Strand aus frei zugänglich; sie ist etwa 10 m hoch und 40 m breit. Zu einer weiteren Höhle gelangt man nur mit Führer und Schlauchboot.
Das **Invernaver Nature Reserve** ⑦ umfaßt eine Dünenlandschaft entlang des River Naver. Von der Straße gibt es einen 0,8 km

Das Mauswiesel ist die kleinste Marderart.

langen Fußweg in westlicher Richtung. Geologisch steht u.a. Kalk an, der das Vorkommen von Silberwurz (S. 157), Steinbrecharten, Zwergweiden und Wacholder ermöglicht. Etwas weiter östlich zweigt eine einspurige Straße zum Leuchtturm von **Strathy Point** ⑧ ab, der einen einmaligen Ausblick über die Nordküste ermöglicht.

Am **Dunnet Head** ⑨ kommen 11 Seevogelarten vor. Benutzen Sie den Parkplatz am Leuchtturm zu einer ausgedehnten Klippenwanderung. Vorsicht bei starkem Wind und Regen! Von hier hat man den besten Blick über den Pentland Firth nach Hoy und auf die anderen Orkney-Inseln. Auf den Viehweiden grasen manchmal Schottische Hochlandrinder neben ihren Aberdeen-Angus-Verwandten.

Am **Duncansby Head** ⑩ empfiehlt sich vom Parkplatz aus eine Klippenwanderung zu den südlich gelegenen Stacks of Duncansby. Hier hat man einen tollen Blick auf 5 Sandsteinfelsnadeln. Neben 12 Seevogelarten kann man zahlreiche Kegelrobben beobachten.

Meersenf (Blütezeit: Sommer).

Praktische Tips

Unterkunft

An der Westküste und in den Northwestern Highlands gibt es nur wenige Orte mit Hotels oder B&B, auch die Campingplätze sind dünn gesät. Hier ist ein Zelt oder noch besser ein Campingbus gut, aber erst ein Wohnmobil mit WC und ausreichend Wasser und Batteriepower ideal. Die einspurigen Straßen sind für Wohnwagen allerdings wenig geeignet.

Information

Reiseinformationen für die gesamte Region »Highland« im Tourist Office Inverness (Tel. 0463 234353).

Strandflieder (Blütezeit: Sommer).

9 Beinn Eighe und Loch Maree

Schroffe, eiszeitlich überformte Gebirgslandschaft; Reste alter »Scots Pine«-Wälder, alpine Vegetation und reichhaltige Tierwelt.

Das Gebiet um Beinn Eighe wurde 1951 als erstes National Nature Reserve in Großbritannien eingerichtet. Lehrbuchhaft ist hier die Höhenzonierung einer Berglandschaft zu verfolgen. Restbestände alter »Scots Pine«-Wälder im unteren Hangbereich, eine Schlucht, Heide und Moore oberhalb der Baumgrenze, dann eine immer spärlicher werdende Vegetation und nackter Fels mit ungewöhnlichen Formationen wie der »Trumpet Rock« bilden die Besonderheiten von Beinn Eighe, der selbst aus mehreren Gipfeln besteht. Die zwei höchsten sind Ruadh Stac Mor (1010 m) und Sail Mhor (981 m), an der südwestlichen Reservatsgrenze. Das Naturschutzgebiet erstreckt sich am Südufer von Loch Maree, einem sehr tiefen, nährstoffarmen See, der in einem eiszeitlich geformten Trogtal liegt. Die Südhänge und die Inseln im Loch sind bewaldet.

Das Gebiet um Loch Maree und Beinn Eighe besteht hauptsächlich aus zwei Gesteinsarten: aus dunkelrot oder grau gefärbtem Torridon-Sandstein, der in horizontalen Schichten liegt, und kambrischem, blaßgrauem bis weißem Quarzit, der die Bergspitzen formt.

Die überregionale Bedeutung des Gebietes hat 1976 die UNESCO unterstrichen, indem sie es als Biosphärenreservat einge-

Am höchsten Punkt des »Mountain Trail« liegt ein Loch mit unaussprechlichem gälischen Namen.

Wildkatzen bekommt man kaum zu sehen.

stuft hat. 1983 ist ihm das Europadiplom der Europäischen Gemeinschaft verliehen worden. Diese »Lorbeeren« sind verdient, handelt es sich doch um eine Landschaft von einzigartiger Schönheit.

Pflanzen und Tiere

In den lückigen »Scots Pine«-Wäldern hat der Zwergwacholder in großer Anzahl trotz seiner Feueranfälligkeit überlebt, weil er in lockeren Beständen auf Quarzit steht. Zwischen den Pflanzeninseln treten immer wieder blanke Felsen zutage, so daß Feuer nie den ganzen Bestand vernichten kann.
»Scots Pines« und Birken herrschen in den tieferen Lagen vor. In der Allt Na H-Airidhe Gorge wachsen als Besonderheiten Kleines Wintergrün (S. 54) und ein seltener Farn, die Mondraute (S. 42). In den höheren Lagen gedeihen auf dünner Bodenkrume nur noch wenige und an die harten Bedingungen angepaßte alpine Pflanzen wie Alpenazalee, Alpenbärentraube, Bergseggen und die Farngewächse Alpenbärlapp und Tannenbärlapp. Wegen hoher Niederschläge sind die Moore sehr sumpfig. Es gibt nur kleine Heideareale. Auf dem südwestlich geneigten Gegenhang des Loch Maree stocken die Eichenwälder des Letterewe Forest. Dort wo der Boden sauer und die Bodenkrume nur dünn ausgebildet ist, wachsen Nadelbäume.
An den Berghängen leben Rothirsche, Rehe, Wildkatze, Baummarder, Schneehase (S. 135) und Rotfuchs. Steinadler (S. 61) und Kolkrabe machen Jagd auf Alpenschneehuhn (S. 46) und Schottisches Moorschneehuhn (S. 123), halten sich aber auch an Aas. Mäusebussard, Sperber und Merlin ernähren sich von Vögeln und Kleinsäugern. In den Schluchtwäldern sieht man allerlei Singvögel. In klaren Gebirgsbächen tauchen Wasseramseln nach Nahrung. Am Loch Maree kommen Fischotter und Prachttaucher (S. 59) vor.

Im Gebiet unterwegs

Nordwestlich von Kinlochewe liegt bei Aultroy das Besucherzentrum. 3 km weiter auf der A 832 ist der Hauptzugang zum Reservat mit ausgeschildertem Parkplatz, der in einem Birkenwald am Loch Maree liegt und auch einen Picknickplatz aufweist. Von hier starten zwei empfehlenswerte Naturlehrpfade, der leicht zu gehende »Nature Trail« und der beschwerliche »Mountain Trail«. Letzterer ist 6,5 km lang, überwindet 550 Höhenmeter und bedeutet etwa 5–6 Stunden Kraxelei, teilweise unter Zuhilfenahme der Hände.
Witterung, Wildtiere und Vegetation ändern sich mit der Höhe. Je 100 m Höhenunterschied ändern sich Temperatur und Vegetation so, als würde man ungefähr 320 km nach Norden fahren. Die Bäume werden bis zur Baumgrenze immer kleiner. Oberhalb davon bestimmt Heidevegetation das Bild. Es gibt auch kleinere Moore und immer wieder tritt nackter Fels zutage.
Die ersten 152 Höhenmeter des **»Mountain Trail«** führen durch einen »Scots Pine«-

Der Fichtenkreuzschnabel kommt nur sporadisch vor. ▷

und Birkenwald ①. Danach muß man die nächsten 320 Höhenmeter innerhalb eines halben Kilometers überwinden. Der Fußweg ist sehr steil und oft von großen Felsblöcken versperrt. Vorbei am Trumpet Rock ② erreicht man den Conservation Cairn ③, einen großen Steinhügel. Vom höchsten Punkt des Rundweges hat man einen wunderschönen Blick auf Loch Maree und das von der Eiszeit gebildete Hängetal des Glen Biannasdale, wo der Seitengletscher in den Hauptgletscher einmündete, der das heutige Loch Maree ausfüllte. Vorbei an Loch Allt An Daraich mit Blick auf die beiden Gipfel des Beinn Eighe überschreitet man ein Hochplateau bis zum Lunar Loch ④.
Der Abstieg durch die Verwerfung ⑤ der Allt Na H-Airidhe Gorge ist ein Erlebnis, aber bei Regen gefährlich glatt. Auf dem Weg nach unten durchquert man ein eingezäuntes Gebiet, das sogenannte »Enclosure« ⑥. Hier wird seit 1973 das Rotwild ausgesperrt und die Vegetation konnte sich ohne Verbiß entwickeln, was besonders den Waldkiefern zugute kam. Im hiesigen Gestein ⑦ finden sich die ältesten Fossilien Schottlands.
Der **»Nature Trail«** überwindet nur etwa 100 Höhenmeter und folgt zunächst dem Abstieg des Mountain Trail. Schon von der Conservation Cabin aus ⑧ hat man einen guten Blick über Loch Maree. Der Pfad führt nur unterhalb der Baumgrenze durch den »Scots Pine«- und Birkenwald.
Loch Maree liegt relativ geschützt vom Westwind tief im Landesinneren und hat nur einen engen Zugang zum Meer. Trotzdem seien Paddler vor Stürmen auf dem Loch eindringlich gewarnt.

Die Blätter der Alpenbärentraube verfärben sich im Herbst strahlend rot.

Die Bergsegge, ein winziges Sauergras (Blütezeit: Frühjahr)

◁ Am Rande des »Nature Trail« stehen alte »Scots Pines«.

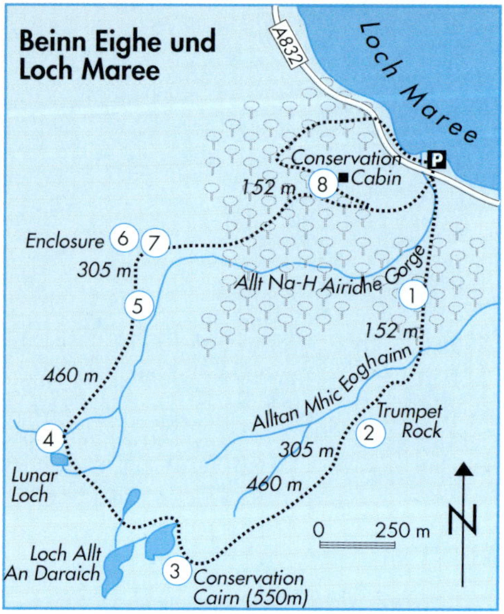

Der Adlerfarn ist fast allgegenwärtig.

Praktische Tips

Anreise

Über die A 9 bis hinter Inverness, dann auf die A 835 in westlicher Richtung bis Garve. Dort auf die A 832 wieder nach Westen abbiegen.

Unterkunft

Übernachtungsmöglichkeiten bestehen im Loch Maree Hotel und in Kinlochewe (B&B), wo auch Campingmöglichkeiten vorhanden sind.

Wanderungen

So lieblich die Landschaft im Sonnenschein wirkt; bei prasselndem Regen mit tiefhängenden Wolken oder Gewitter wird sie für den unerfahrenen Wanderer schnell bedrohlich. Vom Blitz gefällte Bäume und ein steiniger, rutschiger Pfad können schnell davon überzeugen, lieber an einer geschützten Stelle auszuharren, als bei solchem Wetter durch die Schlucht von Allt Na H-Airidhe abzusteigen. Man sollte sich nicht von der geringen Höhe des Beinn Eighe zum Leichtsinn verleiten lassen und alle Sicherheitsvorkehrungen treffen, die bei Gebirgswanderungen üblich sind: gutes Schuhwerk, alpine Ausrüstung mit Rucksack, Regenbekleidung und Notproviant. Auch die Kameraausrüstung sollte in den Rucksack, damit man die Hände frei hat.

Der Abschuß von überzähligem Rotwild erfolgt ab September bis Februar. Besucher sollten sich in dieser Zeit mit dem Aufseher in Verbindung setzen oder sich im Besucherzentrum erkundigen, bevor sie das Gebiet betreten.

Blick in die Umgebung

Inverewe Garden am Südwestende des Lochs mit tropischen bis subtropischen Pflanzen.
Ein Abstecher zum Loch Torridon ist empfehlenswert.

10 Inverpolly und Knockan Cliff

Inverpolly, ein einsames Moor- und Berggebiet mit zahlreichen Lochs, kleinen Flüssen und Birkenwäldern; Knockan Cliff von internationaler geologischer Bedeutung, die interessante Gesteinsabfolge des Gebietes ist hier aufgedeckt.

Das Inverpolly National Nature Reserve liegt an Schottlands rauher Westküste, der Enard-Bucht mit ihren vorgelagerten Inseln. Seine Größe beträgt 108,5 km^2. Seit seiner Gründung 1961 wird es von der Naturschutzbehörde und drei privaten Grundbesitzern, denen der größte Teil des Landes gehört, verwaltet.

Wie überall an der Westküste steht der extrem harte, rauhe, kristalline Lewisian-Gneis an, das älteste Gestein Schottlands (etwa 1,4–2,8 Mrd. Jahre alt). Darüber bildet der rote (800 Mio. Jahre alte) Torridon-Sandstein, aus dem die zerklüfteten Felswände des Suilven (731 m), Canisp (847 m), Cul Mor (849 m), Cul Beag (769 m) und Stac Pollaidh (612 m) bestehen, isolierte Vorkommen. Die oberste Gesteinsfolge variiert zwischen Quarzit oder Kalksteinen. 600 Mio. Jahre alte weiße Quarzite bilden die Gipfel und östlichen Hänge einiger Berge wie die des Cul Mor. Der Ort Elphin mit dem umgebenden fruchtbaren Weideland liegt dagegen auf grauem Kalkstein.

Am Knockan Cliff – wegen seiner internationalen geologischen Bedeutung seit 1962 dem Inverpolly National Nature Reserve zugehörig – ist diese Gesteinsabfolge aufgedeckt. Zusätzlich haben hier massive Bewegungen der Erdkruste bewirkt, daß sich die Schichtenabfolge umgekehrt hat, also älterer Schiefer über jüngerem Sandstein liegt. Die geologisch älteren, schwarzgrauen, glimmerhaltigen, 800–1000 Mio. Jahre alten Moine-Schiefer haben sich über die geologisch jüngeren Torridon-Sandsteine und Kalksteine (600 bis 800 Mio. Jahre) geschoben. Der Moine-Schiefer macht den größten Teil der schottischen Highlands und der Grampians aus.

Während der Eiszeiten war das Inverpolly-Gebiet vollständig mit Eis bedeckt. Gletscher überformten die Landschaft, rundeten Berge, bildeten Trogtäler und schürften glaziale Wannen, die heutigen Lochs, indem das hier vorkommende weichere Gestein von Schmelzwässern forttransportiert wurde.

Es herrschen einsame, sumpfige Deckenmoore vor, die mit zahlreichen, nährstoff-

Verschiedene Binsenarten stehen in und an den Lochs.

An der Westküste Schottlands sind Machair-Wiesen typisch. Im Hintergrund die Hausberge von Inverpolly.

armen Lochs durchsetzt sind. Diese Lochs weisen unterschiedliche Größe und Tiefe auf. Einige enthalten kleine birkenbestandene Inseln, die der Landschaft bei Sonnenschein einen lieblichen Charakter verleihen. Besonders groß und tief ist Loch Sionascaig. Aus dieser Moorlandschaft, in der zahlreiche Findlinge nach den Eiszeiten liegengeblieben sind, ragen isoliert die drei stark verwitterten und zerklüfteten Sandsteingipfel des Cul Beag, Stac Pollaidh und des Cul Mor heraus.

Das Klima ist durch die Lage am Meer extrem ozeanisch beeinflußt. Der stetig wehende Westwind setzt dem Besucher täglich zwischen prasselndem Regen und strahlendem Sonnenschein so ziemlich alles vor. Nicht selten liegen die Summer Isles und die Sandstrände der Enard Bay im strahlenden Sonnenschein, während die drei Hausberge im Hinterland, Cul Mor, Cul Beag und Stac Pollaidh, in schwarzen Wolken stecken.

Die Eberesche fruchtet im Herbst.

Im Inverpolly-Gebiet gibt es Dutzende von Lochs mit Sumpf- und Schwimmblatt-Vegetation.

Pflanzen und Tiere

Auf den vorherrschenden sauren, nährstoffarmen Gneis- und Sandsteinböden entwickelt sich typische Moorvegetation mit Besenheide (S. 121), Grauheide, Glockenheide (S. 120), Blaubeeren und Schwarzen Krähenbeeren (S. 41), Borstgras, Moosen der Gattung *Rhacomitrium* sowie Rentierflechten (S. 48). Dazwischen finden sich verschiedene Arten des Sonnentaus und Gewöhnliches Fettkraut (S. 41). Die Pflanzenwelt wird artenreicher, wo vereinzelt Kalksteine (s. S. 183) oder Moine-Schiefer oberflächlich anstehen, wie z.B. am Knockan Cliff. Hier wachsen Greiskräuter, Roter Fingerhut, Silberwurz (S. 157), Alpenfrauenmantel und Fetthennensteinbrech (S. 39).

Im Moor des Inverpolly National Nature Reserve gibt es bis 340 m Höhe noch einen Restbestand von nordischem Birkenwald, dazwischen gedeihen Ebereschen

Die Vierflecklibelle lebt auch in Mitteleuropa.

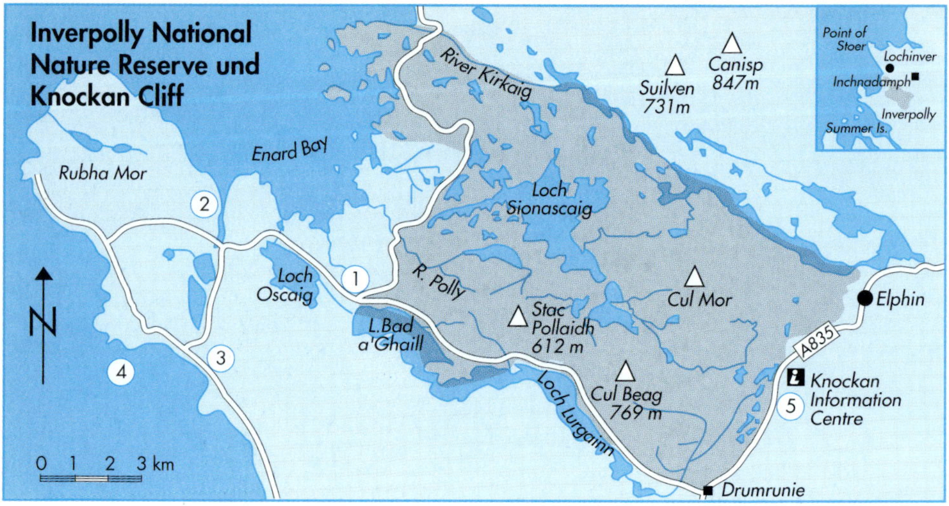

und Haselnußsträucher; kleine Erlen säumen die Bachläufe. Die Bäume sind kleinwüchsig (bis 5 m), geben aber dieser rauhen, einsamen, steinigen Landschaft einen lieblichen Charakter. In zahlreichen Lochs kommen Binsen, Fieberklee und Weiße Seerosen vor.

Der Fieberklee blüht (weiß) ab Mai im flachen Wasser.

Das Reservat ist ein bedeutendes Wildtiergebiet. Rothirsche, Baummarder, Dachse, Wildkatzen (S. 73), Schneehasen (S. 135) und sehr selten Fischotter halten sich hier auf.

An Greifvögeln kann man Mäusebussard und Steinadler (S. 61) beobachten. Typische Vögel im Moor sind Goldregenpfeifer (S. 48) und Schottisches Moorschneehuhn. Außerdem leben hier Braunkehlchen (S. 149), Schwarzkehlchen (S. 162), Wiesenpieper sowie Steinschmätzer (S. 111). Manchmal hört man den knarrenden Ruf des Wachtelkönigs.

Die reifen Beeren der Eberesche ziehen im Herbst Wacholderdrosseln und Rotdrosseln an, die auf ihrem Zug nach Süden in großen Scharen hier Rast einlegen. Rotdrosseln nisten seit Mitte der 60er Jahre regelmäßig; das Moor ist ebenfalls Brutgebiet der Ringdrosseln (S. 159). Auf den Lochs schwimmen Prachttaucher (S. 59), Sterntaucher (S. 61), Eiderenten (S. 127) und Mittelsäger (S. 57).

An Fischen kommen Bachforelle, Seeforelle, Lachs, Saibling und Aal vor. Außerdem gibt es an Amphibien Kammolch, Teichmolch, Fadenmolch, Erdkröte (S. 57) und Grasfrosch (S. 33).

Im Gebiet unterwegs

Südlich entlang der Parkgrenze führt eine einspurige Straße, die nicht mit Wohnanhänger oder mit Wagen über 3 Tonnen Gewicht befahren werden darf. Hinter Loch a'Ghaill geht ein enger Paß ① (maximale Fahrzeugbreite etwa 2 m, also für Wohnmobile nicht empfehlenswert) rechts hoch und führt entlang des schönsten Parkteils mitten durch einen Birkenwald.
Fährt man am Loch a'Ghaill weiter geradeaus, gelangt man zur Küste. An der Enard Bay liegt ein Campingplatz ②, von dem man über die Bucht sowie über Machair-Wiesen bis zu den Gipfeln des Stac Pollaidh und Cul Mor blicken kann. An der zerklüfteten Westküste, schon außerhalb des Schutzgebietes gelegen, blickt man von Achiltibuie ③ auf vorgelagerte Inseln, von denen die Summer Isles ④ am bekanntesten sind.
Im Osten des Inverpolly-Gebietes an der A 835 liegt **Knockan Cliff** ⑤. Vom Parkplatz nahe des Besucherzentrums aus geht der etwa 1,6 km lange, schmale Knockan Cliff Nature Trail ab, der die Klippe hinaufführt. Am Besucherzentrum erhält man eine geologische und eine botanische Broschüre, die die markierten geologischen Besonderheiten der Gesteinsschichten, Fossilien und Pflanzen erklären. Nach Westen blickt man auf die Sandsteinberge des Cul Beag und Cul Mor.

Praktische Tips

Anreise
Von Ullapool die A 835 nach Norden; an der Old Drumrunie Lodge zweigt man nach Westen auf die Straße entlang des Inverpolly Gebietes ab.

Unterkunft
Ein Hotel in Achiltibuie ③ an der Küste nahe bei den Summer Isles; Campingplatz an der Enard-Bucht. B&B in Lochinver.

Schwimmendes Laichkraut bildet dichte Pflanzenteppiche, ein wichtiger Lebensraum für Wasserinsekten.

Blick in die Umgebung

Am Hafen von **Lochinver** führt eine Bootstour zu einer Kegelrobben- und Seevogelkolonie. Von Lochinver hat man einen schönen Blick auf den zweigipfligen Suilven.
Bei **Inchnadamph** liegt zwischen Loch Assynt und Ben More Assynt ein 1 300 ha großes Kalksteinplateau mit seltener kalkliebender Vegetation (s. S. 183), typischen schottischen Wildtieren sowie Tropfsteinhöhlen mit Stalaktiten und prähistorischen Tierknochen. Das Gebiet ist schwer zugänglich. Vom Hotel Inchnadamph geht es bisher noch querfeldein in einer Tageswanderung (etwa 7 Stunden) zum Glen Dubh. Man sollte sich vor Betreten des National Nature Reserve mit dem Honory Reserve Warden in Verbindung setzen, Tel. 057 12208. Vom 15. Juli bis 15. Oktober wegen Jagdsaison nicht immer zugänglich.

11 Orkney-Inseln

Biotopvielfalt; Klippen, Sandwatt und Dünen, Moore, Feuchtbiotope, Wiesen und Weideland; seltene Schottische Schlüsselblume; auffallend sind Skuas, Schmarotzerraubmöwen, Gryllteisten, Küstenseeschwalben und Sumpfohreulen; wichtiges Rast- und Überwinterungsgebiet für nordische Vogelarten; zahlreiche steinzeitliche Ausgrabungen.

Die etwa 70 Orkney-Inseln nehmen eine Fläche von insgesamt 974 km^2 ein. Das schottische Festland ist nur 9,6 km – durch den Pentland Firth getrennt – entfernt. Die Inseln liegen auf dem 59. Grad nördlicher Breite, der ebenfalls 80 km südlich von Grönland, quer durch Nordkanada, Alaska und Sibirien verläuft. Der Golfstrom mildert jedoch das Klima der Orkney-Inseln wesentlich. Geologisch bestehen sie überwiegend aus devonischem Old Red Sandstone.

Durch die eiszeitlichen Gletschertätigkeiten sind die Inseln heute leicht gewellt und flach, die höchsten Erhebungen liegen bei etwa 300 m, mit Ausnahme des »Ward Hill« auf Hoy mit 477 m. Typisch sind die sich abwechselnden Landschaftsbilder von fruchtbarem Acker-, grünem Weideland und Meer, ganz im Gegensatz zur kargen Fels- und Moorszenerie der Schottischen Highlands, der Hebriden oder auch der Shetlands. Die fruchtbaren Böden bieten ideale Bedingungen für Ackerbau und Viehzucht. Auf den Koppeln weiden beste Fleischrinder, meist schwarze Aberdeen-Angus-Rinder, und Schafe. Die Fischerei steht als Erwerbsquelle erst an zweiter Stelle (Orkney-Hummer sind begehrt). Der Tourismus gewinnt zunehmend an Bedeutung.

Knapp 20000 Menschen leben auf den 18 bis 20 bewohnten Inseln, fast die Hälfte davon in den beiden kleinen Städten Stromness und Kirkwall auf dem Mainland, der Hauptinsel.

Bis 1468 gehörten die Orkney-Inseln zu Norwegen; noch im späten 17. Jh. wurde

Küste bei Yesnaby. Das Gestein – geschichteter Sandstein – ist mindestens 350 Mio. Jahre alt.

»Norn«, eine mit dem Altnorwegischen verwandte Sprache, gesprochen. Viele Ortsnamen und skandinavische Wörter im schottischen Dialekt erinnern noch heute an diese historischen Beziehungen.
Die Orkney-Inseln werden wegen ihrer wunderschönen Landschaft, der reichhaltigen Tier- und Pflanzenwelt, aber besonders wegen der Vogelfelsen besucht. Im Winter haben sie internationale Bedeutung für überwinternde Wasservögel. Um die Natur zu schützen, hat die RSPB bereits 7450 ha Land gekauft oder gepachtet.
Die Inseln sind daneben berühmt für zahlreiche prähistorische Ausgrabungen, speziell der Jungsteinzeit; auf Papa Westray ist z.B. das älteste Haus Europas (über 5000 Jahre alt) gefunden worden, vergleichbar mit dem Alter der ägyptischen Pyramiden. Andere neolithische Standorte wie »Tombe of the Eagle« zeigen, daß die steinzeitliche Besiedlung den ökologischen Besonderheiten der Orkney-Inseln schon früh Rechnung getragen hat.
Ein (im Gegensatz zu Nordschottland) mildes Klima (Golfstrom), fruchtbare Böden und reiche Fischgründe sowie die zahlreichen Vogelkolonien sicherten den Bewohnern ganzjährig das Überleben, wie die Lage der Siedlungen, die verwendeten Werkzeuge und die Reste der Vorräte eindeutig belegen.

Der Europäische Siebenstern ist eine typische Moorpflanze (Blütezeit: ab Mai).

Pflanzen und Tiere

Die Orkney-Inseln sind durch Moor-, Heide- und Wiesenvegetation geprägt. Die Moore sind oftmals sehr feucht, Torfmoose, verschiedene Wollgrasarten (S. 101), Glockenheide, Besenheide, Gewöhnliches Fettkraut (S. 41), Sumpfherzblatt, Europäischer Siebenstern, Langblättriger (S. 41) und Rundblättriger Sonnentau dominieren. Viele Moore sind durch Torfabbau und damit verbundener Grundwasserabsenkung mehr oder weniger anthropogen beeinflußt.
Die typische atlantische Heidevegetation mit ihren Ericaceen ist besonders artenreich und einzigartig auf Papa Westray ausgeprägt. Weite Flächen werden für extensive Weidewirtschaft genutzt und weisen großflächig Fettwiesenvegetation auf. Die Wiesen werden zur Heugewinnung 2–3mal gemäht.
An den Küsten kommen Gräser, Strandflieder (S. 71) und als Glazialrelikt die seltene Schottische Schlüsselblume vor.
Das Besondere der Orkney-Inseln ist eine Vielzahl von Biotopen auf kleinstem Raum, was wie Patchwork aussehen kann und von den Ökologen auch so genannt wird, denn diese abwechslungsreiche Vielfalt wird als »Patchyness« bezeichnet. Daraus resultiert eine große Artenzahl auch in der Tierwelt (107 Brutvogelarten). Als zoologischen Höhepunkt der Orkney-Inseln werden die Skua, schottisch »Bonxie« genannt, und die sehr elegant fliegende (in einer hellen und dunklen Phase vorkommende) Schmarotzerraubmöwe angesehen. Beide Arten sind in den Mooren auf Mainland und besonders auf Hoy anzutreffen. Sie bauen keine Nester. Ihre Brutplätze liegen jedoch immer auf erhöhten, trockenen Moorbulten, deren Vegetation durch die Ausscheidungen verändert wird und gelb bis hellgrün erscheint, was man schon von weitem erkennen kann. Im gleichen Biotop leben auch Schottische Moorschneehühner (S. 123).
Sumpfohreulen und Turmfalken jagen tagsüber die Orkney-Maus (s. S. 22), eine Unterart der Feldmaus, die auf dem britischen Festland nicht vorkommt. Wegen fehlender Bäume und Raubsäuger (Rotfuchs, Mauswiesel und Hermelin) brüten Vögel gefahrlos auf dem Boden. Über abgemähtem Grünland, Weiden oder den weitflächigen Mooren schaukeln Korn-

Singschwäne kommen aus der Arktis zum Überwintern.

An den Ufern der Lochs und Küsten ist der Alpenstrandläufer heimisch.

weihen in ihrem typischen Suchflug. Ihr Bestand ist mittlerweile wieder so groß, daß sie von den Inseln das schottische Festland wiederbesiedeln. Als weitere Greife kommen in geringer Zahl Merlin, Sperber, Wanderfalke und Mäusebussard als Brutvögel vor. In den letzten Jahren gibt es auch wieder ein Brutvorkommen des Steinadlers (S. 61) auf Hoy.
In den Feuchtbiotopen leben Bekassinen (S. 95), verschiedene Entenarten, z.B. Pfeifenten und Spießenten, aber auch Zwergtaucher, Sterntaucher, Gänsesäger und Mittelsäger (S. 57). Am Ufer der Lochs kann man neben vielen anderen Watvogelarten häufig Alpenstrandläufer sehen. Den sehr seltenen Wachtelkönig bemerkt man oft nur durch seine auffallende schnarrende Stimme.
An Felsklippen trifft man auf die charakteristischen Seevogelarten, insbesondere Alken, darunter auch Gryllteisten (S. 99), in Schottland »Tysties« genannt. Einige Kolkraben brüten ebenfalls in den Felswänden. Neben den Steilküsten gibt es flache Küstenbereiche mit Sandwatt, wo Watvögel wie Knutt, Rotschenkel, Sanderling, Sandregenpfeifer (S. 23), Steinwälzer oder Pfuhlschnepfe (S.19) mit ihren pinzettenartigen Schnäbeln im Schlick stochern. Brandgänse (S. 174) haben hier ein wichtiges Brutgebiet.
In den Küsten-, Moor- und Heidebiotopen können Küstenseeschwalben (S. 128), Flußseeschwalben und Brandseeschwalben (S. 127) brüten. Auf Westray, Papa Westray und Rousay leben Küstenseeschwalben mit Schmarotzerraubmöwen vergesellschaftet. Es ist ein großartiges Schauspiel, wie Schmarotzerraubmöwen mit spektakulärer Flugakrobatik versuchen, Seeschwalben ihre frisch gefangenen Fischchen (Sprotten oder Sandaale) abzujagen.
In Wiesen- und Weidenbiotopen suchen nach der Sommermahd große Trupps von Kiebitzen, Austernfischern, Großen Brachvögeln, Regenbrachvögeln, Goldregenpfeifern (S. 48), Nebelkrähen, Saatkrähen, Heringsmöwen, Sturmmöwen, Lachmöwen, Mantelmöwen und Silbermöwen (S. 166) nach Nahrung.
Etwa 10 000 Große Brachvögel überwintern auf den Orkney-Inseln, die auch einen wichtigen Rast- und Überwinterungsplatz für Wasservögel darstellen. Bis zum Herbst treffen hier aus ihren nördlichen Brutge-

Große Brachvögel sieht man häufig auf den Wiesen. Seltener ist der nahverwandte Regenbrachvogel.

bieten Singschwäne, Eistaucher, Ohrentaucher, Eisenten, Tafelenten, Samtenten und zahlreiche Gänse wie Kanadagänse, Kurzschnabelgänse, Graugänse und Schneegänse ein. Sie konzentrieren sich nicht nur auf den Binnengewässern, sondern auch in geschützten Meeresbuchten oder -armen wie Scapa Flow südlich des Mainland. Für seltene Durchzügler ist besonders North Ronaldsay bekannt. Sie liegt am nächsten zur Fair Isle, die einen Trittstein auf halbem Weg zu den Shetlands bildet.

An den Küsten von Papa Westray können im Herbst Dunkelsturmtaucher und skandinavische Falkenraubmöwen beobachtet werden. Desweiteren fallen große Trupps von Drosselarten aus Skandinavien, Schneeammern auch aus Island und Grönland sowie Neuntöter und Karmingimpel ein.

Auf den Inseln leben nur wenig Säuger. Neben Igel, Wildkaninchen, Feldhase, Wanderratte kommt die Orkney-Maus als wichtiges Beutetier für Greife und Sumpfohreulen vor. Ein Verkehrsschild am Ortseingang von Kirkwall macht auf eine Besonderheit aufmerksam: »otters crossing«. Um die Fischotter (S. 65) zu entdecken, muß man schon Glück haben. Kegelrobben (S. 124) und Seehunde sind dagegen vom Festland aus gut zu sehen. Auf den Fährfahrten können Delphine (Langfinnen- und Rundkopfdelphine), sehr viel seltener Grindwale beobachtet werden.

Im Gebiet unterwegs

Die Inseln Mainland, Burray und South Ronaldsay sind durch Straßendämme, die sogenannte »Churchill Barrier« verbunden, die im 2. Weltkrieg gegen deutsche U-Boote errichtet wurde. Zu den übrigen Inseln gibt es Fährverbindungen von Kirkwall und anderen Häfen aus. Man muß sich rechtzeitig erkundigen, da nicht täglich Fähren zu allen Inseln übersetzen. Fährpläne gibt es z.B. im Hafen von Stromness.

◁ Marwick Head (Mainland), eine große Seevogelkolonie.

.Die Kornweihe (hier das Weibchen) ist typisch für die Orkney-Inseln. Charakteristisch ist ihr schaukelnder Suchflug.

Schon wenn man nur die Inseln Mainland und Hoy besucht, erhält man einen sehr guten Gesamteindruck der Orkney-Inseln. 1,5 Wochen sollte man für diese beiden Inseln mindestens einplanen.
Mainland: Einige Reiseunternehmer bieten Bustagestouren auf der Hauptinsel, nach Hoy wie auch nach Rousay an, z.B. David Lea's »Go-Orkney«. Man kann aber auch mit dem PKW (Mietwagen in Stromness oder Kirkwall) auf sehr gut ausgebauten Straßen die interessanten Biotope besuchen. Man braucht nur eine gute topographische Karte (1 : 100 000).
Bei **Yesnaby** ① liegt eine einzigartige Küstenlandschaft aus geschichteten, sandigen Gesteinslagen. Hier findet man 350 Mio. Jahre alte Stromatolithen als Fossilien im Gestein eingebettet. Die charakteristischen Seevögel, darunter auch die Gryllteiste (S. 99), brüten auf schmalen Simsen. Im Frühjahr blüht hier die Schottische Schlüsselblume.
Biegt man von der B 9056 nach rechts in Richtung Twatt ab, gelangt man zu einer Beobachtungshütte, die einen Überblick über das Feuchtgebiet **»The Loons«** ②, einem RSPB-Reservat, ermöglicht. Während der Brutzeit (April bis Juli) darf man das Gebiet selbst nicht betreten. 8 Entenarten, insbesondere Pfeifenten (S. 21) und Spießenten, Sterntaucher, aber auch Watvögel kommen vor. Hunderte von Dreizehenmöwen (S. 29) fliegen vom Marwick Head hierher, um zu baden und Nistmaterial zu sammeln. Die beste Beobachtungszeit ist frühmorgens. Es ist ein wichtiger Überwinterungsplatz für Bläßgänse.
Die Küstenlandschaften der Orkney-Inseln sind fast überall sehenswert. Besonders eindrucksvoll sind die 1,6 km langen Steilklippen von **Marwick Head** ③, die Insel **Brough Head** ④ im Nordwesten und **»The Gloup«** ⑨ auf der im Südosten gelegenen

Die Skua brütet auf Hoy in der zweitgrößten Kolonie Großbritanniens.

Sumpfohreulen sind tagaktiv.

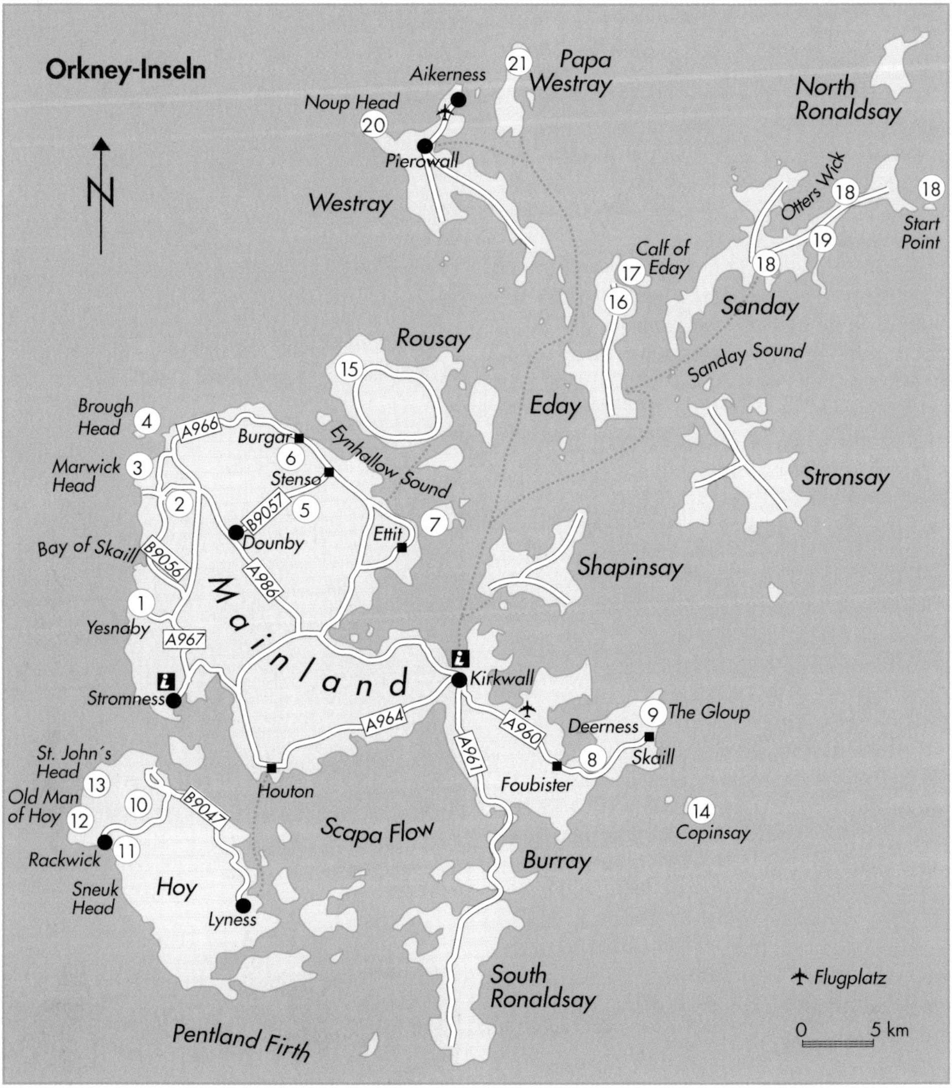

Halbinsel Deerness. Die Insel Brough Head kann man nur bei Ebbe (!) auf einem betonierten Pfad erreichen. Man muß den Wasserstand im Auge behalten, da starker Wind das Wasser in die schmale Meerenge preßt und man sich deshalb nicht auf einen 6-stündigen Gezeitenwechsel verlassen kann. Besonders die sehr elegant, ähnlich wie Albatrosse segelnden Eissturmvögel (S. 29) sind im Flug gut zu beobachten. Außerdem befindet sich eine archäologische Ausgrabungsstätte auf der kleinen Insel.

Zwischen Dounby und Stenso durchquert die B 9057 das **Birsey Moor** ⑤. Etwa 20 Paare der Schmarotzerraubmöwe brü-

ten in einer lockeren Kolonie in Nestabständen von 50–100 m südlich der Straße. Sumpfohreulen und Kornweihen ziehen ebenfalls übers Moor; häufig sieht man beide Vögel niedrig über Wiesen auf Nahrung fliegen.
800 m nordwestlich der Kreuzung B 9057 und A 966 sind schon von weitem links die Windgeneratoren des **Burgar Hill** ⑥ zu erkennen. Vom Parkplatz aus kann man zu einer Beobachtungshütte gehen, von der häufig Sterntaucher (S. 61), aber auch Wat- und Entenvögel auf dem Lowrie's Water zu sehen sind.
Beim Befahren der kleinen Küstenstraße zwischen Wood Wick und Ettit, sind bei Ebbe auf kleinen Felseninseln ⑦ Kegelrobben, Küstenseeschwalben und Flußseeschwalben anzutreffen. Im Sandwatt ⑧ von Sandi Sand können bei Ebbe viele Watvögel bei ihrer Nahrungssuche beobachtet werden.
Fährt man über die Dämme der Churchill Barrier, um nach **Burray** und **South Ronaldsay** zu gelangen, sieht man neben den aus dem 2. Weltkrieg stammenden Schiffswracks viele Wasser- und Watvogelarten, häufig Brandgänse und Seeschwalben.
Hoy: Es ist die zweitgrößte der Orkney-Inseln. Am Hafen kann man nach Autovermietung und Taxi nachfragen oder das eigene Auto mitnehmen. Die Autofähre setzt von Houton im Süden von Mainland nach Lyness über, wo gleich bei der Anlegestelle auf einem alten Pier Küstenseeschwalben und Gryllteisten brüten. Den besten Eindruck von Hoy erhält man, wenn man der B 9047 nach Norden folgt, dann links nach Rackwick abbiegt und der Straße bis zum Parkplatz an der westlichen Meeresbucht folgt. Man durchquert auf der Fahrt mehrere Moorgebiete; am Ward Hill (479 m), dem höchsten Berg der Orkney-Inseln, sind 3700 ha zum RSBP-Reservat »North Hoy« ⑩ erklärt. In den Mooren brüten 400 Paare Schmarotzerraubmöwen und 1500 Paare (Stand 1985) der Skua. Hoy stellt die zweitgrößte Kolonie in Großbritannien dar.

Schmarotzerraubmöwen sind nicht ganz so aggressiv wie Skuas und auch seltener.

Kornweihen und Sumpfohreulen sind im Gegensatz zu Mainland nur in geringer Zahl vorhanden, da ihre Hauptbeute, die Orkney-Maus auf Hoy nicht vorkommt. Häufig sind Schottische Moorschneehühner, Große Brachvögel, Berghänflinge und Wiesenpieper (S. 147), in der dichteren Vegetation auch Schwarzkehlchen. An den steinigen Hängen kommen Ringdrosseln vor. Am Ward Hill brütet wieder ein Steinadlerpaar. Auf Hoy gibt es auch zahlreiche Schneehasen (S. 135).

Kanadagänse wurden schon vor 200 Jahren in Schottland eingebürgert.

Aus dem geschichteten Sandstein an der Küste von Yesnaby wurden große Dachplatten gemacht.

Vom Parkplatz bei **Rackwick** ⑪ hat man bei schönem Wetter einen Blick vorbei an Sneuk Head auf das schottische Festland nach Dunnet Head. Nördlich von hier im Berriedale ist das einzige naturnahe Gehölz der Orkney-Inseln mit Weiden, Birken, Espen und Ebereschen. An der Wanderhütte vorbei führt ein Pfad nach Norden zu den senkrecht ins Meer fallenden Klippen und dem berühmten **Old Man of Hoy** ⑫ (137 m), einer Felsnadel aus rötlichem Sandstein auf einem Basaltsockel stehend. In der Nähe am »Loch of Stourdale« befindet sich eine große Mantelmöwenkolonie. Am 335 m hohen **St. John's Head** ⑬ sind Eissturmvögel seit diesem Jahrhundert wieder ansässig, ebenso eine kleine Kolonie des Schwarzschnabel-Sturmtauchers (S. 164). Entlang der Seevogelkolonien an den Klippen patrouillieren Wanderfalken und Skuas.

Die Gewöhnliche Grasnelke ist an fast allen Küsten der Britischen Inseln heimisch.

Copinsay ⑭: Es ist ein RSPB-Reservat, südöstlich von Mainland gelegen, mit 76 m hohen Klippen im Südosten. Die unbewohnte Insel bietet den besten Beobachtungsplatz für Durchzügler im Herbst und Frühjahr. Tägliche Bootsfahrten (S. Foubister, Tel. 085 674 252) werden von Skaill (Halbinsel Deerness) durchgeführt. Es gibt einfache Übernachtungsmöglichkeiten.

Rousay: Die Insel ist nur durch eine schmale Meerenge (Eynhollow Sound) von Mainland getrennt. Von der A 966 hat man bei schönem Wetter einen guten Überblick über die typische Landschaftsnutzung: Im flachen Küstenbereich herrscht Landwirtschaft vor, darüber beginnt die Heidevegetation. Im Nordwesten befindet sich eine Kolonie ⑮ der Küstenseeschwalbe (4000 Paare 1985).

Eday ⑯: Im Mill Loch gibt es eine der dichtesten Konzentrationen des Sterntauchers auf den Britischen Inseln. Zur Kormorankolonie auf **Calf of Eday** ⑰ (150 Nester 1985) gelangt man mit einer weiteren Fähre.

Sanday ⑱: Während der Eiszeiten ist auf Sanday viel Sand angeweht worden. Weite Areale bestehen aus sandigem Grasland und Dünen, ideale Brutmöglichkeiten für etwa 100 Paare Sandregenpfeifer. Bei Westayre Loch, Start Point und Els Ness brüten 3000 Paare Küstenseeschwalben, daneben gibt es Flußseeschwalben und Brandseeschwalben. Berühmt ist die Insel wegen ihrer Fischottervorkommen (Bucht »Otters Wick«). Östlich des Fährhafens bei Cata Sand ⑲ gebären im Juni Seehunde ihre Jungen.

Westray: Im Nordwesten bei **Noup Head** ⑳ ist eine der größten Seevogelkolonien

Großbritanniens. Diese 8 km lange faszinierende Klippenlandschaft, von der 2,8 km als RSPB-Reservat ausgewiesen sind, beherbergen während der Brutzeit 60 000 Paare Dreizehenmöwen, 60 000 Paare Trottellummen, 3000 Paare Tordalken (S. 28) sowie zahlreiche Eissturmvögel (Stand 1985). Noup Head erreicht man vom Fährhafen Pierowall. Man folgt einem Weg Richtung Westen durch eine Heide- und Moorlandschaft, in der 2000 Paare (1985) Küstenseeschwalben, 50 Paare (1985) Schmarotzerraubmöwen, daneben Eiderenten (S. 127) und Sandregenpfeifer (S. 23) brüten. Ab Noup Farm führt ein Pfad bis zum Leuchtturm.

Papa Westray: Das RSPB-Reservat North Hill ㉑ hat die drittgrößte Küstenseeschwalbenkolonie Großbritanniens. In geringerer Anzahl kommen Schmarotzerraubmöwen vor. An den Klippen im gleichen Reservat brüten insbesondere Alken, auch eine beträchtliche Anzahl Gryllteisten.

Einer der letzten Riesenalken ist 1813 am North Hill geschossen worden. Der Vogel ist heute im Britischen Museum in London ausgestellt.

Die Heidevegetation von North Hill ist sehr reichhaltig; Zwergsträucher wie Besenheide, Glockenheide, Blaubeeren, Krähenbeeren und Netzweiden herrschen vor. Insgesamt kommen 230 Pflanzenarten vor.

Papa Westray erreicht man von Westray aus mit der Fähre (30 Minuten) oder in einem 2-minütigen Flug, der kürzesten Flugverbindung der Welt! Bei Ankunft bitte den Warden kontaktieren (Rose Cottage, Papa Westray KW17 2BU, Tel. 085 74 240). Man kann mit ihm im Voraus auch eine geführte Tour vereinbaren.

Praktische Tips

Anreise

Autofähre: Vom Fährhafen Scrabster (bei Thurso) erreicht man Stromness auf Mainland in 2–2,5 Stunden. Die Fähre geht täg-

Rotschenkel zählen zu den häufigsten Watvögeln.

Das Sumpfherzblatt ist eine typische Moorpflanze (Blütezeit: ab Juni).

Lachmöwe im Prachtkleid.

Kurzschnabelgänse gehören zu den zahlreichen Überwinterern unter den Entenvögeln.

lich 2–3mal (von November bis März täglich außer sonntags). Rundreise-Tickets für die Orkney- und Shetland-Inseln über die Routen Scrabster – Stromness – Lerwick (Shetland-Inseln) – Stromness – Scrabster. Fährzeiten bei P&O Scottish Ferries, Scrabster Terminal, erfragen und buchen unter Tel. 0847 64180 oder P&O Ferries, Orkney Service, PO Box 5, Aberdeen AB9 8DL, Tel. 0224 572615. Buchungen sind in guten Reisebüros von Deutschland aus möglich.
Eine **Personenfähre** geht von John o'Groats 4mal pro Tag (Mai bis September) nach Burwick auf South Ronaldsay. Von dort sind Bustouren möglich.
Die Orkney Islands Shipping Co Ltd, Head Office, 4 Ayre Road, Kirkwall KW15 1QX, Tel. 0856 2044, betreibt Fährdienste zwischen den Orkney-Inseln.
Flüge: Direktflüge der British Airways von Aberdeen, Glasgow, Edinburgh und Inverness mit Anschluß an London (Heathrow), Birmingham und Manchester. Loganair fliegt von Glasgow, Edinburgh, Inverness und Wick. Von Deutschland ist Ankunft in Kirkwall meist nicht an einem Tag möglich (aktuelle Flugpläne erfragen).

Klima/Reisezeit

Gemäßigtes, ozeanisches Klima durch den Golfstrom beeinflußt; trockenste Monate sind April bis Juni, sonst oft Regen und Sturm. Wetter wechselt manchmal von Stunde zu Stunde. Spektakuläre Sonnenuntergänge von Mai bis Juni, Sonnenscheindauer 18 1/4 Stunden um Mittsommer. Beste Reisezeit für die Naturreservate ist während der Brutzeit von Mai bis Mitte Juli und während der Zugzeiten im April/Mai sowie von August bis Oktober.

Unterkunft

Camping, B&B oder Hotels können beim Tourist Office erfragt und gebucht werden (The Orkney Tourist Board, Information Centre, Kirkwall, Orkney KW15 1NX, Great Britain, Tel. 0856 2856).
Speziell für Copinsay Details beim Orkney Officer, Erik Meek, Stemness, Tel.0856 850176, erfragen. Für Papa Westray Herberge Info unter Tel. 085 74 251 oder 267.

Karten

Bartholomew Leisure Map Orkney, 1:100 000, oder Official Tourist Map, Shetland and Orkney Islands, 1 : 128 000.

Blick in die Umgebung

Auf Mainland gibt es mehrere archäologisch interessante Sehenswürdigkeiten: **Stones of Stemness** (2900 v.Chr.) Monolithe. Beim **Ring of Brodgar** stehen heute von 60 Steinen noch 27 im Kreis, Durchmesser 100 m, Versammlungsplatz für astronomische Zwecke. **Scara Brae** an der Bucht von Skaill nördlich von Yesnaby ① ist ein vollständig erhaltenes Dorf aus der Steinzeit mit 10 Häusern (5000 v.Chr.). Um 2500 v.Chr. hat ein Sandsturm das Dorf begraben und konserviert. 1850 wurde es durch erneuten Orkan wieder freigelegt und mit großer Sorgfalt ausgegraben. Man geht über die grasbewachsenen Mauern der Häuser und blickt in die Wohnungen, z.T. mit Glas überdacht. Die Häuser sind teilweise noch eingerichtet mit Möbeln aus Stein. Geöffnet: Mo. bis Sa. 9.30 – 18.00 Uhr, So. 14.00 – 16.00 Uhr.

12 Shetland-Inseln

Von der Eiszeit gerundete, baumlose Inselgruppe mit grandiosen Küsten, ausgedehnten Deckenmooren, Feuchtwiesen, Lochs, Fjorden und nur sehr wenig Weideland; als ornithologisches Mekka weltweit bekannt; Seevögel in großen Kolonien; wichtiges Drehkreuz des Vogelzuges; bietet auch botanisch viel.

Die etwa 100 Shetland-Inseln nehmen eine Fläche von 1430 km^2 ein. Sie bilden den nördlichsten Teil Großbritanniens und sind 150 km vom Festland entfernt. Obwohl sie auf der gleiche Breite wie die Südküste Grönlands liegen, ist das Klima wegen der Insellage und des Golfstroms mild und regnerisch.

Geologisch sind die Shetland-Inseln komplex gestaltet. Schiefer dominieren, daneben sind sie aus Old Red Sandstone und Granit aufgebaut.

Die Biotopvielfalt mit Küsten, Klippen, Fjorden (»Voe«), Sandbuchten, Mooren, Feuchtwiesen und Lochs ist groß. Im Vergleich mit den Orkney-Inseln (s. S. 82) ist die Landschaft hügeliger, und es gedeihen fast gar keine Bäume.

23 000 Menschen bewohnen etwa 13 Inseln. Zu den Hauptinseln zählen Mainland, Yell und Unst. Wie auf den Orkney-Inseln und den Hebriden ist die Bevölkerungszahl der Shetlands rückläufig. Die Einwohner stammen von den Wikingern ab, die während des frühen Mittelalters hier siedelten. Die Shetland-Inseln waren bis 1471 sogar noch Teil des norwegisch-dänischen Königreichs; daher ist der skandinavische Einfluß groß. Die Bewohner fühlen sich weder schottisch und schon gar nicht britisch, sondern nordisch. Traditionelle Erwerbsquellen sind in erster Linie Fischerei und Fischverarbeitung, da kein Punkt der Inseln weiter als 5 km vom Meer entfernt liegt. Daneben wird Landwirtschaft, hauptsächlich extensive Schafweide betrieben, außerdem gibt es Wollverarbeitung und im Sommer Tourismus. Die Crofter-Häuser sind mit kleinen Feldern, angepflanzten Büschen und den typischen Steinmauern umgeben. Da die Böden außer auf Fetlar sehr unfruchtbar sind, erhalten die Landwirte nur karge Ernten.

Mit der Entdeckung von Erdöl im »Brent Oil Field« des East Shetland Basin im Nordosten der Shetland-Inseln 1972 hat sich

Das Shetland-Hornkraut (weiß blühend) ist eine winzige Pflanze im Schuttfeld des »Keen of Hamar«.

das Leben und die Infrastruktur auf den Shetland-Inseln völlig geändert. Der Naturreisende erfährt davon aber relativ wenig und behält sein idyllisches Bild. Viele Bewohner heizen noch mit Torf. Die kurzbeinigen Shetlandponies grasen im Moor, Seevögel beherrschen die Küsten. Man bemerkt lediglich, daß die Hauptstraße A970 für die abgelegenen Inseln ebenso überdimensioniert ist wie der Sumburgh Airport. Der Ölumschlaghafen Sullomvoe ist einer der größten Europas. Um die Natur aber weitgehend zu erhalten, wurden die Tanks grün gestrichen, unterirdisch verlegt oder in Erdgräben eingelassen. Fast überall auf den Shetland-Inseln erlebt man noch Natur pur.

Das Klima ist vom Meer geprägt, mit viel Regen, Nebel und heftigen Stürmen. Stetiger Wind bringt rasche Wetterwechsel. Die Sommernächte sind so weit nördlich kurz. In der Sommermitte geht die Sonne in Lerwick erst um 22.34 Uhr unter, einiges später als in London.

Dafür sind die Winter entsprechend dunkel.

◁ Die gewaltigen Klippen von Eshaness im Westen des Mainland.

▽ Der Shetland-Zaunkönig ist endemisch.

Bei den Odinshühnchen brüten die schlichter gefärbten Männchen. Es gibt sie hauptsächlich auf Fetlar.

Die Bekassine erzeugt ein meckerndes Fluggeräusch.

Pflanzen und Tiere

Wegen der weiten Entfernung zum Festland haben sich auf den Shetland-Inseln Endemiten, darunter das winzige Shetland-Hornkraut auf Schuttfeldern, oder Unterarten wie der Shetland-Zaunkönig gebildet (s. auch S. 22). Die Waldmaus hat sogar auf Foula, Fair Isle und Yell jeweils eine Unterart entwickelt. Viele Arten vom Festland kommen nicht vor. An Greifvögeln sind daher nur Merlin und Wanderfalke als Brutvögel verbreitet.

Naturschutz, Öl und Fischerei

Januar 1993: Knapp eine Woche lang beschäftigten die Shetland-Inseln die Nachrichtenmedien der Welt.
85 000 t Rohöl (doppelt soviel wie bei der Exxon-Valdez-Katastrophe vor der Küste Südalaskas) hatten sich im Januar 1993 südwestlich der Shetland-Inseln ins Meer ergossen, nachdem der Tanker »Braer« auseinandergebrochen war. Der Orkan hat das Öl weitflächig verteilt. Was für die Küsten ein Glück war, kann sich auf die Fischbestände jedoch katastrophal auswirken.
Die See um die Shetland- und Orkney-Inseln und um Nordschottland ist das Hauptlaichgebiet zweier im Nahrungsnetz überaus wichtiger Kleinfischarten, des Sandaals und der Sprotte. Allein ihre Häufigkeit erklärt die Anwesenheit Hunderttausender Seevögel an den Küsten der Shetland-Inseln.
Schon seit Beginn der Ölbohrungen Mitte der 70er Jahre läuft immer wieder Öl aus den Pumpstationen ins Meer und hat die ergiebigsten Fischgründe z.B. bei Unst und Fetlar zerstört. Tausende von Seevögeln sind schon in Erdgasfackeln geraten und verbrannt. Daher wird im Gewinn der Ölindustrie Umweltschmerzensgeld von über 50 Mio. £ bis zum Jahr 2000 einkalkuliert. Die Tankerkatastrophe hat nun zusätzlich einige tausend direkte Todesopfer unter den Seevögeln gefordert; aber dies ist im Vergleich zur wahrscheinlichen Nahrungsverknappung in den nächsten Jahren durch die schleichenden Auswirkungen der Ölverschmutzung fast vernachlässigbar.
Eine ökologische Katastrophe insbesondere vor den Shetland-Inseln mit dem Rückgang im Bruterfolg von Dreizehenmöwen, Eissturmvögeln und Küstenseeschwalben deutet sich schon seit Mitte der 80er Jahre an. Als Ursache der Rückgänge wird die von der Kleinfischerei zur Fischereiindustrie ausgeuferte Fangtechnik verantwortlich gemacht, die besonders Sandaale rücksichtslos überfischt und zu Fischmehl verarbeitet.
Bilanziert man den Beginn der Nahrungskette, dann beträgt die nach wissenschaftlichen Kriterien geschätzte Produktion an Sandaalen vor den Shetland-Inseln 100 000 t pro Jahr. Fast alle Seevogelarten fressen davon immerhin 47 %, Raubfische erbeuten 25 %, Robben verzehren weitere 9 %. Verbleiben 17 000 t Zuwachs pro Jahr. Die industrielle Fischerei schöpft aber nochmals 45 000 t ab. Damit wird die Bilanz negativ: Jährlich fehlen 26 000 t Sandaale. Wie lange die Fischbestände diesen Aderlaß verkraften, ist schwer zu sagen. Verlassene Nester oder verhungernde Seevogeljunge zeugen von der Nahrungsknappheit. Nur Seevogelarten, die auf andere Fischarten als Nahrungstiere ausweichen können, wie Baßtölpel, Trottellummen oder Krähenscharben, haben weiterhin guten Bruterfolg.
Angesichts von Millionen Individuen in den Seevogelkolonien Großbritanniens, spürt man noch wenig von der drohenden Katastrophe. Da Seevögel 25–30 Jahre alt werden können und meist erst ab dem 4. Lebensjahr zu brüten beginnen, machen sich die heutigen Brutausfälle noch nicht bemerkbar.
Für den Naturschutz bedeutet dies aber, daß das »dicke Ende« durchaus noch kommen kann und wird. Die Verringerung des Bruterfolges wird sich erst Jahre später in einem dann aber drastischen Bestandsrückgang auswirken, weil ganze Generationen von Vögeln verhungert sein werden und nichts mehr zur Fortpflanzung beitragen können.

Arten, die überwiegend in den Tundrenlandschaften Skandinaviens oder Islands vorkommen, haben hier einen Vorposten, z. B. Odinshühnchen, Regenbrachvogel und zeitweise Schnee-Eule. Flußseeschwalbe, Flußuferläufer und Großer Brachvogel (S. 85) stoßen dagegen auf den Shetland-Inseln an ihre nördliche Verbreitungsgrenze.

Deckenmoore beherrschen das Landschaftsbild mit typischer Moorvegetation. Auf den fruchtbaren Böden im Heideland der Insel Fetlar ist die Pflanzenwelt artenreich. Es kommen etwa 250 Arten vor, darunter Mondraute (S. 42) und Grüne Hohlzunge. Außerhalb der Moore gibt es zahlreiche Feucht- und Fettwiesen. Hier gedeihen Kuckuckslichtnelken, Rote Lichtnelken, Geflecktes (S. 121) und Fleischrotes Knabenkraut, Scharfer und Brennender Hahnenfuß, Mädesüß (S. 109) sowie Gelbe Gauklerblumen (S. 36) als bachbegleitende Vegetation. Als Folge der nördlichen Lage beginnen die Pflanzen erst ab Juni zu blühen.

Auf den Inseln gibt es kaum noch Bäume. Die ursprüngliche Vegetation mit Birken, Haselnuß, Weiden und Erlen ist durch den Einfluß der Landwirtschaft in den letzten Jahrhunderten verdrängt worden. In geschützten Gebieten wird heute aufgeforstet, z.B. bei Kergord im Weisdale auf Mainland.

Von 24 Seevogelarten Großbritanniens brüten auf den Shetland-Inseln alle bis auf Rosenseeschwalbe und Zwergseeschwalbe. Nur in wenigen Exemplaren gibt es Brandseeschwalben (S. 127) und Wellenläufer (auf Foula). Während Sturmschwalben in mehreren Kolonien leben, kommen Schwarzschnabel-Sturmtaucher (S. 164) nur in wenigen hundert Paaren auf Foula und Fetlar vor. Die Baßtölpelkolonien in Noss, Hermaness, Fair Isle und Foula weiten sich ständig aus; die letzten beiden Kolonien sind noch ziemlich jung. Arten- und Individuenzahlen der Seevögel sind hier so hoch, weil der Nordatlantik mit sehr nährstoffreichem Wasser und viel Plankton einen großen Fischreichtum aufweist und damit eine ausreichende Nahrungsgrundlage bietet.

Überfischung und auch die schleichende Ölpest bedrohen heute die Kolonien. Wegen fehlender Nahrung ist der Bestand der Küstenseeschwalben (S. 128) schon um 60 Prozent gesunken.

In den Mooren der Shetland-Inseln gibt es mehr als 5600 Territorien der Skua (S. 87) oder »Bonxie«, das macht 41 Prozent der Weltpopulation aus. Die größte Anzahl lebt auf Foula. Schmarotzerraubmöwen (S. 89) sind ebenfalls zahlreich. Typische Bewohner der Moore sind außerdem Merline, Schottische Moorschneehühner (S. 123) und Goldregenpfeifer (S. 48). Auf etwa 300 Paare werden die Regenbrachvögel geschätzt (Zählung 1980), das entspricht etwa 95 Prozent ihrer Population auf den Britischen Inseln, und ihre Zahl steigt hier noch.

In den Jahren 1967 bis 1975 gab es auf Fetlar sogar einen Schnee-Eulen Brutplatz. Nachdem insgesamt 20 Junge aufgezogen worden sind, verschwand das Männchen. Bis 1991 waren nur noch weibliche Schnee-Eulen regelmäßig anwesend; heute kommen sie nur noch sporadisch vor. Das Verbreitungsgebiet der Schnee-Eule ist die Tundra. Die nächsten Brutgebiete liegen daher in den Fjells Skandinaviens und auf Island. Seit Anfang der 70er Jahre streifen Schnee-Eulen im Sommer in den Grampians, auf den Orkney-Inseln, St. Kilda, den Äußeren Hebriden und auf den Shetland-Inseln umher.

Auf zahlreichen Lochs schwimmen Mittelsäger, Trauerenten, Löffelenten, Reiherenten und Sterntaucher. Sterntaucher (S. 61) werden auf den Shetland-Inseln »Rain Geese« genannt, da ihr Ruf den Regen hervorsagen soll. Bei über 240 Regentagen pro Jahr tritt diese Vorhersage fast immer ein. An den Küsten sieht man Alpenstrandläufer, Meerstrandläufer, Rotschenkel und im Spätsommer Steinwälzer, die aus ihren

◁ Ein richtiger Fjord – der Weisdale Voe nordwestlich von Tingwall.

Schwarz, mit weißem Flügelspiegel und roten Füßen kann ▷ nur die Grylleiste sein.

nördlichen Brutgebieten dann schon wieder zurückgekehrt sind. Weit verbreitet sind Eiderenten (S. 127), die auf den Shetland-Inseln »Dunter« genannt werden. Nahe der Crofter-Häuser leben Singvögel, darunter Haussperling, Amsel und Shetland-Zaunkönig. Da Zaunkönige sehr standorttreu sind und sich kaum weiter als 10 km vom Beringungsort bewegen, hat sich auf den Shetland-Inseln eine Unterart entwickelt. Sie ist größer und dunkler als die auf dem Festland vorkommde Unterart. Stare brüten in Steinspalten an den Klippen, teilweise mitten in den Vogelkolonien.
Von den Säugern sind z.B. Igel, Wildkaninchen und Fischotter heimisch. Kegelrobben und Seehunde sieht man bei Ebbe auf Felsinseln vor den Küsten ruhen.

Im Gebiet unterwegs

Auf den Shetland-Inseln gibt es so viel zu beobachten, daß man bequem einen ganzen Urlaub hier verbringen kann. Man muß auch nicht nur die berühmten Seevogelkolonien besuchen. Seevögel kommen überall an der Küste vor. Im Moorland kann man ebenfalls alle typischen Tiere beobachten, wenn man sich Zeit dazu nimmt. Die Inseln sind »Wanderland«. Mit Fernglas, Gummistiefeln und Rucksack kann sich jeder sein persönliches Shetland-Erlebnis erwandern. Wir stellen daher hier nur die bekanntesten Ziele auf den Hauptinseln Mainland, Yell, Fetlar und Unst, die gut mit preiswerten Autofähren

◁ Die Insel Noss ist einer der berühmtesten Vogelberge. Hier eine riesige Felssäule am Noss Head.

Fleischfarbenes Knabenkraut wächst auf den Feuchtwiesen am »Gloup Head«. ▷

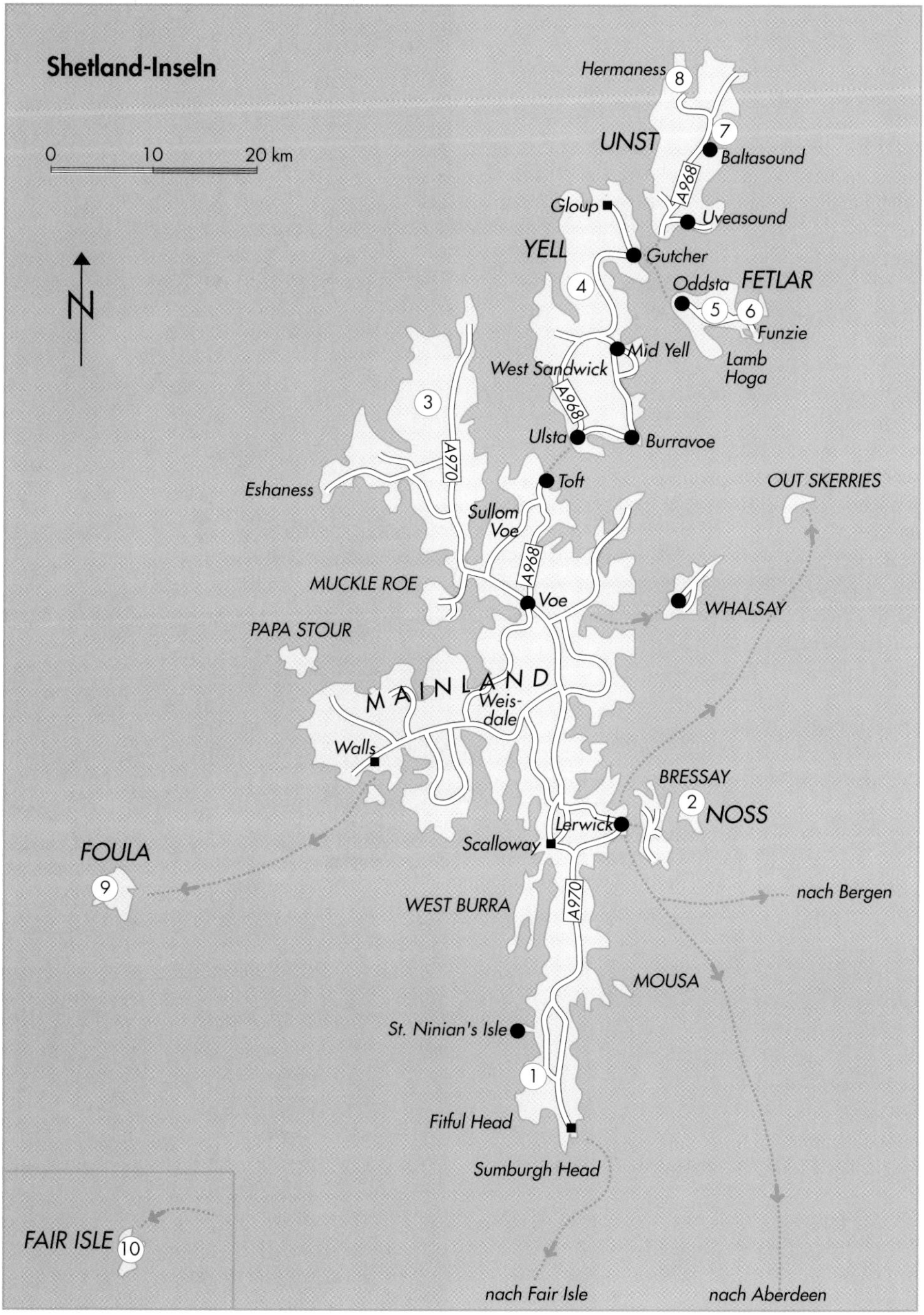
Shetland-Inseln
0
10
20 km
N
Hermaness
8
7
UNST
Baltasound
A968
Gloup
Uveasound
YELL
Gutcher
4
Oddsta
FETLAR
5
6
Funzie
Mid Yell
West Sandwick
Lamb
Hoga
3
A968
Ulsta
Burravoe
A970
Eshaness
Toft
OUT SKERRIES
Sullom
Voe
A968
MUCKLE ROE
Voe
WHALSAY
PAPA STOUR
MAINLAND
Weis-
dale
Walls
BRESSAY
2
NOSS
Lerwick
Scalloway
FOULA
9
A970
nach Bergen
WEST BURRA
MOUSA
St. Ninian's Isle
1
Fitful Head
Sumburgh Head
FAIR ISLE
10
nach Fair Isle
nach Aberdeen

zu erreichen sind, vor. Die berühmten Inseln Noss, Fair Isle und Foula sind ebenfalls beschrieben. Informationen darüber hinaus bieten Shetland-Tourist-Information in Lerwick und der RSPB Shetland Officer.

Loch of Spiggie ①, ein RSPB-Reservat im Süden von **Mainland** ist durch Dünen vom Meer abgetrennt. Von der Straße aus hat man gute Beobachtungsmöglichkeiten. Krickenten, Brandgänse (S. 174), Austernfischer, Küstenseeschwalben, Schmarotzerraubmöwen, Skuas und gelegentlich Fischotter halten sich hier auf. Im Frühjahr kann man Eisenten in ihrem Brutkleid sehen. Im Winter ist das Loch ein wichtiger Rastplatz für etwa 300 Singschwäne.

Die **Vogelinsel Noss** ② zählt zu den größten und spektakulärsten Vogelkolonien Großbritanniens. Man erreicht Noss mit der Fähre von Lerwick nach Bressay. Von der Ostküste Bressays wird man mit einem Schlauchboot über den schmalen Noss Sound gebracht (außer Montag und Donnerstag täglich von 10.00–17.00 Uhr; die rote Fahne zeigt an, daß das Reservat wegen Sturm geschlossen ist). Die Insel besteht zum größten Teil aus Sandstein und steigt von Westen nach Osten steil an. Die höchste Stelle ist »The Noup« mit 181 m. An den Klippen leben 9 Seevogelarten, auf dem Plateau im Innern weitere 3. Die Rundwanderung führt entlang der Klippen und erfordert etwa 4 Stunden reine Gehzeit. Man sollte daher die Zeit zwischen 10.00 und 17.00 Uhr voll ausnützen.Das Innere der Insel ist wegen brütender Skuas, Schmarotzerraubmöwen und Küstenseeschwalben gesperrt. Noss eröffnet bei klarem Wetter einen hervorragenden Überblick über die Shetland-Inseln. Über die Touristeninformation in Lerwick läßt sich eine 3-stündige Bootsfahrt um Noss herum und zu einer Kegelrobbenkolonie buchen.

Rona Hill ③, mit 450 m die höchste Stelle **Mainlands,** ist eine rauhe, wenig besuchte weg- und steglose Gegend. Wegen der nördlichen Breitenlage und der niedrigen Temperaturen entspricht die Vegetation hier auf 300–400 m der auf 900–1000 m in den zentralen Highlands. Es gedeiht arktisch-alpine Vegetation, Goldregenpfeifer (S. 48) und Regenbrachvögel sind heimisch.

Unter den Wollgräsern sind einige Arten sehr ähnlich.

Lumbister ④, RSPB-Reservat auf der Insel **Yell,** ist eine hügelige Moorlandschaft mit Lochs und einer 122 m hohen Steilklippe über dem Whale Firth. Sterntaucher, Eiderenten und Mittelsäger leben auf den Lochs. Schmarotzerraubmöwen, Skuas und wenige Merline brüten im Moor. An einigen Stellen findet man Herz-Zweiblatt. Im Grasland, in dem Stengelloses Leimkraut (S. 40) und Gewöhnlicher Thymian wachsen, stochern zahlreiche Austernfischer nach Nahrung. An den Klippen sieht man z.B. Papageitaucher, Gryllteisten und Felsentauben. Manchmal hat man auch das Glück, Fischotter an der Küste des Whale Firth zu beobachten.

Vom Loch of Lumbister zieht sich eine Schlucht bis zur felsigen Küste. In der Schlucht gedeihen Rosenwurz (S. 157), Wacholder und Waldgeißblatt. Von der A 968 bietet sich ein guter Blick über das Moor. 6 km nördlich von Mid Yell gibt es eine Parkmöglichkeit. Es führen keine markierten Pfade durch das Moor. Man benötigt unbedingt eine gute Karte und Gummistiefel. Auf keinen Fall darf man sich brütenden Vögeln nähern oder die empfindlichen Sterntaucher stören.

Shetlandponies sind heute jedermanns Liebling; früher waren sie die Arbeitspferde der Crofter.

Auf Fetlar ⑤ sind überall interessante Vogelbeobachtungen möglich. Das RSPB-Reservat »North-Fetlar« kann im Sommer nur mit dem Naturschutzwart besucht werden. Das RSPB-Warden's House ist beschildert (Tel. 095 783 246). Im Moor brüten Skuas, Goldregenpfeifer, Große Brachvögel, Regenbrachvögel und Merline.

Im Osten Fetlars bietet **Loch of Funzie** ⑥ eine gute Möglichkeit, von der Straße oder einem Versteck aus Odinshühnchen zu beobachten. 1992 wurden mit 24 brütenden Männchen 90 Prozent der Population Großbritanniens nachgewiesen, aber auch Bekassinen, Alpenstrandläufer und Sterntaucher. Bei Lamb Hoga fliegen nachts Sturmschwalben ein.

Keen of Hamar ⑦, ein National Nature Reserve auf Unst, hat botanische Bedeutung. Direkt am Ortsende von Baltasound zweigt die Straße rechts nach Littlehamar ab, in der nächsten Kurve liegt ein kleiner Parkplatz. Das Reservat ist ein Schuttfeld aus ockerfarbenem Gestein mit hohem Magnesium-, Nickel- und Chromgehalt. Nur 3 Prozent organisches Substrat im Boden, der Metallgehalt und eine hohe Wasserdurchlässigkeit führen zu einem ausgeprägten Zwergwuchs aller Pflanzen. Shetland-Hornkraut, Norwegisches Sandkraut und Steinbeere sind Pflanzen, für die das Gebiet unter Schutz gestellt wurde. Selbst Grasnelken (S. 90) oder Taubenkropf bleiben winzig.

Das National Nature Reserve Hermaness ⑧ an der nördlichsten Spitze Großbritanniens ist eine Seevogelkolonie, in der auch Baßtölpel brüten. Zur Brutzeit erschien bei den Baßtölpeln (S. 31) am Saito Point in den Jahren 1972–1987 manchmal ein Individuum des Schwarzbrauen-Albatros, einer Vogelart, die auf der südlichen Hemisphäre lebt.

Mit dem Auto kann man bis zum Nordende der B 9086 fahren. Vom Parkplatz aus sind zwei Rundwege möglich. Der nördliche führt über **Hermaness Hill** in Richtung Leuchtturm und dann entlang der westlichen Klippen zurück. Man folgt zunächst dem Weg und hinter der Holzbrücke den Eisenpfählen. Für den Rückweg nimmt man den »Pfad« entlang der Holzpfähle von »the Neap« aus zum Parkplatz. Halbtageswanderung, für Fotografen ganztags.

Die große Feuchtwiese am »Gloup Head«, eine botanische Kostbarkeit mit Massen von Kuckuckslichtnelken.

Der südliche Rundweg zweigt hinter der Holzbrücke im Tal links ab, die Holzpfähle weisen den »Pfad« durchs Moor mitten durch eine Kolonie Skuas (S. 87), die zweitgrößte nach Foula. Schmarotzerraubmöwen sieht man viel seltener. Die Skuas greifen zur Brutzeit regelmäßig an. Man kann sich mit einer dicken Mütze oder einem aufgespannten Regenschirm schützen. Weiter folgt man den Klippen in südwestlicher Richtung bis zur Reservatsgrenze (Zaun), am Zaun entlang zur Straße zurück. Halbtageswanderung. Gummistiefel mit möglichst rutschfester Sohle sind unbedingt erforderlich. Beim häufig vorkommenden Regenwetter sollte man keinesfalls zu nah an die Klippen gehen! Auf dem Parkplatz steht am Beginn des Weges (Tor) eine grün gestrichene Alukiste mit der Aufschrift Information. Hier liegt das Besucherbuch und eine hektografierte Information zum Mitnehmen aus.

Foula ⑨, 22 km westlich von Mainland, ist eine 1430 ha große Insel mit Steilklippen und Torfmooren im Inneren, wo ein Fünftel der Skuapopulation der Nordhalbkugel lebt. An den Klippen gibt es große Seevogelkolonien, darunter Baßtölpel und zahlreiche Krähenscharben. In geringer Anzahl kommen Schwarzschnabel-Sturmtaucher und sogar Wellenläufer vor.

Fair Isle ⑩, zwischen den Shetland- und Orkney-Inseln gelegen, ist ein wichtiger Trittstein für den Vogelzug. Mehr als die Hälfte der in den britischen Artenlisten aufgeführten Vögel (etwa 320 Arten) werden hier von der weltberühmten Vogelwarte registriert. Fair Isle gilt als wichtiger Rastplatz für die in Island, Grönland, auf den Färöern und in Skandinavien brütenden Vögel. Im Frühjahr ziehen sie schnell durch, im Herbst halten sich Trupps länger auf. An Sandsteinklippen gibt es große Seevogelkolonien mit Baßtölpeln und Sturmschwalben. Die Pflanzenwelt der verschiedenen Biotope wie Moore, Wiesen, felsige Klippen und Weiden ist sehr artenreich.

Praktische Tips

Anreise vom Festland

Folgende **Fährverbindungen** werden regelmäßig (1 x täglich bis wöchentlich) ange-

boten: Aberdeen – Lerwick (14 Stunden über Nacht) – Aberdeen oder unter Einbezug der Orkney-Inseln Rundreisetickets Aberdeen – Lerwick – Stromness – Aberdeen. Die Verbindung Aberdeen – Lerwick- Stromness – Scrabster in Nordostschottland eignet sich besonders für Rundreisen, da man von Scrabster aus die Western Highlands durchqueren kann. Neuerdings gibt es eine Verbindung Aberdeen – Lerwick – Bergen in Norwegen, die neue Rundreisemöglichkeiten erschließt. Möglichst vorbuchen!
Informationen: In guten Reisebüros oder P & O Ferries, Shetland Services, PO Box 5, Aberdeen AB9 8DL, Tel. 0224 572615.
Flugverbindungen der British Airways von Aberdeen, Glasgow, Edinburgh und London nach Sumburgh Airport auf Mainland. Flüge mit Loganair von Edinburgh nach Tingwall, nahe Lerwick.

Verbindungen zwischen den Inseln
Lokale Autofähren (betrieben vom Shetland Isles Council) verbinden die Insel **Mainland** mit Yell, Unst und Fetlar. Fährpläne im Informationszentrum in Lerwick erhältlich.
Foula: Personenfähre (2 Stunden) dienstags und freitags von Walls im Westen von Mainland, sofern das Wetter geeignet; Flugverbindungen 1–2mal wöchentlich von Tingwall mit Loganair.
Fair Isle: Flug etwa 25 Minuten mit Loganair von Tingwall, Mo., Fr., Sa. (Mai bis Oktober); Buchungen Loganair, Tingwall Airport, Tel. 059 584 246, oder Loganair, Edinburgh, Tel. 031 344 3341. Postschiff MV »Good Shepherd« von Grutness Pier bei Sumburgh nach Fair Isle (2,5 Stunden) von Mai bis September am Di. und Sa., von Oktober bis April nur Sa., Reservierungen notwendig, Mr. G.W. Stout, Skerryholm, Fair Isle Shetland, Tel. 03512 222.
Bus, von Mainland nach **Fetlar:** Ein Bus geht von Lerwick bis zur Fähre, setzt aber nicht nach Fetlar über.
Yell: Ein Bus geht von Lerwick und befährt die A 968 auf Yell.

Unterkunft
▷ The Shetland Tourist Organisation, Information Centre, Market Cross, Lerwick, Shetland ZE1 OLU, Tel. 0595 3434.

Auf den Hauptinseln gibt es Gästehäuser, B&B und Hütten für Selbstversorger. Im Juli und August empfiehlt es sich, unbedingt vorzubuchen. Wenige Campingplätze sind vorhanden.
Fair Isle: In der Lodge und Vogelwarte mit Vollverpflegung von Mitte März bis Ende Oktober. Buchung:
▷ Fair Isle Lodge and Bird Observatory, Tel.03512 258.

Foula: Bisher keine Unterkunftsmöglichkeit für Besucher.
Informationen für die Schutzgebiete Shetland Tourist Organisation in Lerwick (s.o.) und
▷ RSPB Officer, Seaview, Sandwick ZE2 9HP, Tel. 095 05 506.

Kleidung
Immer gute Regensachen, warmen Pullover wegen des auskühlenden Windes und möglichst Gummistiefel bei Wanderungen mitnehmen.

Beste Reisezeit
Mai bis Anfang Juli zur Brutzeit der Seevögel, Mai und September für Zugbeobachtungen.

Karten
Official Tourist Map, Shetland and Orkney Islands, 1 : 128 000.

Blick in die Umgebung

Jarlshof, beim Sumburgh Airport, ist einer der bedeutendsten prähistorischen Siedlungsreste Großbritanniens.
Empfehlenswert ist das **Shetland-Croft-House-Museum** ebenfalls im Süden von Mainland.

13 Lake-District-Nationalpark

Landschaftlich reizvolle Bergszenerie mit spitzen Felsgraten, Tälern und zahlreichen Seen; gute Wandermöglichkeiten.

Der Lake District ist mit 2280 km² der größte englische Nationalpark. Eine reizvolle Berglandschaft mit spitzen Felsgraten, Geröllhalden, zerklüfteten Hängen, durchzogen von grünen Tälern mit Wiesen, Wäldern und Mooren sowie zahlreichen Bergseen (= »tarn«) haben dem Park auch den Namen »englische Schweiz« eingebracht. Es gibt einige Superlative: Scafell Pike ist mit 977 m der höchste Berg Englands; Windermere mit 17 km der längste und Wast Water mit 76 m der tiefste See Englands. Bei Seathwaite fallen 4000 mm Niederschläge im Jahr, die höchsten in England.
Den größten Einfluß auf die heutigen Landschaftsformen hatten die Eiszeiten. Die Haupteismassen lagen am Scafell Pike und Helvellyn. Von hier aus verliefen Gletscherzungen radiär durch Täler. Die Täler entwickelten sich vom V-förmigen Kerbtal zum U-förmigen Gletschertal. Seitengletscher bildeten Hängetäler, aus denen Flüsse heute in einem Wasserfall die Hangstufe ins Haupttal hinunterfallen, z. B. Aira Force ins Ullswater oder Stanley Force ins Eskdale.
Wo die Gletscher auf den Bergen ihren Anfang nahmen, gibt es Kare. Klassisch sind Nethermost Cove und Brown Cove, die von drei steilen Felswänden umgeben sind. In manchen Karen liegt ein kleiner See, wie z.B. der Red Tarn. Alle genannten Kare befinden sich am Helvellyn (950 m).
Die zahlreichen Seen wie Windermere, Thirlmere und Coniston Water mit ihren langgestreckten, schmalen Formen sind Ausschürfungen der Gletscherzungen vor den Endmoränen, die sich später mit Wasser gefüllt haben. Nur durch Gletschertätigkeiten konnte der massive Bowder Stone (südlich des Derwent Water) ins Borrowdale transportiert werden.
Geologisch läßt sich der Lake District in drei Bereiche einteilen, die auch landschaftlich stark kontrastieren.
Im Norden beim Skiddaw (931 m) liegen 500 Mio. Jahre alte Schiefer und Schiefertone aus dem Ordovizium. Diese weichen Gesteine zählen mit zu den ältesten in Europa und verwittern relativ leicht. Heute ist die weiche, gerundete Silhouette mit Heidemoorlandschaften bedeckt.
Im Zentrum um Grasmere mit zahlreichen »tarns« dominiert Borrowdale-Vulkangestein, das sich am Ende der Ordoviziumperiode gebildet hat. Dieses Gestein ist gegen Erosion wesentlich resistenter als der Schiefer im Norden. Daher hat sich eine dramatische Gebirgsszenerie mit spitzen Felszacken, scharfen Graten, Geröllhalden und steilen Talwindungen herausge-

Der »Bowder Stone«, ein riesiger Findling, zeugt von der Kraft der Eiszeiten.

formt. Hier liegen Scafell Pike und Helvellyn sowie weitere 800–900 m hohe Berge. Die 440 Mio. Jahre alten Silurschiefer im Süden sind wieder ein relativ weiches Gestein. In dieser ruhigen, bewaldeten Landschaft liegen Windermere und Coniston Water sowie gerundete Hügel um 300 m Höhe.
Besiedelt wurde der Lake District schon früh in der Bronzezeit. Steinringe wie Castlerigg östich von Keswick sind zu besichtigen, man kann ebenfalls auf Spuren der Römer und der Wikinger (Namen wie »tarn«, »fell«) treffen.

Pflanzen und Tiere

In den Tälern gibt es Wiesen mit Mädesüß und Klatschmohn. Im Juli blühen überall am Wegrand Roter Fingerhut und Weidenröschen. Um Windermere und Coniston stocken in Resten ursprünglicher Wälder Traubeneichen, Birken, »Scots Pine« und Stechpalmen (S. 14). Im Süden sind einige Gebiete mit Nadelbäumen aufgeforstet. In höheren Lagen oberhalb der Baumgrenze kommen atlantische Grasländer (s. S. 16), Heideflächen und kleine Moorbiotope vor. Im Übergangsbereich der Schutt- und

◁ Rydal Water mitten im Lake District.

▽ Roter Fingerhut ist weit verbreitet.

Moosüberwachsener Auwald am Rydal Water.

Geröllfelder ohne Vegetation gibt es arktisch-alpine Pflanzen wie Alpenfrauenmantel und Zwergbirke. Die vielen Bäche und kleinen Flüsse weisen eine typische bachbegleitende Vegetation aus Birken, Weiden, Eschen, Ebereschen und Pestwurz (S. 34) auf. Wegen hoher Niederschläge ist die Farn- und Moosflora sehr ausgeprägt. In den Wälder leben Rehe, Rotwild und Eichhörnchen. Neben den Black-Face-Schafen, die in extensiver Weidewirtschaft gehalten werden, sind in den Heide- und Moorgebieten Steinschmätzer, Ringdrossel (S. 159), Goldregenpfeifer (S. 48) und

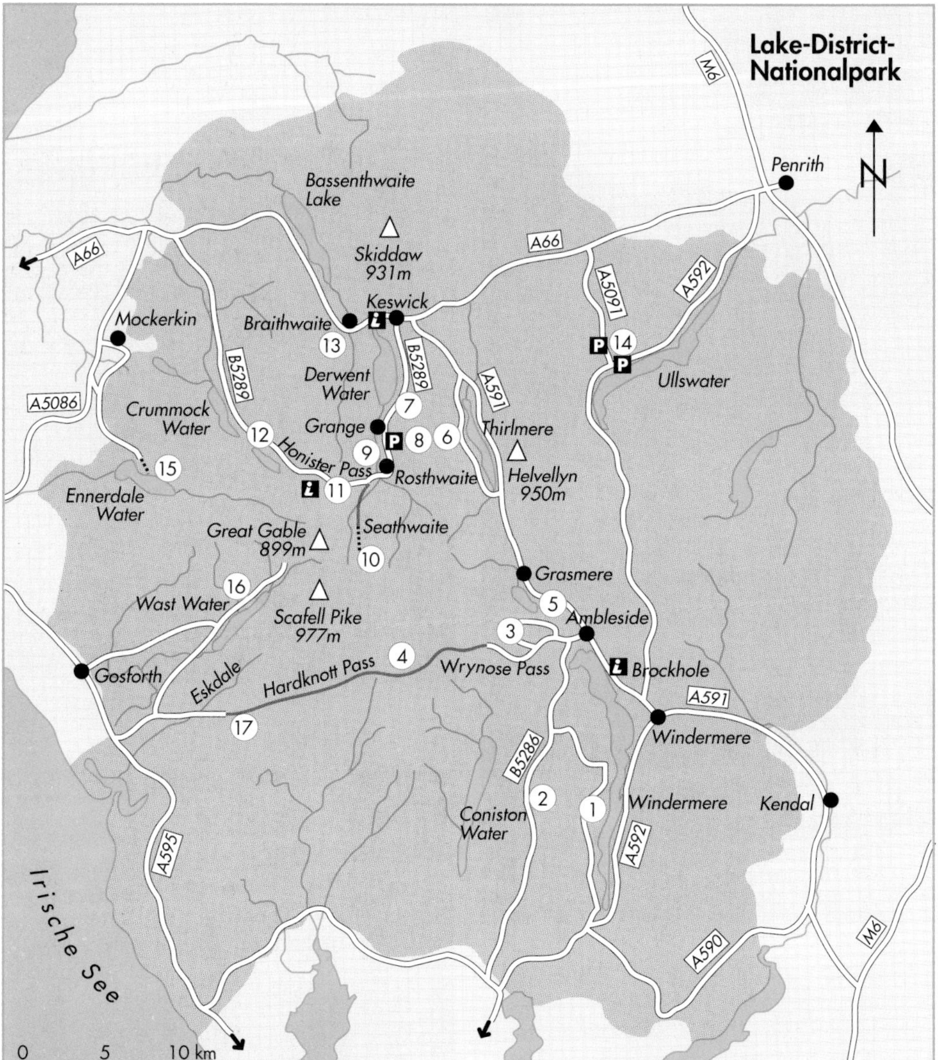

Große Brachvögel (S. 85) heimisch. In den Heidegebiete am Skiddaw Forest gibt es Schottische Moorschneehühner (S. 123), die bejagt werden. Kolkraben, Mäusebussarde (S. 138), Wanderfalken und Merline kann man in der Luft kreisen sehen. Nachdem der Steinadler (S. 61) im 18. Jh. ausgestorben war, kehrte er ab 1969 als Brutvogel wieder zurück.

Auf den grasigen Hängen gibt es einen Mohrenfalter, *Erebia epiphron*, der in Großbritannien sehr selten ist. Seine Raupe ernährt sich von verschiedenen Gräsern.

Auf Seen und kleinen »tarns« schwimmen Enten und Mittelsäger (S. 57). Daneben kommen zwei seltene Weißfischarten vor. Im Haweswater und Ullswater lebt der

»Schelly«, im Derwent Water und Bassenthwaite Lake eine heringsähnliche Kleine Moräne. Im Windermere gibt es aus der Familie der Lachse den Saibling. Als Eiszeitenrelikt lebt im Ennerdale eine Süßwassergarnele, die sich tagsüber in größeren Tiefen aufhält.

Im Gebiet unterwegs

In der Haupturlaubszeit ist der Lake District, besonders die kleinen Städte Windermere, Grasmere, Kendal, Ambleside und Keswick, von Touristen überlaufen. Abseits gibt es aber weniger befahrene, kleine, z.T. einspurige Paßstraßen, die schnell in die Einsamkeit führen, aber nicht mit Caravan befahren werden sollten (Hinweisschilder beachten!). Es bestehen zahlreiche Wandermöglichkeiten. Man benötigt allerdings gutes Kartenmaterial, bei längeren Wanderungen auch einen Kompaß.

Wenn man sich mehrere Tage Zeit läßt, kann man sich die unterschiedlichen Landschaften des Lake District ansehen. Im Süden sollte man am bewaldeten Westufer des **Windermere** ① auf der schmalen B 5284 entlangfahren.

Eine Nebenstraße zweigt von Hawkshead zum Park- und Picknickplatz des aufgeforsteten **Grizedale Forest** ② ab, der zwischen Windermere und Coniston Water liegt. Es gibt ein Visitor und Wildlife Centre, Wege führen zu verschiedenen Beobachtungshütten. Von einer Hütte kann man einen kleinen »tarn« mit Wasservögeln beobachten.

Westlich von Ambleside liegen Langdale und die **Langdale Fells** ③, die die typische Schroffheit des zentralen Lake District repräsentieren.

Wer das Abenteuer der wohl steilsten Pässe in Großbritannien sucht, kann von hier aus (nur mit dem Geländewagen oder kleinem PKW) den **Wrynose Pass** oder **Hard Knott Pass** ④ mit über 30 Prozent Steigung auf einer kaum 4 m breiten Straße versuchen. Die beiden aufeinander folgenden Pässe führen in die zentralen Hochlagen des Lake District. Am Hard Knott Pass gibt es ein römisches Fort.

Das Mädesüß gedeiht auf feuchten, nährstoffreichen Böden.

Zwischen **Rydal Water** und Grasmere liegt **White Moss Common** ⑤, ein bachbegleitendes Feuchtgebiet mit Weichholzaue. Parkmöglichkeit an der A 591.

Thirlmere ⑥ schaut man sich am besten vom Westufer aus an. Bei Armboth ist der See gut zu überblicken. Die sehr schmale Straße führt durch einen Hangwald mit üppiger Moos- und Farnvegetation.

Am **Derwent Water** zweigt von der B 5289 eine einspurige Nebenstraße zur Ashness Bridge, einer kleinen Steinbrücke, ab. Vom Parkplatz geht ein kurzer Fußweg durch den Ashness Wood zu einem Ausblickspunkt ⑦. Bei schönem Wetter hat man ein herrliches Panorama auf den See und Skiddaw.

Südlich von Grange liegt der Bowderstone-Parkplatz. Ein markierter Fußweg (500 m) weist zum **Bowder Stone** ⑧, einem erratischen Block von 2000 Tonnen Masse, der nur durch Gletschertätigkeit an diese Stelle gelangen konnte. Stufen führen auf den Fels.

Vom Parkplatz bei Rosthwaite an der B 5289 gibt es Fußwege nach Grange oder südlich nach **Longwaite** ⑨ durch den Na-

Langdale gehört zum schroffsten Gebiet des Lake District.

tional Trust's Jonny Wood, einem Eichenwald mit reichem Tier- und Pflanzenleben. Eine Wanderkarte ist erforderlich.
Beim Informationszentrum Seatoller geht eine Nebenstraße nach Seathwaite ab. Von hier gibt es einen Fußweg zur **Stockley Bridge** ⑩. Von dort zweigen schwierige, markierte Wege zum Great Gable, Scafell Pike oder zum Styhead Tarn ab. Diese Touren sind nur mit gutem Kartenmaterial und Kompaß zu machen. Bei gutem Wetter trotzdem warme, regendichte Kleidung nicht vergessen!
Über den **Honister Pass** ⑪ gelangt man nach **Buttermere** ⑫ und Crummock Water. Ein Wanderweg umrundet Buttermere. Das Gebirgsmassiv ist rauh mit wenig Vegetation.
Bei **Braithwaite** ⑬ kann man 9,6 km über das »Fjell« nach Buttermere oder Crummock Water wandern. Wanderkarte ist erforderlich.
Von der A 5091 zum Ullswater gelangt man zu einem Parkplatz. Nach kurzer Wanderung erreicht man die **Aira-Force-Wasserfälle** ⑭, wo zahlreiche Moos- und Farnarten auf feuchten Felsen wachsen.
Ennerdale Water ⑮ erreicht man nur von der Westküste aus über die A 595 und weiter auf einer einspurigen Nebenstraße, die an einem Parkplatz endet. 800 m weiter liegt der See.
Der tiefste und entlegenste See im Lake District ist **Wast Water** ⑯, der von kahlen Bergen umgeben wird.
Von der Bahnstation Dalegarth gelangt man durch eine Schlucht auf einem Naturlehrpfad zu den **Stanley Force** ⑰, ein typischer Hängetal-Wasserfall.

Praktische Tips

Anreise

Von der M 1/M 6 nimmt man Ausfahrt 36, um auf der A 591 nach Kendal in den Südteil des Parks zu gelangen. Für den Nordteil biegt man bei Penrith (Ausfahrt 40) ab und fährt über die A 66 nach Keswick. ACHTUNG: Ein Teil der engen Straßen (mit vierstelliger Nummer) ist für Fahrzeu-

Neben dem Roten Fingerhut ist auch das Schmalblättrige ▷ Weidenröschen sehr weit verbreitet.

ge über 2 m Breite (6′ – 6″) gesperrt und meist zusätzlich durch ein blaues Schild »unsuitable for caravans & coaches« gekennzeichnet.

Unterkunft
Hotels und B&B in Keswick, Windermere, Ambleside und anderen Orten im Park. Viele Campingplätze vorhanden. Näheres im Informationszentrum.

Wanderungen
Längere Strecken nur mit Kompaß, gutem Kartenmaterial, warmer Kleidung und Wanderstiefeln gehen. Vorher Wetterbericht beachten: Windermere, Tel. 05394 45151. Es passieren immer wieder aus Leichtsinn und wegen unangemessener Ausrüstung Bergunfälle.
Die Nationalparkverwaltung bietet geführte Wanderungen an. Wanderbeschreibungen in Informationszentren erhältlich.

Beste Reisezeit
Ende Mai bis Anfang Juni oder im September, im Juli/August sehr viele Touristen.

Information
Nationalpark-Informationszentren gibt es in: Brockhole bei Ambleside, Bowness-on-Windermere, Coniston, Glenridding, Hawkshead, Keswick, Pooley Bridge, Seatoller und Waterhead. Geöffnet von Ostern bis Oktober.

Karten
Ordnance Survey, Lake District Tourist Map, 1 : 63 360.
Ordnance Survey Outdoor Leisure, 1 : 25 000, zum Wandern: North East (Ullswater und Haweswater), North West (Ennerdale und Derwent), South West (Wastwater und Coniston) und South East (Windermere und Kendal).

Der Steinschmätzer bewohnt offene Landschaften und sitzt gern auf leicht erhöhten Warten.

Reiherente: Erpel in der Mauser zum Schlichtkleid.

14 Yorkshire-Dales-Nationalpark

Kalkhügelland, weite Täler, Karst, Höhlensysteme und die berühmte, bogenförmige Felsklippe der Malham Cove; kalkliebende, artenreiche Vegetation.

Der Yorkshire-Dales-Nationalpark ist ein 1760 km² großes Kalkhügelland in den zentralen Pennines. Landschaftliche Ähnlichkeiten bestehen zum Peak District (White Peak; s. S. 130), der in den südlichen Pennines liegt. Durch die starke Verkarstung der Landschaft unterscheidet sich der Nationalpark von allen anderen in diesem Buch beschriebenen. Karsterscheinungen treten zwar auch im White Peak, den Mendip Hills und den südlichen Brecon Beacons auf, doch die Yorkshire Dales bieten die geologischen Lehrbuchbeispiele für Großbritannien.

Besonders die weiten, durch Gletschertätigkeit U-förmig gestalteten Täler wie Swaledale, Wensleydale, Littondale und Ribblesdale bestimmen das Landschaftsbild, was schon der Name Yorkshire Dales besagt. »Dale« ist ein altnorwegischer Name für Tal. Die Täler weisen außerdem ein gestuftes Profil auf, da das anstehende härtere Kalkgestein nicht so schnell verwittert und abgetragen worden ist wie die ebenfalls vorkommenden weicheren Sandsteine und Schiefer.

Typisch sind die kilometerlangen Steinmauern, die die grünen saftigen Weiden für Schafwirtschaft untergliedern. Baumgruppen markieren Flußläufe und Trokkentäler oder bilden kleine Wälder um Wasserfälle. Isoliert ragen einzelne Kalksteinklippen des Pennines-Gebirges wie die »Three Peaks« Ingleborough (723 m), Pen-y-Ghent (694 m) oder Whernside (737 m) über Weide- und einzelne Moorflächen empor (weitere Daten zur Geologie der Pennines auf S. 130).

Die Yorkshire Dales weisen weitere Besonderheiten auf. Vor 270–350 Mio. Jahren im Karbon wurden im damaligen tropischen Meer, das diesen Teil Englands bedeckte, hauptsächlich Kalk-, aber auch Sandstein abgelagert. Reste von Korallenriffen finden sich in den konischen Hügeln um Thorpe und Malham. Da die Schmelz-

◁ Zerklüftete Kalkplateaus zählen zu den Charakteristika der Yorkshire Dales.

»The Buttertubs«: Schlucklöcher sind ein Karstphänomen, in dem ganze Flüsse verschwinden können. ▷

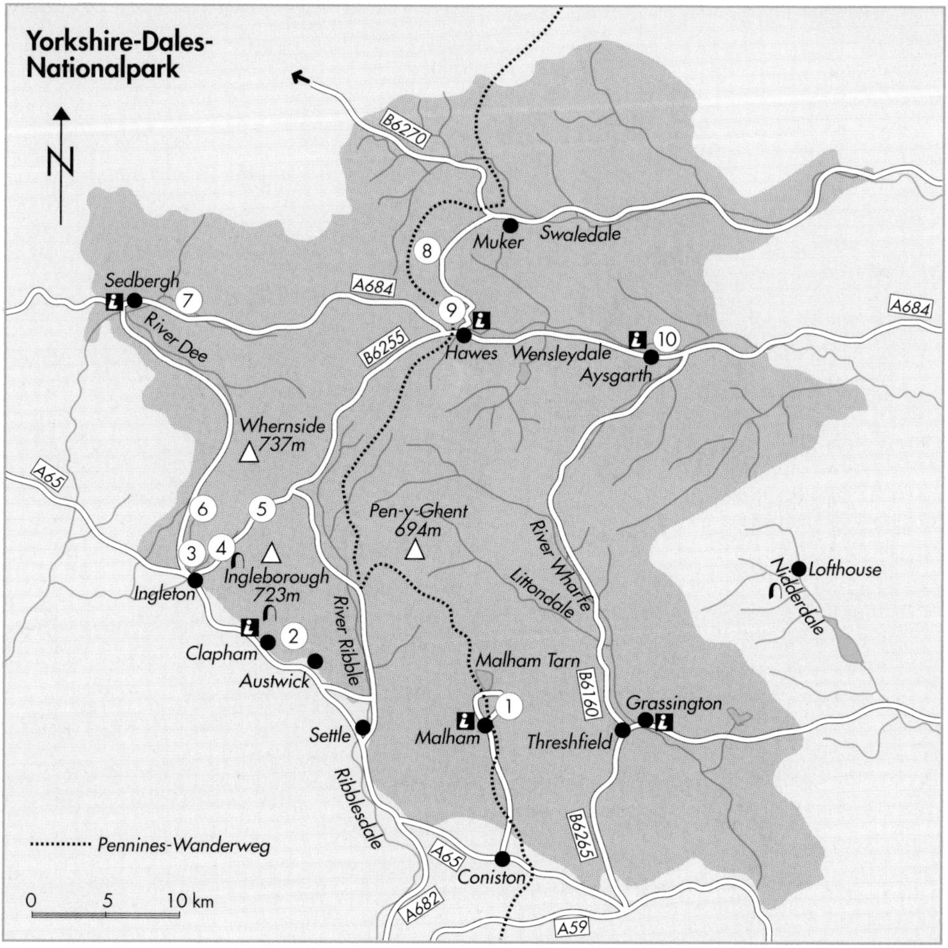

wässer der Eiszeiten im Kalk versickerten, bis sie auf wasserundurchlässige Sandsteinschichten trafen, entstanden große unterirdische Fließwassersysteme und annähernd 50 große Höhlen. Die wassergefüllte Kammer der Gaping Gill am Hang des Ingleborough ist z.B. durch die Fell-Beck-Wasserfälle ausgehöhlt worden. Mit 107 m Tiefe ist sie groß genug, um die St.-Paul's-Kathedrale Londons aufzunehmen. Während der wärmeren Zwischeneiszeiten, als die Gletscher geschmolzen waren, verursachten riesige Wassermengen einen Großteil der heutigen Karstphänomene.

Für die weitere Verwitterung sorgt heute Regenwasser. Kalk trotzt als hartes Gestein mechanischer Verwitterung, ist aber in kohlendioxidhaltigem Regenwasser löslich.
Die heutigen Wasserläufe fließen am Talboden auf wasserundurchlässigem Gestein oder unterirdisch, daher gibt es im oberflächlich anstehenden Kalk nur Trokkentäler. Versickerungsstellen im Kalk nennt man Schlucklöcher. Nach sehr starken Regenfällen können Trockentäler wieder zu Flüssen werden, wenn der Karst darunter vollständig mit Wasser angefüllt

ist. Man sieht auch über Sandsteinschichten in Hängen Wasserfälle entstehen, die sonst trocken sind, z.B. im nassen Sommer von 1993.
Die Gletscher trugen teilweise das Deckgebirge über dem Kalk ab. Es entstanden die vielfach zu beobachtenden pflastersteinartig zusammengesetzten Kalkplateaus. Ferner hinterließen die Gletscher eine Reihe erratischer Blöcke.

Pflanzen und Tiere

Auf nährstoffreichen Kalkböden (s. S. 183) kommen Orchideen, Gewöhnlicher Thymian, Gewöhnliches Katzenpfötchen und Gewöhnlicher Natternkopf dort vor, wo Schafe nicht alles abfressen können. Auf den Plattenkalken und in den Schlucklöchern wachsen Grüner und Schwarzer Streifenfarn, Hirschzunge (S. 133), Starrer Wurmfarn und Lanzenschildfarn, Bärlappe und Moose an den feuchten Wänden der Schlucklöcher. Bachbegleitend finden sich Birken und Weiden in großen Pestwurzbeständen. Buschwindröschen, Waldbingelkraut, Waldsauerklee (S. 137) und Hasenglöckchen bilden die artenreiche Unterwuchsvegetation der Eschen- und Haselnußgehölze, in denen auch Ebereschen und Stechpalmen vorkommen.
An klaren Bächen stoßen Eisvögel nach Fischen. Wasseramseln folgen niedrig fliegend den Bachläufen oder sitzen auf Felsblöcken am Ufer.
In den Yorkshire Dales leben Rotfuchs, Dachs, Wildkaninchen, Feldhase, Baummarder und Mauswiesel (S. 71). Rotwild ist relativ selten. Im Frühling sonnen sich auf den Kalkflächen Kreuzottern (S. 121).

Im Gebiet unterwegs

Charakteristisch für das Gebiet ist Malhamdale mit seinen Karsterscheinungen, besonders die 91 m hohe bogenförmige

Karst

Als Karst bezeichnet man alle Formen, die in löslichen Gesteinen (hauptsächlich im Kalk) durch die Wirkung von Grund- und Oberflächenwasser entstehen. Ein typisches Karstgebiet in Deutschland ist z.B. die Schwäbische Alb; Karst schönster Ausprägung gibt es in Slowenien und Kroatien. Daher ist der Begriff auch nach dem Gebirge »Karst« an der Adriaküste östlich von Triest geprägt worden.
Von den Reisezielen in Großbritannien weisen besonders die Yorkshire Dales sowie der Peak District (s. S. 130), die Mendip Hills (s. S. 180) und der Südteil des Brecon-Beacons-Nationalparks (s. S. 181) Karsterscheinungen auf. Selbst nach ergiebigen Regenfällen versickert hier das Wasser rasch im Boden. In Tälern, die die ehemaligen Schmelzwässer während der Eiszeiten schufen, sucht sich das Wasser heute meist unterirdisch seinen Weg, daher spricht man von Trockentälern. In manchen Tälern verschwindet der Fluß immer wieder in Schlucklöchern und tritt etwas weiter abwärts als Quelle wieder an der Oberfläche aus. Gut zu sehen ist dies beispielsweise im Lathkill-Tal des Peak-District-Nationalpark.
Da Grundwasser den Kalk unterirdisch auflöst, sind ganze Höhlensysteme mit Tropfsteinen entstanden. Tropfsteine sind Gebilde aus Kalziumkarbonat, die durch Verdunsten von tropfendem, kalkreichen Wasser entstehen. Zapfenartig von der Decke herabhängende Stalaktiten wachsen gegen die sich vom Boden erhebenden Stalagmiten.

Klippe der **Malham Cove** ①, die an ein Amphitheather erinnert. Sie liegt an der Craven-Verwerfung, die durch Erdbewegungen während des Karbons entstanden ist. In den Zwischeneiszeiten muß hier ein großer Wasserfall die Klippen heruntergestürzt sein. Heute sieht man nur noch ein Trockental. Hier gedeihen Eschen und Ebereschen (S. 78). Die Klippe wird von einer Kolonie Mehlschwalben bevölkert. Am Fuß der Klippe tritt der unterirdisch fließende River Aire zutage. Bei ganz extremen Niederschlägen kann es ausnahmsweise jedoch, wie zuletzt 1969, zum Regenabfluß durch das Trockental kommen: Der Wasserfall entstand damals erneut und gab den staunenden Besuchern einen kleinen Eindruck von den Zuständen während der Zwischeneiszeiten.

Auf der Malham Cove liegt bloßer Kalkstein. Wassererosion schuf 60–90 cm breite Ritzen und Spalten (sog. Karren), wodurch das Plateau pflastersteinartig zusammengesetzt erscheint. In den Spalten, in denen auch das Regenwasser immer wieder entlangläuft, wachsen z.B. schattenliebende Farngewächse wie Hirschzunge und Gelbe Stiefmütterchen. Von oben hat man einen großartigen Blick auf das Malham-Moor und den Malham Tarn, einem See etwa 1 km hinter Malham Cove. Vorsicht beim Begehen des Kalkplateaus!

Der **Malham Tarn** liegt auf wasserundurchlässigem Silurschiefer und ist ringsum von Kalkstein umgeben. Der See ist sehr nährstoffreich und deshalb ein einzigartiger Biotop für Pflanzen und Tiere. Dies besondere Reservat wird von einer biologischen Station verwaltet. Zugang hat man über die Malham Cove Road, die auf der West-

Der Streifenfarn wächst sogar in engen Kalkspalten.

◁ Malham Cove, ein Amphitheater aus Kalk.

Karstquellen sind die Gegenstücke zu den Schluck- ▷ löchern; hier treten die Bäche wieder zutage.

seite von Malham aufs Plateau führt. Von dieser Straße aus hat man einen hervorragenden Panoramablick auf die Malham Cove.

Die östliche Cove Road führt zur Schlucht des **Gordale Scar** und zu den **Janet's Foss.** Das Auto läßt man am besten auf dem Parkplatz am Nationalparkzentrum, da die engen Straßen kein Parken erlauben. Vom Nationalparkzentrum im Ort Malham führt ein 30-minütiger Wanderweg zur Malham Cove. 45 Minuten benötigt man zu den Janet's Foss, etwa 1 Stunde zur 76 m tiefen Gordale Scar.

Nördlich von Austwick zweigt von der Straße Richtung Horton etwa 500 m links ein Fußpfad nach Clapham ab. Dieser führt nach weiteren 1,5 km durch ein Feld erratischer Blöcke ② aus silurischem Sandstein, die vom Gletscher auf das hier anstehende Kalkgestein transportiert wurden. Die Stelle wird in großmaßstäbigen Karten als »**Norber Moor**« bezeichnet. Man kann dem Weg weiter nach Clapham folgen und von dort einen südlich gelegenen Pfad zurück nach Austwick nehmen.

Am westlichen Ortseingang von Ingleton befindet sich ein Parkplatz, der Ausgangspunkt für einen 6,4 km langen Rundwanderweg **(Ingleton Waterfalls Trail)** ③ zu vier sehenswerten Wasserfällen ist. Je nach Wetter braucht man Bergschuhe oder Gummistiefel mit gutem Profil.

Auf der B 6255 nördlich von Ingleton liegt der Zugang zur **White-Scar-Tropfsteinhöhle** ④. Führungen durch die Höhle zu den unterirdischen Wasserfällen von 10.00 bis 17.30 Uhr. Durch Einlagerungen von Algen und/oder Metallen sind die Kalkformationen unterschiedlich gefärbt.

Etwas weiter nördlich kann man bei **Chapel-le-Dale** ein sehr stark mit Moos bewachsenes Trockental des River Doe ⑤ von der Brücke an der Kapelle aus sehen. Etwa 100 m weiter flußabwärts tritt das Wasser wieder zutage.

Einen guten landschaftlichen Überblick über Wasserfälle, Höhleneingang (White Scar Coves), einen Steinbruch bis hin zum Ingleborough Hill einschließlich einiger Kalkplateaus hat man von der schmalen Straße (für Caravan und breite Wohnmobile nicht zu empfehlen) ins **Kingsdale** ⑥ (Richtung Dent).

Östlich von Sedbergh ist ein geologischer Lehrpfad **(Sedgwick Geological Trail)** ⑦ aus-

Gewöhnlicher Thymian (Blütezeit: Sommer).

Gelbe Stiefmütterchen haben sich ein mit etwas Substrat gefülltes Loch im Kalk erobert.

gewiesen, wo man entlang der Dent-Verwerfung die Schichtenabfolge einschließlich fossilführender Schichten sehen kann. Nördlich von Hawes Richtung Muker kurz hinter der Paßhöhe liegen die berühmten **»buttertubs«** ⑧ rechts und links von der Straße. Es handelt sich um teilweise mehrere Meter durchmessende zwischen- und nacheiszeitliche Schlucklöcher unterschiedlicher Tiefe, die eine interessante Moos, Farn- und Bärlappflora aufweisen. Nordwestlich von Hawes liegt der **Hardraw Force**, ein Wasserfall ⑨. Weiter östlich im Wensleydale liegen die **Wässerfälle von Aysgarth** ⑩, die schon William Turner zu einem impressionistischen Bild stimulierten. Normalerweise durchwatbar, was aber ausdrücklich verboten ist, entwickeln sich die Fälle nach ergiebigen Regengüssen in ein reißendes Wildwasser. Sie stürzen über drei Kaskadensysteme (»lower, middle« und »upper falls«) durch einen Waldstreifen mit ausgeprägter Bodenvegetation.

Die Mehlschwalbe brütet nicht nur an Gebäuden, sondern auch an Felswänden.

Der sehr abwechslungsreiche Yorkshire-Dales-Nationalpark kann einen sehr schnell in den Bann schlagen. Wir empfehlen daher den Interessierten, die weitere Erkundung der Dales mit dem Auto, dem Fahrrad oder zu Fuß selbst vorzunehmen.

Praktische Tips

Anreise
Von der M 1, dann A 1 auf die A 59 von Harrogate nach Skipton oder von der M 1, später M 6 auf die A 65 nach Ingleton.

Unterkunft
Hotels und B&B in den umliegenden Städten; Campingplätze sind vorhanden.

Information
▷ Yorkshire und Humberside Tourist Board, 312 Tadcaster Road, York Y02 2HF, Tel. 0904 707961.
Informationszentren der Nationalparkverwaltung in: Aysgarth Falls, Clapham, Grassington, Hawes, Malham und Sedbergh. Sehr gute Broschüren zu den genannten Zielen erhältlich.

Karten
Official Tourist Map, Yorkshire Dales, 1 : 125 000.
4 Ordnance Survey Blätter, 1 : 25 000.

Ballonfahrten
Ballon-Clubs bieten die Möglichkeit, bei entsprechendem Wetter mit dem Heißluftballon über die Dales zu fahren. Informationen über dieses nicht ganz billige Vergnügen haben die örtlichen Informationszentren.

15 Nationalpark North York Moors

Größte zusammenhängende Heidemoorlandschaft Englands; idyllische Täler, reizvolle Felsenküste; vielfältige Tier- und Pflanzenwelt.

Der Nationalpark ist eine alte Kulturlandschaft mit ausgedehnten Heidemoorplateaus von 1432 km^2 Größe und liegt innerhalb natürlicher topographischer Grenzen eines kompakten Hochlandes von 250 bis 350 m Höhe. Im Süden steigen die flachgipfligen Kalksteinhügel der Tabular Hills sanft an. Sie werden von zahlreichen idyllischen, meist bewaldeten Tälern wie Ryedale, Bilsdale, Farndale oder Rosedale tief zerschnitten. Im Norden liegen die Cleveland Hills, deren Nordabdachung aus unfruchtbarem Sandstein besteht und mit Heidemooren bedeckt ist. Botton Head ist mit 454 m die höchste Erhebung im Park. Im Westen ragen die Hambleton Hills steil aus dem Tiefland, im Nordosten und Osten begrenzt die 40 km lange imposante Steilküste der Nordsee zwischen Saltburn by-the-Sea und Scarborough den Park. Die Klippen sind an manchen Stellen bis 180 m hoch, Boulby Cliff erreicht 213 m Höhe. Sie bilden ein weiteres Biotop der sehr abwechslungsreichen Landschaft. Heidemoore befinden sich hauptsächlich im Inneren des Hochlandes sowie am Nordhang der Cleveland Hills. Sie entstanden, als im Mittelalter die hier stockenden Laubmischwälder abgeholzt wurden. Heute macht die Heide noch 40 Prozent der Parkfläche aus, ist aber trotzdem die größte zusammenhängende Heidemoorfläche in England. Zu ihrer Erhaltung wird Schafweidewirtschaft betrieben. Daneben muß sie regelmäßig im Winter gebrannt werden, um Verbuschung und schließlich Wiederbewaldung zu verhindern. Im Süden bei Pickering, Wykeham und Dalby sind schon 15 Prozent der Fläche mit monotonen Nadelwäldern wieder aufgeforstet worden. Insgesamt gingen in den letzten 30 Jahren etwa 25 Prozent der offenen Heidelandschaft durch landwirtschaftliche und forstwirtschaftliche Nutzung verloren. Klimatisch liegen die North York Moors im Lee der Pennines. Daher fallen nur geringe Niederschläge.

Pflanzen und Tiere

Die Biotopvielfalt des Gebietes spiegelt sich in einer artenreichen Pflanzen- und Tierwelt wider. Die Heidemoore sind dicht mit Besenheide, Glockenheide, Grauheide, Blaubeeren und Preiselbeeren bestanden. In den Höhenlagen geht die Heide in dichte Adlerfarnbestände (S. 76) über. Rundblättriger Sonnentau und an einigen Stellen Langblättriger Sonnentau (S. 41) so-

Die Echte Engelwurz liebt feuchte Böden (Blütezeit: Sommer).

Gesteinsformationen im Bridestone-Heidemoor.

Glockenheide (Blütezeit: Mai bis Juni).

Grauheide (Blütezeit: ab Juni).

Das Gefleckte Knabenkraut ist eine der häufigen Orchideenarten (Blütezeit: ab Mai/Juni).

Die Gelbe Narzisse ist die Urform unserer »Osterglocke« und blüht im zeitigen Frühjahr.

Besenheide blüht erst im Spätsommer und überzieht die Moore mit einem rötlich-violetten Teppich.

Die Kreuzotter bekommt man kaum je zu sehen. Sie ist geschützt und beißt nur, wenn sie gereizt wird.

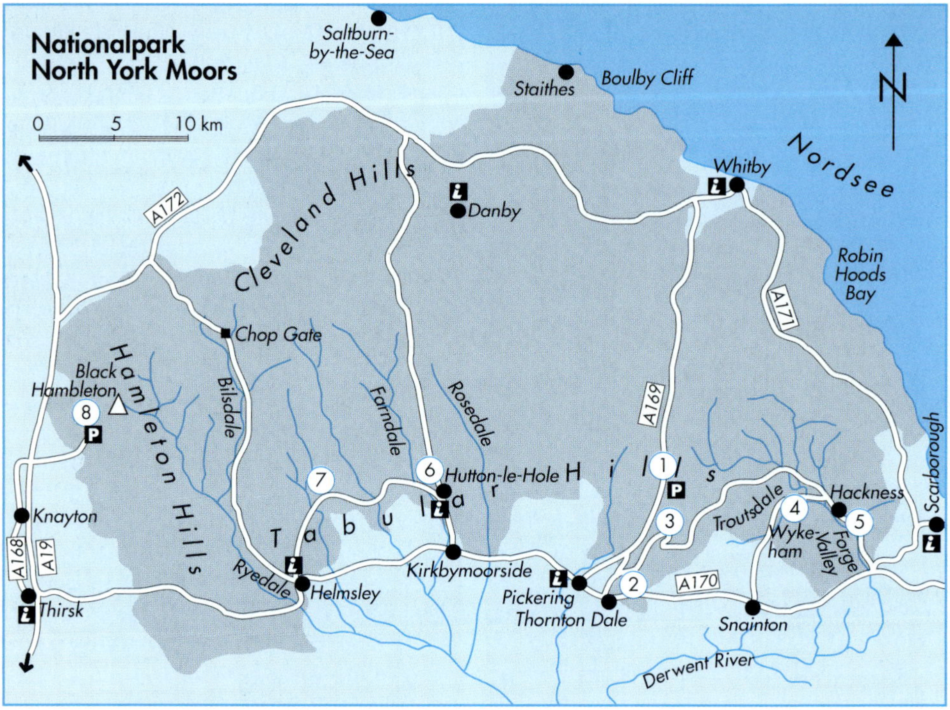

wie Gewöhnliches Fettkraut gedeihen in kleinen Moorgebieten. Hier kommt auch der Gagelstrauch (S. 141) vor. Offene Wasserflächen sind manchmal mit Fieberklee (S. 80) bedeckt.
In den Tälern gibt es Reste ursprünglicher Laubmischwälder mit Eichen, Birken, Eschen und reichem Unterwuchs wie z.B. Buschwindröschen, Geflecktem Aronstab (S. 133) und Hasenglöckchen (S. 134). Berühmt ist das Farndale für sein Vorkommen von Gelben Narzissen als erste Frühlingsboten. Auf den Kalkflächen im Süden wachsen Mehlprimeln, Europäische Trollblumen und Orchideen.
An Felsklippen im Osten gedeihen typische Strandgräser, Strandflieder (S. 71) und Grasnelken (S. 90). Im Frühjahr blühen Stengellose Schlüsselblumen. Die schmalen Felssimse bieten Seevögeln zwischen April und Juli Brutstätten (s. Bempton Cliffs, S. 124).

Der wichtigste Biotop des Nationalparks sind die offenen Heideflächen. Sie gelten als das beste »Grouse«-Gebiet (= Schottisches Moorschneehuhn) in Großbritannien. Die Jagd auf diese Vögel ist eine wichtige Einnahmequelle und fördert damit auch die Erhaltung der Heidelandschaft. Ferner sind Goldregenpfeifer (S. 48), Große Brachvögel (S. 85), Wiesenpieper (S. 147) und Merline heimisch.
Die einzig giftige Schlange in Großbritannien, die Kreuzotter, ist hier zwar häufig, aber sehr scheu. Meist verschwindet sie schon in der Heide, bevor man sie entdeckt.
In den Laubwäldern der Täler leben an Säugern Rotfuchs, Dachs, Wildkaninchen, Reh, Damhirsch und Rothirsch. Bei einer Waldwanderung sieht man schon einmal Eichhörnchen einen Baumstamm hochklettern oder neugierig auf einen herabblicken.

Im Gebiet unterwegs

80 Prozent des Nationalparks befinden sich in Privatbesitz. Wenn man sich jedoch an das Wegerecht (public footpath) hält, hat man unbeschränkten Zutritt.
Am **Hole of Horcum** ① (Parkplatz an der A 169) bietet sich das Panorama eines natürlich ausgeweiteten Tals, das während der Eiszeiten durch Schmelzwasser-Erosion im Kalkgestein entstanden und heute mit Heidemoor bedeckt ist. Hier gibt es zahlreiche Wandermöglichkeiten.
Am »Fox and Rabbit Inn« (A 169) zweigt eine Straße Richtung Thornton ab. Nach wenigen Kilometern erreicht man die **Dalby Forest Road** ② (Mautstraße, von 21.00–7.00 Uhr geschlossen). Die Straße ist etwa 28 km lang und wird von Mädesüß, Rotem Fingerhut und Geflecktem Knabenkraut gesäumt. Von zahlreichen Parkplätzen gehen Wanderwege durch Nadelwald, Heidemoor oder zu Aussichtspunkten wie Crosscliff Viewpoint.
Vom Staindale-Lake-Parkplatz oberhalb des Sees führt ein Rundwanderweg durch das **Bridestone-Heidemoor** ③. Hier gibt es durch Verwitterung des Kalkgesteins entstandene eindrucksvolle Felsformationen. Ein gleichartiger Kalkfelsen liegt auch in einem Waldgebiet an der Forststraße. Dieser »adder stone« (Kreuzotterstein) deutet auf das Kreuzottervorkommen hin. Am Ende der Dalby Forest Road wendet man sich Richtung Langdale End und weiter nach Hackness.
Vor Hackness kann man rechts ins **Troutsdale** ④ entlang des mit Nadelbäumen bestockten Wykeham Forest abbiegen. In Hackness rechts ab lohnt auch ein Abstecher ins **Forge Valley** ⑤, das mit Resten des ursprünglichen Waldes aus Eichen, Buchen und Eschen bestockt ist.
In **Hutton-le-Hole** ⑥ informiert das Ryedale-Folk-Museum über die Moorbauern.
Von Helmsley (A 170) in Richtung Carlton empfehlen wir die schmale Abzweigung direkt in die offene Heidemoorlandschaft

Das Schottische Moorschneehuhn ist der Lieblingsvogel der Jäger und Falkner.

⑦ mit Wandermöglichkeiten querfeldein.
Im Westen gelangt man von der A 168 auf Nebenstraßen nach Nether und Over Silton ⑧. Vom Parkplatz, der versteckt im Wald liegt, gehen mehrere Wanderwege ab. Ein 6,4 km langer Weg führt zum Gipfel des Black Hambleton.
Der Fuß der Felsküste ist nur über steile und enge, im Sommer überfüllte Straßen zu den kleinen Fischerdörfern Staithes und Robin Hood's Bay zu erreichen.

Praktische Tips

Anreise
Über die M 1/A 1 von London, Ausfahrt bei Thirsk auf die A 170. Umfahren kann man den Park auf der A 170 im Süden, A 171 im Osten, A 172 im Norden.

Unterkunft
Hotels und B&B in den umliegenden Orten des Parks und auf einzelnen Farmen, z.B. bei Pickering, Kirkbymooreside, Helmsley und Whitby. Im Informationszentrum Danby gibt es eine Liste der Unterkünfte und Campingmöglichkeiten.

Informationen
Informationszentren sind in Danby, Whitby, Thirsk, Helmsley, Hutton-le-Hole, Pickering, Scarborough und Sutton Bank.

16 Bempton Cliffs und Farne Islands

122 m hohe Kreideklippen der Bempton Cliffs, die größte Seevogelkolonie Englands und die einzige auf dem Festland gelegene Baßtölpelkolonie; Farne Islands mit Seeschwalben (4 Arten) und Kegelrobben.

Die Ostküste Englands ist durch tief ins Land eindringende Buchten wie »The Wash« (s. S. 176) oder die trichterförmig ins Meer führende Flußmündung des »Humber River« sehr vielgestaltig. Flachküstenbereiche mit Sandwatt bei Ebbe als Nahrungsreservoir für viele Watvögel wechseln mit Steilküsten oder landwirtschaftlich intensiv genutzten Marschen ab. Zahlreiche Kleinflächen sind als RSPB-Reservate, insbesondere zum Schutz von Watvögeln ausgewiesen. Die interessantesten Reiseziele sind jedoch die Bempton Cliffs bei Kingston-Upon-Hull und die Farne Islands vor der Küste bei Bamburgh.

Die **Bempton Cliffs**, Gesteinsschichten aus der Kreidezeit (vor 140 bis 100 Mio. Jahren), fallen zwischen Flamborough Head und Speeton auf 8 km Länge abrupt ins Meer und bilden 122 m hohe, weiß leuchtende Klippen mit zahlreichen Simsen und Kanten. Seevögel finden hier zwischen April und Juli ideale Brutmöglichkeiten. Die Bempton Cliffs beherbergen mit über 80 000 Paaren die größte und zugleich die einzige Seevogelkolonie auf dem englischen Festland. Sie ist sehr bequem zu erreichen. 4 km dieser grandiosen Küstenlandschaft wurden zwischen 1969 und 1972 von der RSPB gekauft.

Die **Farne Islands**, 3–6 km vor der Küste Northumberlands gelegen, bestehen aus 15 bis 28 felsigen Inseln (je nach Tidenstand). Der etwa 1,6 km große Staple Sund trennt die Inneren (hauptsächlich Inner Farne) und Äußeren Farne Islands (Brownsman, South und North Wamses sowie Longstone). Sie sind Eigentum des National Trust.

Geologisch bestehen sie aus hartem Ergußgestein, Dolerit, einem Säulenbasalt. Die Gesteinsschichten verlaufen von Südwest nach Nordost, wobei 21–24 m hohe Klippen im Süden und Westen der Inseln ausgebildet sind. Große Vogelkolonien findet man insbesondere auf der 6,7 ha großen Inner Farne, auf Brownsman und Staple Island.

◁ Kegelrobben sind an britischen Küsten die häufigsten Meeressäuger.

Die imposanten Klippen von Bempton sind 122 m hoch. ▷ Die Sonne beleuchtet sie nur ganz früh morgens.

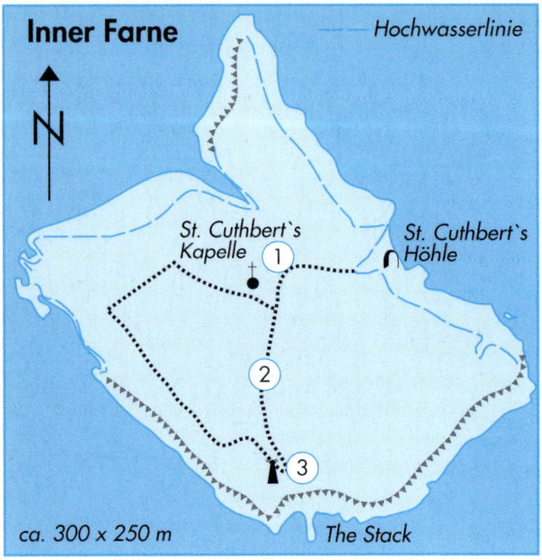

Pflanzen und Tiere

An den **Bempton Cliffs** reichen gedüngte Weiden bis kurz vor den Klippenabhang. Im schmalen Streifen entlang des Küstenweges findet sich eine typische kalkliebende Pflanzenwelt (s. S. 183) mit Gräsern, Roten Lichtnelken (S. 166) und Orchideenarten wie der Pyramidenorchis. Verbreitet sind Skabiosen und Wiesensauerampfer.
8 Seevogelarten kommen vor: Dreizehenmöwen 60 000–80 000 Paare (S. 29), Trottellummen 12 000–16 000 Paare, Tordalken 3000 Paare (S. 28), Papageitaucher 3000 Paare (S. 167), Eissturmvögel 800 Paare, Krähenscharben nur 20 Paare, Lachmöwen und Baßtölpel (S. 31). 1920 begannen die ersten Baßtölpel hier zu nisten, 1969 brüteten 21 Paare, seitdem wächst die Kolonie ständig, 1988 waren es schon 810 Paare. Daneben gibt es noch einen Junggesellenclub von Baßtölpeln bis zum 5. Lebensjahr, die sich schon an der Küste aufhalten, aber noch nicht brutbereit sind.
An den Klippen nisten Wanderfalken. Draußen auf dem Meer können gelegentlich Schwarzschnabel-Sturmtaucher und Skuas (S. 87) beobachtet werden; Kegelrobben schwimmen entlang der Küste.

Auf dem Klippenweg trifft man Dohlen, Felsentauben, Stare, Strandpieper und besonders Wiesenpieper (S. 147) sowie das Rotsternige Blaukehlchen. Schmetterlinge wie Admiral, Ochsenauge, Hauhechelbläuling und Feuerfalter fliegen von Blüte zu Blüte.
Die **Farne Islands** sind baumlos und weisen eine spärliche Vegetation auf; meist steht nur nackter Fels an. Neben verschiedenen Gräsern gibt es Gewöhnliche Grasnelken (S. 90), Strandflieder (S. 71), Strandmilchkraut und besonders auf Inner Farne Gänsefingerkraut. Interessant ist das Vorkommen eines Rauhblattgewächses, *Amsinckia intermedia,* eine Pflanze, die in Kalifornien wächst und hier eingeführt worden ist.
Auf den Inseln kommen 15 Brutvogelarten vor (Zählungen 1983): Dreizehenmöwen (4 000 Paare), Silbermöwen, Heringsmöwen, Trottellummen, Tordalken, Krähenscharben (500 Paare, über die Hälfte auf

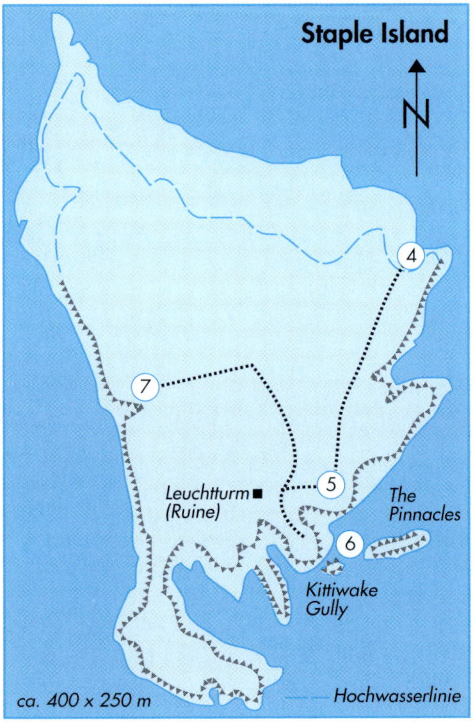

Staple Island), Kormorane (250 Paare), Eissturmvögel (100 Paare), Gryllteisten (sehr selten) und Papageitaucher (15 000 Paare). Letztere sind die häufigste Vogelart auf den Farne Islands. In nassen Jahren werden ihre Nesthöhlen allerdings überflutet, was hohe Verluste zur Folge hat. Eiderenten (1000–1 500 Paare) kommen hauptsächlich auf Inner Farne vor, ihrem südlichsten Brutplatz in Großbritannien und Irland.
Die auffallendsten Vögel der Farne Islands, die besonders auf Inner Farne und Brownsman brüten, sind 4 Seeschwalbenarten: Küstenseeschwalben (4000 Paare), Flußseeschwalben (150–250 Paare), Brandseeschwalben (2000–3000 Paare) und die seltenen Rosenseeschwalben (nur noch etwa 20 Paare). Die eleganten Seeschwalben kann man auf dem Meer fischend beobachten. Ein markierter Weg führt auf Inner Farne durch die Brutkolonie. Wenn die Seeschwalben kleine Jungen haben, sind sie sehr aggressiv und machen auch dann Scheinangriffe, wenn man sich auf den markierten Wegen befindet. Seeschwalben halten sich nur während der Brutzeit hier auf; zum Überwintern fliegen sie bis an die Küsten Afrikas.
Als weitere Brutvögel sind Austernfischer, Brandgans (S.174),Grünfüßiges Teichhuhn, Kiebitz, Rotschenkel, Mantelmöwe, Sturmmöwe, Wiesenpieper, Strandpieper, Schwarzkehlchen, Trauerbachstelze, Dohle, Steinschmätzer (S.111) und Sandregenpfeifer (S. 23) zu nennen.

Brandseeschwalben haben eine Kolonie auf Inner Farne.

Im Gebiet unterwegs

Bempton Cliffs: Am Parkplatz oben an den Klippen steht eine Informationshütte der RSPB mit einer kleinen Ausstellung. Von hier aus führt ein Klippenpfad entlang der grandiosen Küstenlandschaft. Der Pfad darf nicht verlassen werden, da die Klippen sehr gefährlich sind. Von fünf ausgebauten Beobachtungsplattformen, die über die Klippen ragen, hat man einen Blick in die 30–50 m entfernten Nester. Die Bempton Cliffs sind besonders interessant, um den Landeanflug der Vögel auf ihre Nester zu beobachten und zu fotografieren. Da die Klippen nordorientiert sind, herrscht nur frühmorgens bis etwa eine Stunde nach Sonnenaufgang gutes Fotolicht.
Farne Islands: Die meisten Touren werden nach Inner Farne angeboten. Diese Insel liegt am nächsten zum Festland und ist mit ihrem Leuchtturm von dort auch schon zu sehen.

Eiderenten waren begehrte Lieferanten für Dunenfedern.

»The Pinnacles« ein berühmter Brutplatz der Trottellummen auf Staple Island.

Inner Farne: Man kann sich 1 Stunde auf den markierten Wegen aufhalten. Nicht weit vom Landesteg gibt es ein kleines Informationszentrum ①. Im flachen Grasland im Innern der Insel ② brüten verschiedene Seeschwalbenarten, hauptsächlich Flußseeschwalben und Küstenseeschwalben, daneben Eiderenten. Im Süden befindet sich die höchste Stelle der Insel, eine 21 m hohe Felsnadel mit Brutplätzen von

Die Pyramidenorchis liebt trockene Böden. Kleinschmetterlinge wie das Blutströpfchen besuchen die Blüten.

Die Küstenseeschwalbe fliegt mit einem kleinen Sandaal zum Nest.

Dreizehenmöwen, Trottellummen und Tordalken. In der Nähe des Leuchtturms ③ am »Stack« stehen häufig Papageitaucher mit Nahrung im Schnabel und sind bei ihren An- und Abflügen aus nächster Nähe zu beobachten. Hier ist die beste Fotografiermöglichkeit für Papageitaucher, Trottellummen, Tordalken und Krähenscharben.
Staple Island: Man kann vom 15. Mai bis zum Juli nur mit den Morgenfahrten und bei nicht zu starkem Seegang landen, daher sollte man sich rechtzeitig am Hafen erkundigen. Vom traditionellen Anlegeplatz ④ geht man Richtung »The Pinnacles« ⑤. Bei den Nachmittagsfahrten tuckert man langsam an diesen berühmten 15–18 m hohen Felsnadeln vorbei. Allerdings schaukelt das Boot meist so stark, daß man kaum fotografieren kann. Heute (1993) bestehen nur noch 3 Stacks, an denen Dreizehenmöwen, Kormorane und Krähenscharben nisten; Tordalken und Trottellummen brüten mehr oben auf dem flachen Plateau. Am »Kittiwake Gully« ⑥ brüten Dreizehenmöwen und Krähenscharben. Weiter westlich befindet sich eine zerstörte Papageitaucherkolonie. Von der Westseite ⑦ blickt man auf die Inneren Farne Islands.
Brownsman: Die südöstliche Klippe kann man nur vom Boot aus sehen, da keine Landung möglich ist.
Wamses: Die Bootstour führt auch an der Kegelrobbenkolonie vorbei, die seit etwa 800 Jahren besteht und zu einer der bedeutensten Kolonien der Welt zählt. Im November bringen die Robben auf North und South Wamses ihre Jungen zur Welt.

Praktische Tips

Anreise

Bempton Cliffs: Von London die A 1 bis Doncaster, weiter die M 18 und M 62 bis Kingston-Upon-Hull, von hier die E 165 nach Bridlington und weiter nach Flamborough; auf der B 1229 zwischen Flamborough und Filey liegt Bempton.
Farne Islands: Über die A 1 von London Richtung Edinburgh über Leeds, Newcastle bis Belford. Von hier nach Osten Richtung Bamburgh, dann die B 1340 durch eine Küsten- und Dünenlandschaft nach Seahouses.

Bootstouren

In Seahouses bieten am Hafen mehrere Bootseigner tägliche Inselfahrten z.T. mit Landemöglichkeiten an. Dauer etwa 2,5–3 Stunden mit 45–60 Minuten Inselaufenthalt. Neben den Fährkosten ist auf der Insel noch eine Landungsgebühr an den National Trust zu entrichten.
Abfahrten täglich von Ostern bis Oktober, sofern das Wetter es ermöglicht. Während der Brutzeit (15. Mai bis Juli) ist der Zugang beschränkt. Staple Island kann nur morgens, Inner Farne nur am frühen Nachmittag besucht werden. Außerhalb der Brutzeit sind beide Inseln von 10.00 Uhr bis 18.00 Uhr zugänglich. Es können spezielle Absprachen zum Abholen mit dem Bootsfahrer getroffen werden.

Unterkunft

Bempton Cliffs: B&B in Filey oder in Bridlington.
Farne Islands: Hotels, B&B und einen Campingplatz gibt es in Seahouses.

Beste Reisezeit

Brutsaison der Seevögel zwischen April und Juli; in den übrigen Monaten trifft man keine Seevögel an den Klippen an.
Im Juli haben die Seeschwalben auf den Farne Islands große Junge.

Blick in die Umgebung

Eine Dünen- und Strandwanderung entlang der **Budle Bay** bei Bamburgh oder zur Insel **Holy Island** lohnen sich wegen der reichen Watvogelvorkommen. Der Nationalpark North York Moors (s. S.119) und die Cheviot Hills mit dem Northumberland-Nationalpark (s. S.175) sind von hier schnell zu erreichen.

17 Peak-District-Nationalpark

Kalksteinplateau des White Peak mit herrlichen Laubwäldern und artenreichem Bodenwuchs; Tropfsteinhöhlen und Kalkschluchten; Deckenmoore des Dark Peak.

Der älteste Nationalpark Englands wurde im April 1951 in den südlichen Pennines eingerichtet. Seine Größe beträgt 1403km². Die Bezeichnung Peak District erscheint mißverständlich, denn man sucht vergeblich nach isoliert stehenden Berggipfeln, den »peaks«. Der Begriff leitet sich vom angelsächsischen »peac« ab, was lediglich Kuppe oder Hügel bedeutet. Die Landschaft ist weit, sanft gewellt und keineswegs eine alpenähnliche Bergregion. Erhebungen sind nur Reste früherer Korallenriffe wie Thorpe Cloud und einige Sandsteinfelsen im Dark Peak.

Die bis 893 m Höhe ansteigenden Pennines bilden das Rückgrat Mittel- und Nordenglands . Der kaledonische Sockel ist überwiegend von karbonischen Sedimenten (350 bis 270 Mio. Jahre) aus Sandsteinen (hauptsächlich Millstone Grit), Kalksteinen und Tonschiefer überlagert. Je nachdem, ob Kalk- oder Sandstein im Untergrund vorherrscht, weist die Landschaft verschiedene Oberflächenformen auf. Im Süden der Pennines, im Peak-District-Nationalpark, unterscheidet man daher je nach Vorkommen und Färbung des vorherrschenden Gesteins White Peak oder Dark Peak.

Der **White Peak** besteht aus einem zerklüfteten Kalksteinplateau von etwa 305 m Höhe und liegt im südlichen sowie zentra-

Winnats Pass liegt im White Peak, also im Kalkgebiet.

»The Roaches«, Felsformationen aus Sandstein, liegen im Dark Peak.

len Bereich des Nationalparks. Charakteristisch sind die von Trockensteinmauern (s. S. 150) eingefaßten Weiden. Neben weiten, fruchtbaren Ebenen mit saftigen Wiesen für Milchviehhaltung gibt es bewaldete Täler, darunter Lathkill, Dove Dale und Monsal Dale mit tiefen Schluchten, die das Plateau zerschneiden. Das vorherrschende Kalkgestein zeigt typische Verkarstungsformen. Täler wie der Winnats Pass, eine typische Gorge, oder Cave Dale bei Castleton sind Trockentäler; das Wasser versickert im Kalkgestein. Einige Flüsse wie Manifold, Lathkill und Hamps verschwinden in sogenannten Schlucklöchern, fließen unterirdisch weiter und treten einige Kilometer weiter als Quellen wieder aus dem Erdboden. Zahlreiche Tropfsteinhöhlen, z.B. Peak Cavern, Blue John oder Treak Cliff bei Castleton, sind ebenfalls typisch für White Peak.

Der Sandstein des **Dark Peak** umgibt den Kalkstein des White Peak im Norden und an der West- und Ostflanke. Der landschaftliche Kontrast ist besonders an den Grenzflächen zwischen White und Dark Peak eindrucksvoll. Hier wirkt Dark Peak schroff, wild, mit steilen Felswänden und spitzen Felsgraten. Auf dem Sandsteinplateau im Norden des Parks kommen weite, sumpfige, feuchte Moor- und Heidegebiete vor. Nebel und Regen lassen die einsame Landschaft um Bleaklow und Black Hill düster und ungemütlich erscheinen. Als höchster Gipfel erhebt sich aus der sumpfigen Hochfläche der 635 m hohe Kinder Scout. An den Flanken bildet der Dark Peak eindrucksvolle Felsformationen aus Sandstein mit steilen, gezackten Felsspitzen: im Westen The Roaches, Hen Cloud, Ramshaw Rocks und der 505 m hohe Shuttlingsloe; im Osten die Felstürme der Crow Stones, Cat Clough und Cakes of Bread, die sich aus dem englischen Tiefland erheben.

Zahlreiche Wanderer, Felskletterer und Höhlengänger aus den nahen Ballungszentren Manchester, Sheffield, Chesterfield und Derby bringen erhebliche Naturschutzprobleme mit sich. Gab es in

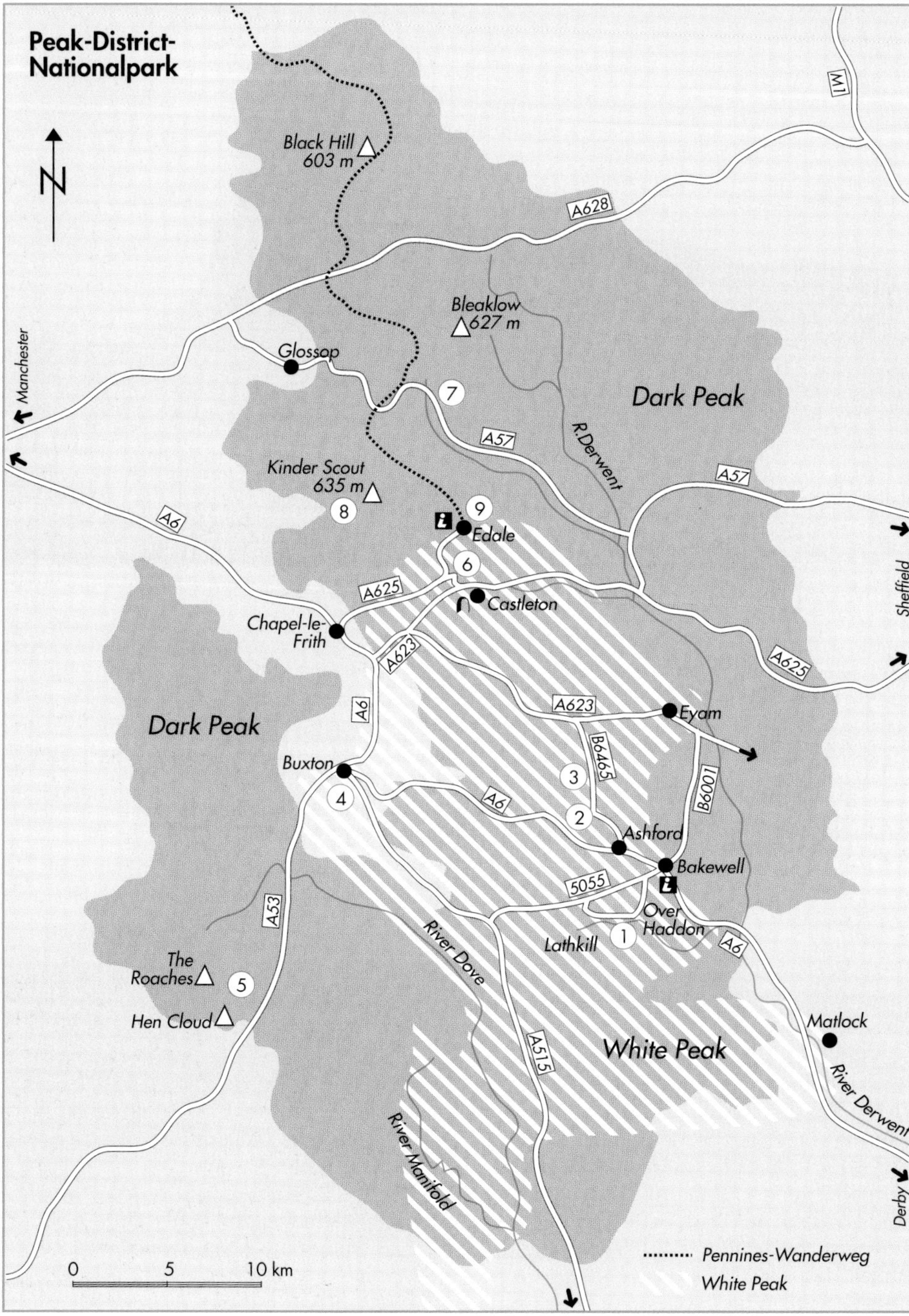
Peak-District-Nationalpark
N
Black Hill 603 m
Bleaklow 627 m
Glossop
Manchester
Dark Peak
R.Derwent
A628
M1
A57
A57
7
Kinder Scout 635 m
8
9
Edale
A6
6
A625
Castleton
Chapel-le-Frith
A623
A623
Sheffield
A625
Eyam
Dark Peak
A6
B6465
B6001
3
Buxton
4
A6
2
Ashford
Bakewell
5055
Over Haddon
1
Lathkill
A6
A53
River Dove
The Roaches
5
Hen Cloud
Matlock
A515
White Peak
River Derwent
River Manifold
Derby
0 5 10 km
Pennines-Wanderweg
White Peak

früheren Zeiten Bleiminen, so liegen die Wirtschaftsinteressen heute im Kalkabbau für Zementherstellung und im Abbau von Flußspat. Das Geschick der Parkverwaltung, diese Schwierigkeiten zu meistern, ist 1965 mit der Verleihung des ersten europäischen Naturschutzdiploms des Europarates anerkannt worden.

Pflanzen und Tiere

Die sauren, baumlosen Deckenmoore des Dark Peak weisen typische Moorvegetation mit Besenheide (S. 121), Blaubeeren, Adlerfarn (S. 76) und Breitblättrigem Wollgras auf.
Auf den Kalkflächen des White Peak gibt es eine reichhaltige Pflanzenwelt (s. S. 183).
In den Schluchten konnten sich noch die ursprünglichen Eschen- und Eibenwälder in Resten erhalten. Im Tal des Lathkill kommen die schönsten Eschenwälder des Landes vor. Am Waldrand steht Ende Mai/Anfang Juni der Eingriffelige Weißdorn in Blüte. Auf fruchtbarem Boden bildet sich eine artenreiche Bodenvegetation mit Bärlauch, Goldnessel, Maiglöckchen, Breitblättriger Glockenblume, der unscheinbaren Vogelnestwurz (Orchidee), Seidelbast und Waldgelbstern. An lichten Stellen gedeihen Gelbes Stiefmütterchen (S. 118), Gewöhnliches Sonnenröschen oder die Braunrote Stendelwurz.
Der Charaktervogel des Moors um Bleaklow und Black Hill ist das Schottische Moorschneehuhn (S. 123), dessen Jagdsaison im August beginnt. Daneben brüten Goldregenpfeifer (S. 48), Große Brachvögel (S. 85) und Kiebitze.
In Tälern leben an klaren Bächen Wasseramsel, Eisvogel und Gebirgsstelze (S. 21).
Die hohen Felsspitzen bewohnen Ringdrosseln (S. 159).
Fast alle auf den Britischen Inseln lebenden Säuger kommen vor. Sie sind aber sehr heimlich und daher schwer zu beobachten.

Die Hirschzunge, hier zusammen mit Tüpfel- und Streifenfarn.

In den höheren Lagen ist das kühlere Klima schon so ausgeprägt, daß Schneehasen und Moltebeeren hier ihre südliche Verbreitungsgrenze aufweisen. Der ursprünglich nur in den schottischen Highlands lebende Schneehase wurde in den Pennines eingebürgert.

Im Gebiet unterwegs

Der Peak-District-Nationalpark bietet viele Möglichkeiten zum Wandern, Reiten, Trekken, Klettern, Angeln, Radfahren und Höhlenwandern. Informationen erhält man in Blakewell und Edale. Es werden daher nur ein paar ausgewählte Ziele vorgestellt.

Der Gefleckte Aronstab heißt im englischen »Lords-and-Ladies«.

Das Hasenglöckchen kommt teilweise in großen Beständen vor (Blütezeit: Frühjahr).

Biegt man von Blakewell nach **Over Haddon**, kann man vom Parkplatz im Ort (am Craft Centre rechts, dann zu Fuß die steile Sackgasse hinunter) das Lathkill-Tal ① auf einem Pfad durch einen herrlichen Eschenwald entlangwandern. Im Sommer blüht das Schmalblütige Weidenröschen (S. 111) bestandbildend. Beachten Sie die Schlucklöcher und Quellen des Lathkill. Von Ashford in the Water zweigt man auf die B 6465 ab und hat am Monsal-Head-Hotel einen Panoramablick über das **Monsal-Tal** ②. Weiter entlang des idyllischen **Cressbrook Dale** ③ windet sich die Straße steil hinauf durch einen Schluchtwald. Die Baumschicht bilden Buchen, Bergahorn, Winterlinden und Eschen. Im Unterwuchs gedeihen Rote Lichtnelke, Große Sternmiere, Hasenglöckchen, Waldmeister, Bärlauch, Kleinblütiges Springkraut, Lauchhederich und Einblütiges Perlgras. Vom Frühjahr bis zum Herbst wächst der Schuppige Porling auf lebenden oder toten Laubbäumen. Oben im Tal an einer Spitzkehre gibt es eine einzige Parkmöglichkeit.

Im Süden Buxtons liegt die **Poole's Cavern** ④ (täglich von 10.00–17.00 Uhr geöffnet; im April, Mai und Oktober mittwochs geschlossen). Eine 40-minütige Besichtigungstour führt durch die Tropfsteinhöhle, deren Temperatur konstant 9°C beträgt. Hier gibt es einen besonders großen Stalaktiten von 1,5 m Länge.

Nicht weit von Buxton entfernt, sieht man von der A 53 bei Upper Hulme die imposanten Sandsteinfelsen **Hen Cloud** und **The Roaches** ⑤, die sich über das Moor erheben. Biegt man rechts nach Upper Hulme und fährt dann links an einem Industriegelände vorbei, gelangt man zu The Roaches. Es bietet sich ein wunderschöner Blick in die Umgebung.

Die B 6061 führt durch die Kalksteinschlucht des **Winnats Pass** ⑥. Hier und um Castleton liegen mehrere Tropfsteinhöhlen. Besuchen kann man zu Fuß die Blue John und Treak Cliff Cavern oder auf einer 45-minütigen Bootsfahrt eine aus dem 18. Jh. stammende Bleimine, die Speedwell Cavern. In den Höhlen um Castleton kommt der seltene Blue John vor, ein Mineral, das heute noch im Winter (nach der Touristensaison) abgebaut wird.

Die Moltebeere ist eine arktisch-alpine Art. Reif ist die Beere gelb-orange gefärbt.

Bärlauch in solchen Mengen kann man riechen; der Wald ist also garantiert vampirfrei (Blütezeit: Mai).

Die A 57 durchquert die baumlosen Moore ⑦ des **Dark Peak**. Südwestlich der Straße blickt man auf den Gipfel des **Kinder Scout** ⑧. Die Moore bilden eine einsame, weite Landschaft. Oft tritt nackter, dunkler Fels zutage. Außer an ein paar Tagen im August (während der Moorschneehuhnjagd) und bei Feuergefahr kann man die Moore überall durchstreifen. Wanderer müssen sich auf rasche Wetterwechsel mit viel Regen und starkem Wind einstellen. Im Regen sind manche Moorbereiche sehr sumpfig; die baumlose Landschaft bietet bei einem Schlechtwettereinbruch keinen Schutz. Der **Pennines-Wanderweg** erstreckt sich fast über die gesamte Länge der Bergkette. Die meisten Wanderungen beginnen bei Edale ⑨ und enden in Kirk Yetholm. Gute Vorbereitung und gutes Kartenmaterial sind Bedingung. Informationen in Edale.

Praktische Tips

Anreise
Hauptstraßen des Parks sind: A 6 von Matlock über Buxton nach Manchester und A 57 von Glossop nach Sheffield.

Unterkunft
Hotels sowie B&B gibt es in Blakewell, Castleton und in Städten am Parkrand. Campingplätze sind ebenfalls vorhanden.

Klima/Reisezeit
Die Pennines sind eine der nassesten und windigsten Regionen Englands mit raschen Wetterumschwüngen. Mitten im Sommer kann man in Mooren des Dark Peak winterliche Verhältnisse antreffen. Beste Reisezeit: Ende April bis Mai ist die Bodenvegetation am schönsten.

Wandern
Vorsicht bei Wanderungen! Gute Wanderschuhe, Regenschutzkleidung, warmer Pullover sowie Kompaß und Karten sind ein Muß.
Bei Führungen durch Höhlen warme Kleidung anziehen, da der Unterschied zur Außentemperatur besonders im Sommer als unangenehm empfunden wird.

Karten
Ordnance Survey, Peak District Tourist Map, 1 : 63 360.

Der Schneehase ist nur im Winter ganz weiß gefärbt; im Foto das Übergangskleid.

18 New Forest

Eichen- und Buchenhutewälder als Waldrelikte bieten mit Heide- und Moorgebieten große Biotopvielfalt; Provencegrasmücke, Zauneidechse, Glattnatter, Wildgladiole, endemische New-Forest-Zikade.

Der New Forest liegt in einer Beckenlandschaft aus tertiären und quartären Sedimenten zwischen Bournemouth und Southampton in Hampshire und ist 260 km² groß. Er ist die größte zusammenhängende Waldlandschaft Englands und wird als Naturreservat von der Forstbehörde und anderen Körperschaften verwaltet.
Das Charakteristische des New Forest ist seine Biotopvielfalt mit entsprechend großem Artenreichtum. Wenn die Grauhörnchen nicht wären, fühlte man sich in einen deutschen Eichen- und Buchenwald schönster Ausprägung versetzt. Dieser Waldtyp findet sich im Tiefland Mitteleuropas, in Dänemark und Südschweden, aber auch im atlantisch geprägten Westeuropa, also Frankreich und eben auch hier in Südengland, wo er als seltenes Waldrelikt gilt.

Generell unterscheidet man drei Biotoptypen:
1. Auf unfruchtbaren, flachen, alluvialen Kiesplateaus dominieren offene Heidemoor- und Graslandschaften mit Ginster, eingestreuten Birken und selbstangesamten Waldkiefern.
2. In staunassen, schlecht drainierten Niederungen gibt es Sumpf- und Moorgebiete. Floristisch ist dieser Biotop am artenreichsten.
3. Auf trockenen Stellen des Plateaus oder kleinen Erhebungen stocken auf gut drainierten Lehm- und Tonböden Buchen- und Eichenwälder.
Der New Forest ist seit prähistorischer Zeit von Mensch und Tier stark geprägt worden. Seit dem 11. Jh. war der Wald Jagdgebiet für die normannischen Könige. Da die Bauern ihr Land nicht einzäunen durften, um den königlichen Hirschen nicht die Bewegungsfreiheit einzuschränken, erhielten sie als Ausgleich bis heute Weiderecht für ihr Vieh in den Wäldern.
Da durch Waldweide Jungwuchs der Bäume kaum noch aufkam, minderte sich die Waldfläche zugunsten der offenen Heidelandschaft. Im späten Mittelalter wurden große Flächen eingezäunt (»enclosures«), um wieder Waldverjüngung mit Buchen und Eichen zu ermöglichen. Denn die Royal Navy hatte einen großen Bedarf an Langholz für den Bau ihrer Schiffe.
Viele hier vorkommende Biotope sind im englischen Tiefland durch Ausweitung der Ackerflächen, z.B. durch Trockenlegung von Sumpfniederungen oder Waldrodung, verlorengegangen. Damit einhergehend starben viele Pflanzen und Tiere aus, die im New Forest noch heute ein inselartiges Vorkommen haben.

Die Ringelnatter ist völlig harmlos. Gelbe Halbmonde hinter dem Kopf sind charakteristisch.

Der Kleiber verklebt eine größere Öffnung der Bruthöhle auf seine Körpergröße.

Heute wird der New Forest naturschonend genutzt. Waldweidewirtschaft, Waldbau mit Nutzung von Einzelstämmen und Vernässung von Moorgebieten erhalten den naturnahen Status Quo. Forstwirtschaftlich pflanzt man sowohl Eichen und Buchen als auch Waldkiefern an. In den »enclosures« werden heute die Bäume in 200-jähriger Rotation einzeln oder in kleinen Gruppen gefällt. Die sog. »ancient and ornamental woods« werden nicht mehr forstwirtschaftlich genutzt.

Pflanzen und Tiere

Die mosaikartige Vielfalt von Heidemoor-, Sumpf- und Waldbiotopen im New Forest bietet vielen Pflanzen und Tieren Lebensraum.
In den wenig fruchtbaren **Heidemoorbiotopen** wachsen Besenheide (S. 121), Glockenheide und Grauheide (S. 120) bestandbildend und sind mit Europäischem Stechginster, Englischem Ginster und vereinzelten Birken assoziiert. Im Juli blüht die Pyramidenorchis (S. 128).
Bei den Tieren der offenen Heide gibt es einige Arten, die nur noch im New Forest vorkommen. Hierzu zählen Provencegrasmücke, Zauneidechse, Glattnatter und die endemische New-Forest-Zikade.
Weiterhin leben hier Schwarzkehlchen (S. 162), Heidelerche, Dorngrasmücke und Neuntöter. Neuntöter spießen ihre Beute, z.B. große Insekten, auf den Dornen des Stechginsters auf. Sehr heimlich ist der Feldschwirl. Meist vernimmt man nur seinen charakteristischen Gesang.
Kreuzotter (S. 121), Ringelnatter und Bergeidechse (S. 148) sind Reptilien, die oft dösend in der Sonne liegen, bei Annäherung aber rasch in der Vegetation verschwinden.
Die Insektenwelt ist reichhaltig. Im Morgentau glänzen die Netze der Baldachinspinnen. Wenn sich die Luft erwärmt hat, fliegen Ockerbindiger Samtfalter, Kaisermantel und Geiskleebläuling von Blüte zu Blüte.
In den floristisch sehr artenreichen, feuchten **Sumpfbiotopen** gibt es verschiedene

Der Waldsauerklee (weiß blühend) kommt mit erstaunlich wenig Sonnenlicht aus.

Innerhalb der Wälder gibt es ausgedehnte Heidemoore mit Stechginster.

Gräser, darunter Binsen (S. 77), aber auch Blutweiderich. An einigen Stellen bedingen Torfmoose Moorwachstum. Hier kommen Wollgräser und Kostbarkeiten wie Ährenlilie (S. 42), Weichorchis sowie Rundblättriger- und Mittlerer Sonnentau vor. In kleinen Tümpeln steht im Mai weißblühender Fieberklee (S. 80). Wo es etwas

Der Mäusebussard ernährt sich im New Forest hauptsächlich von Kaninchen.

Der Wespenbussard gräbt Wespennester aus und ist außerhalb Südenglands kaum anzutreffen.

Bittere Kreuzblume (Blütezeit: Frühsommer).

trockener ist, wachsen Gagelstrauch, Bittere Kreuzblume und Lungenenzian.
In diesem Biotop suchen im Frühjahr zur Zugzeit Rotschenkel (S. 91), Kiebitze und Große Brachvögel (S. 85) nach Nahrung. Einige bleiben im Gebiet, die meisten fliegen weiter nach Norden. Heidelibellen und Plattbauchlibellen fliegen unermüdlich nach Nahrung umher. Grasfrösche (S. 33) jagen nach kleinen Insekten.
Auf trockeneren Plateaustellen stehen Rotbuchen und Eichen in lichten **Hutewäldern** oft weit auseinander, so daß sich wie im Bratley Wood breite Äste nach allen Seiten ausbilden konnten. Auch der im Mittelalter angewendete Kopf- oder Stammschnitt begünstigte weitausladende Überhälter-Bäume. Stattliche Stechpalmen (S. 14) stehen dazwischen. Unterwuchs gibt es wegen weidender Rinder, Esel, Schweine, Ponies und Pferde wenig; stellenweise kommen Waldsauerklee, Scharbockskraut, Hasenglöckchen (S. 134), Hainveilchen und Mandelblättrige Wolfsmilch vor. An

Altbuchenwald. Der prächtige Baum auf dem Foto ist früher zur Holzgewinnung häufig gescheitelt worden.

Das Grauhörnchen ist typisch für den New Forest; es hat das Eichhörnchen weitgehend verdrängt.

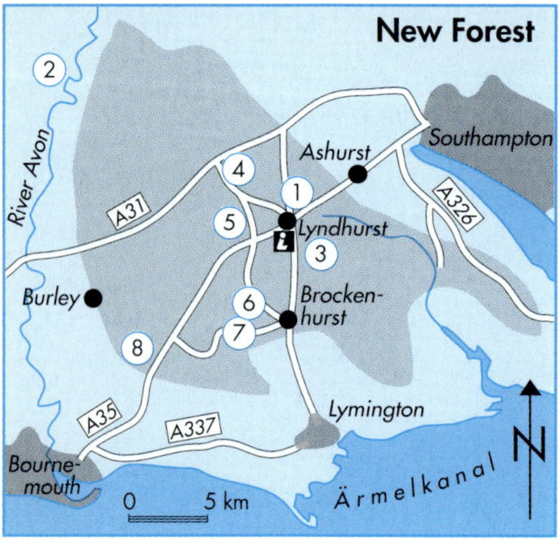

Waldlichtungen gedeihen Roter Fingerhut und Wildgladiolen. Dagegen ist die epiphytische Flechten- und Moospflanzenwelt reichhaltig. Adlerfarn ist überall verbreitet.
In den Wäldern gibt es zahlreiche Pilzarten, die für die Remineralisation eine entscheidende Rolle spielen. Auf Totholz und alten Baumstümpfen wächst Hallimasch. Schwefelpilze und Beringte Schleimrüblinge gedeihen seitlich an Baumstämmen. Am Boden zwischen abgefallenem und verwesendem Laub findet man Fruchtkörper von Stinkmorcheln, Korallenpilzen und Orangebecherlingen.
Zu den Vögeln, die die Wälder bewohnen, zählen Waldlaubsänger, Waldbaumläufer, Kleiber, Spechte, einige Greifvogelarten, darunter der in Großbritannien sehr seltene Wespenbussard und der Baumfalke, sowie Eulen, z.B. Waldkauz und Waldohreule. Am Waldrand oder auf Lichtungen brütet der Europäische Ziegenmelker. Mit seiner unauffälligen, braunen Gefiederfärbung ist er im dürrem Laub, unter Büschen oder im Heidekraut sehr gut getarnt.
Das aus Amerika eingebürgerte Grauhörnchen lebt im New Forest noch mit dem Europäischen Eichhörnchen vergesellschaftet, während in anderen Gebieten Englands das Grauhörnchen das Eichhörnchen verdrängt hat. Im königlichen Jagdgebiet gab es schon im 11. Jh. Rothirsche, Damhirsche und Rehe; eingebürgert wurden Sikahirsche und der asiatische Muntjak. Der hohe Bestand schadet dem Jungwuchs, so daß einige Wälder eingezäunt wurden.
Eichenwälder bieten Hirschkäfern noch einen Lebensraum. Das Männchen erreicht eine Länge von 75 mm und zählt zu den größten Käfern Europas. Der Kleine Eisvogel, ein Schmetterling, bevorzugt ebenfalls Eichenwälder.

Im Gebiet unterwegs

In Lyndhurst ① gibt es ein ausgezeichnetes Informationszentrum (täglich von 10.00–18.00 Uhr geöffnet) mit einer audiovisuellen Schau über die Geschichte des New Forest. Hier ist ein Führer erhältlich, in dem sämtliche Wandermöglichkeiten des Gebiets beschrieben sind. Jeder Wanderweg hat seinen eigenen Charakter. Die Wege sind sehr gut von zahlreichen Parkplätzen aus markiert.
Um die ganze Biotopvielfalt des New Forest zu erfassen, können folgende Gebiete besucht werden: Im Nordwesten blickt man auf das Hügelland mit vorherrschender Heidemoorvegetation und ins Tal des **Avon** ②. Im Osten befindet sich **Matley Bog** ③, eine Sumpfniederung mit trockeneren höher gelegenen Heideflächen. Im Zentrum liegen die Waldgebiete wie der **Bolderwood** ④ und der **Ash Wood** ⑤ mit sehr alten prächtigen Baumindividuen. Im Bolderwood gibt es ein 1859 angelegtes Arboretum mit riesigen Douglasien, Japanischen Zedern, Kalifornischem Redwood und Thujabäumen und einen Naturlehrpfad.
Als erste Orientierung empfehlen wir von Lyndhurst über Emery Down Richtung Bolderwood zu fahren. Am Bolderwood-Parkplatz scharf links abbiegen und der Straße

Die Mandelblättrige Wolfsmilch blüht im Mai.

bis Knightwood Oak folgen. Kurz danach überquert man die A 35. Hier beginnt rechts und links eine mit Rhododendron gesäumte Straße bis Rhinefield House. Anfang Mai bietet sich ein herrliches Bild blühender Rhododendronbüsche (S. 61). Dahinter liegen die Arboreten der Tall Trees Walks. Die Straße quert zwei Flüßchen und geht von Brockenhurst durch das **Whitefield-Moor** ⑥. Der Routenvorschlag führt durch alte Wälder, Heiden und Moore, damit hat man die wichtigsten Biotope erfaßt. Nutzen Sie die Wanderparkplätze für ausgedehnte Exkursionen. Am Bolderwood Forest Walk sind Damhirsche zu beobachten, im Whitefield-Moor eine halbwilde Ponyherde.
Folgt man weiter Richtung Burley, erreicht man die weitflächigen, hügeligen Heidelandschaften **Hinchelsia** ⑦ und **Holmsley** ⑧.

Praktische Tips

Anreise
Von London die M 25, die M 3 und kurz vor Southampton auf die M 27; Ausfahrt 1 New Forest auf die A 377.

Unterkunft
Hotels und B&B sind in Brockenhurst, Lyndhurst und der weiteren Umgebung zahlreich vorhanden.

Reisezeit
Mai bis Juni, danach in den Schulferien sehr überlaufen. Im August/September blüht die Heide. Auch der Herbst ist reizvoll.

Karten
The New Forest, Official Map & Guide, Forestry Commission.

Gagelstrauch.

19 Dartmoor- und Exmoor-Nationalpark

»Tors«, eigenartige Felstürme, im Dartmoor; Wasserfälle; im Exmoor Schluchtwälder und Heidemoore bis an die Klippen des Bristolkanals.

Beide Gebiete bestehen aus einer Heide- und Moorlandschaft. Sie liegen im Südwestzipfel Englands, der sich zwischen Bristolkanal und Ärmelkanal erstreckt, in den Grafschaften Devonshire und Somerset.
Der Exmoor-Nationalpark liegt auf durchschnittlich 360–450 m Höhe, der Dartmoor-Nationalpark auf 365 m Höhe. Der Südwesten Englands fällt nach Süden ab, daher entwässern die meisten Flüsse in den Ärmelkanal.

Wegen der südlichen Lage und dem Einfluß des Golfstroms ist das Klima sehr mild, hierdurch wird das Gedeihen von Palmen und subtropischer Vegetation, z.B. bei Torquay an der Kanalküste, ermöglicht. Hohe Niederschläge haben das Hochmoorwachstum begünstigt, im Exmoor fallen bis zu 1780 mm Niederschläge im Jahr. Feuchte Südwestwinde bringen Schwüle oder unvorhersehbare Nebel. Das Dartmoor, ein einsames, unheimliches Moor in Nebelschwaden, verbindet man unwillkürlich mit Conan Doyles Sherlock-Holmes-Geschichte »Der Hund von Baskerville«. Der Wanderer kann bei aufziehendem Nebel jegliche Orientierung verlieren.
Pollenanalysen weisen nach, daß das Klima früher trockener und wärmer als heute

Exmoor – Valley of the Rocks.

Dartmoor – Vixen Tor, charakteristische Felstürme aus Granit.

war. 5000 Jahre v. Chr. wuchsen in beiden Gebieten Eichen und Ulmen. Dieser Raum wurde deshalb schon in frühgeschichtlicher Zeit besiedelt; Vorkommen von Steinringen, Grabkammern und Hausumrissen bezeugen dies. Durch Waldrodung und Beweidung entstanden ökologisch wertvolle Heide- und Moorgebiete.
Heute sind diese Heiden durch massive Aufforstungen mit Sitkafichten um die Wasserreservoire Fernworthy und Burrator im Dartmoor bedroht. Managementmaßnahmen zur Erhaltung der Moor- und Heidevegetation sind regelmäßiger Brand (Feuerökologie) und im Exmoor Beweidung durch Schafe. Die Erhaltung der alten Kulturlandschaft kann nur durch ein Zurückdrängen der sich natürlich einstellenden Bewaldung erreicht werden.
Der **Dartmoor-Nationalpark,** eine offene, wellige, kahle, menschenleere Moor-, Sumpf- und Heidelandschaft ist 945 km^2 groß und wurde 1951 gegründet. 10 nochmals gesondert geschützte Reservate liegen im Nationalpark. 25 Prozent des Heidemoores sind als militärisches Sperrgebiet ausgewiesen.

Landschaftlich ist Dartmoor ein Plateau, das übersät ist mit annähernd 170 eigenartigen, flechtenüberzogenen Felstürmen, den »tors«. Sie sind zu unterschiedlicher Größe und Gestalt verwittert. Die bekanntesten sind Hay Tor, Yes Tor, Great Mis Tor und Hound Tor. High Willhays (622 m) und Yes Tor (619 m) sind zugleich die höchsten Erhebungen.
Geologisch gehört Dartmoor zu einer Serie von fünf Batholithen im Südwesten Englands, die von West nach Ost folgende Gebiete umfassen: Land's End, Carnmenellis, St. Austell, Bodmin-Moor und Dartmoor. Diese Batholithen sind ausgedehnte Tiefengesteinskörper mit kuppelförmigem Dach, die bei vulkanischer Tätigkeit vor etwa 300 Mio. Jahren durch senkrecht aufsteigendes Magma entstanden sind und heute noch bis in den Erdmantel reichen. Damals war das Land wesentlich höher, etwa vergleichbar mit den heutigen Alpen. Im Laufe von 300 Mio. Jahren wurde die Landschaft dann wieder eingeebnet. Die »tors« blieben als harte Granitspitzen an der Oberfläche stehen. Das Hochplateau wird durch die beiden

wichtigsten Straßen, die sich bei Two Bridges kreuzen, zerschnitten. Trockene Heide umgibt die zentral gelegenen Moorflächen, deren Torfschicht 3–4 m dick ist. Bei Foxtor Mires befinden sich gefährliche Schwingrasen und Sumpf. Vom Plateau gehen Flüsse strahlenförmig aus. Wegen der hohen Niederschläge und des großen Wasserspeichers Moor sind die Flüsse zahlreich und haben jeweils mehrere Quellbäche. Bis auf zwei Flüsse, dem Okement und Taw, entwässern alle nach Süden. Zu den Hauptflüssen zählen von West nach Ost Tavy, Dart, Bovey und Teign. Sie stürzen als reißende Bäche vom Plateau in steilen Felsabbrüchen und Schluchten in die Tiefe. Die Hänge dieser steil abfallenden Täler sind mit Eichenwäldern bestockt.

Das Dartmoor wird vorwiegend als Weideland für Rinder, Schafe und Ponies genutzt. Die meisten der aus Granitblöcken gebauten Bauernhöfe liegen in den Tälern und am Rande des Moors. Ihre kleinen, mit Steinmauern eingefriedeten Felder erstrecken sich die Hügel hinauf bis zum Moor. Hier wächst Getreide und die besseren Gräser, die im Winter als Heu an die Tiere vom Moor verfüttert werden. Anspruchsvollere Tiere wie Milchkühe weiden das ganze Jahr über auf diesem Land. Höher hinauf ist das Land nur zum Teil eingezäunt. Darauf folgt Allmende (= Gemeindeland), eine felsige Landschaft, die hauptsächlich aus mächtigen Deckenmooren besteht. Hier weiden Schafe und Ponies.

Der **Exmoor-Nationalpark** ist mit 686 km^2 der kleinste Nationalpark Englands. Trotz des Status als Nationalpark handelt es sich um Privatgelände. Der Name leitet sich vom Exe ab, dem größten Flüßchen, das im Exmoor entspringt.

Geologisch kommt hier, im Gegensatz zum Granitplateau des Dartmoors, devonischer Old Red Sandstone vor, der sich über den Bristolkanal im Brecon-Beacons-Nationalpark fortsetzt. Neben dem Old Red Sandstone gibt es andere z.T. kalkhaltige Sedimentgesteine. Die Böden sind mächtiger und fruchtbarer als im Dartmoor; die landwirtschaftliche Nutzung ist deshalb ausgeprägter.

Exmoor ist eine hügelige Heide- und Moorfläche mit Weideland und Buchenhainen und wird im Norden von Englands höchster Felsküste am Bristolkanal begrenzt. Der 48 km lange Küstenstreifen reicht von Combe Martin bis Minehead. Felskämme, die ins Meer reichen, sind bei Porlock 365 m hoch. Im Osten begrenzen die Brendon Hills den Nationalpark. Im Zentrum bei Simonsbath lag der alte »royal forest«, ein bevorzugtes Jagdgebiet der normannischen Könige; heute ist hier eine Moor- und Heidelandschaft. Die Waldgebiete sind auf eindrucksvolle Schluchtwälder beschränkt. Höchster Punkt ist der Dunkery Beacon (518 m).

◁ Der Turmfalke ist häufig über der Landschaft zu sehen, wenn er im Rüttelflug Mäuse jagt.

Dartmoor – lohnenswerte Exkursion in die Lydford ▷ Gorge.

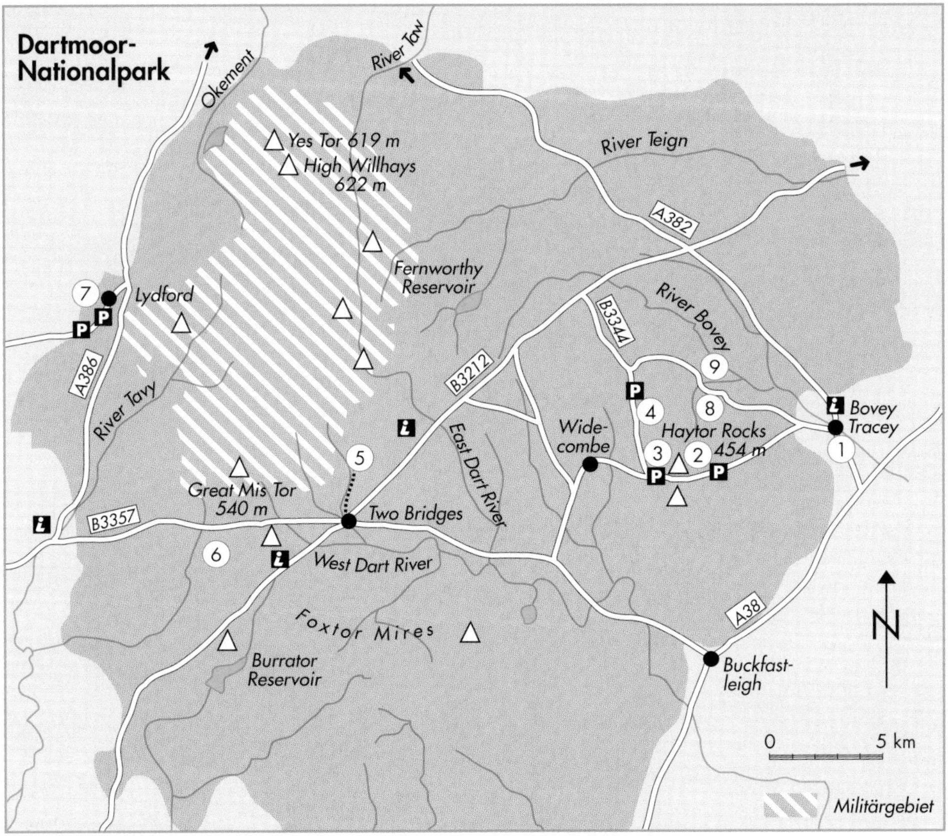
Dartmoor-Nationalpark
Okement
River Taw
Yes Tor 619 m
High Willhays 622 m
River Teign
A382
Fernworthy Reservoir
Lydford
A386
River Tavy
B3344
River Bovey
B3212
Bovey Tracey
Wide-combe
Haytor Rocks 454 m
East Dart River
Great Mis Tor 540 m
Two Bridges
B3357
West Dart River
Foxtor Mires
A38
Burrator Reservoir
Buckfast-leigh
0
5 km
Militärgebiet
1
2
3
4
5
6
7
8
9

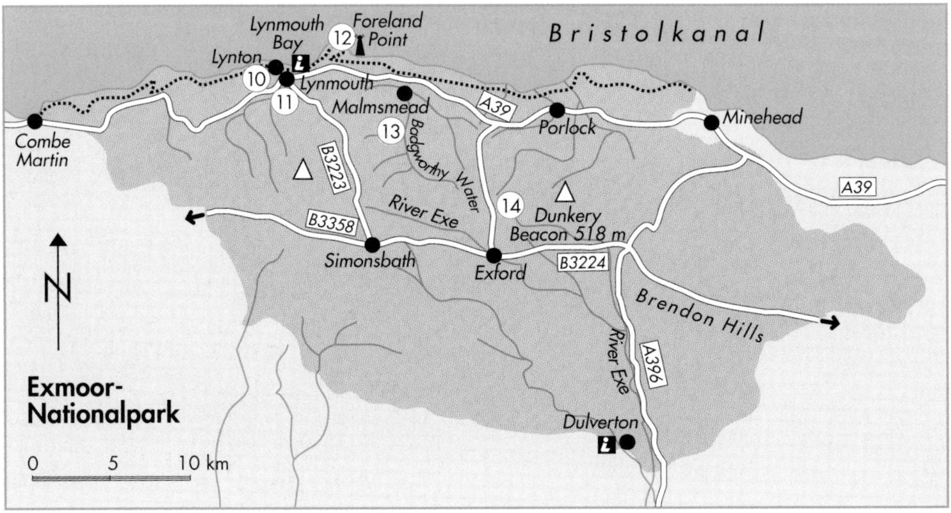
Lynmouth Bay
Foreland Point
Bristolkanal
Lynton
Lynmouth
Malmsmead
A39
Porlock
Minehead
Combe Martin
B3223
Badgworthy Water
Dunkery Beacon 518 m
River Exe
B3358
Simonsbath
Exford
B3224
Brendon Hills
A396
Dulverton
Exmoor-Nationalpark
0
5
10 km
10
11
12
13
14

Pflanzen und Tiere

Da die ökologischen Bedingungen beider Moor- und Heidegebiete sehr ähnlich sind, ist die Pflanzen- und Tierwelt vergleichbar; zumal die Nationalparks Luftlinie kaum 60 km voneinander entfernt liegen. Sie werden daher zusammen betrachtet, Unterschiede aber hervorgehoben.

Die hügeligen **Heiden** weisen einen dichten Bewuchs mit Besenheide (S. 121), Glockenheide (S. 120) und Blaubeeren auf. An flacheren Hängen wird die Heide wegen höheren Beweidungsdrucks durch Adlerfarn (S. 76) und Gräser ersetzt. Leuchtend gelb hebt sich im Mai der Stechginster (S. 138) von der noch braunen Heidevegetation ab. In den feuchteren Moorgebieten gedeihen Torfmoose, Wollgräser (S. 101), Binsen, verschiedene Arten des Sonnentaus und Ährenlilien (S. 42). Auf den Talböden kommen Stengellose Schlüsselblume, Hasenglöckchen, Waldsanikel, Königsfarn sowie Gegenblättriges Milzkraut vor.

Die **Wälder** an den Talhängen bestehen aus Traubeneichen, Birken und Rotbuchen. Wo die Böden kalkhaltig sind, werden diese durch Stieleichen verdrängt. An feuchteren Standorten sind Eschen und Erlen bestandbildend. Die feuchten Schluchtwälder im Exmoor haben sehr reichen Bodenbewuchs mit Bärlauch (S. 135), Hasenglöckchen (S. 134), Walderdbeeren und Geflecktem Aronstab; an Farnen kommen besonders Hirschzunge, Streifenfarn und Wurmfarn vor.

Auffallend sind im Exmoor-Nationalpark die großen Bestände gelbleuchtenden Ginsters neben der rötlich-violetten Besenheide.

Die hügeligen Heiden sind Lebensraum von halbwilden Ponies. Die häufig vorkommenden Rotfüchse und Dachse sind nachtaktiv. Herauszuheben ist für Exmoor eine Rotwildpopulation mit 500–800 Tieren, die größte außerhalb Schottlands. Sie leben überwiegend in den Schluchtwäldern. Man kann sie am besten im Oktober während der Brunft sehen und hören.

Die Dohle zählt zu den intelligentesten Rabenvögeln.

Trotz der räumlichen Nähe zum Exmoor gibt es bis auf ganz vereinzelte Ausnahmen im Dartmoor kein Rotwild, da dieses schon Ende des 18. Jh. ausgerottet wurde. An den Flüssen leben Graureiher (S. 57), Eisvögel und Gebirgsstelzen. Wasseramseln sind sehr häufig. Blauflügel-Prachtlibellen zischen geschäftig hin und her.

Die offene Moor- und Heidelandschaft dient Großen Brachvögeln (S. 85) und Steinschmätzern (S. 111) als Lebensraum. Saatkrähen und Dohlen führen ihre Flugakrobatik auch bei starkem Wind vor. Schottisches Moorschneehuhn (S. 123) und Birkhuhn sind selten geworden. In

In offenen Landschaften weit verbreitet: der Wiesenpieper.

Die Bergeidechse.

Liebling der Jäger, der Fasan.

den dicht bewachsenen Heide-Grasflächen brüten zahlreiche Singvögel. Braunkehlchen sind im Exmoor am häufigsten zu finden. Mäusebussard, Turmfalke, Merlin, Kornweihe (S. 87) und Wanderfalke ziehen ihre Runden.
Goldregenpfeifer kommen in Südengland nur noch in wenigen Exemplaren im Dartmoor vor.
Bergeidechsen huschen raschelnd im Gras oder liegen in der Sonne. Mit etwas Glück sieht man Blindschleichen, Ringelnattern (S. 136) oder Kreuzottern (S. 121).
In den zahlreichen Flüssen kommen Lachse, Äschen, Bachforellen und Regenbogenforellen vor. Fischotter sind selten geworden.

Im Gebiet unterwegs

Beide Nationalparks bieten viele Wander- und Reitmöglichkeiten. Im Sommer gibt es geführte Wanderungen in den Parks (Informationen in den Besucherzentren). Im folgenden werden einige lohnenswerte Touren vorgestellt.

Dartmoor

Bovey Tracey ①: Nationalparkinformation (ausgeschildert als Rare Breeds Farm, täglich von 10.00–18.00 Uhr geöffnet), in einem mit Eichen bestandenen Parkgelände. Hier werden u.a. seltene Schaf- und Rinderrassen weitergezüchtet und sind zu besichtigen.
Um die charakteristischen Felstürme des Dartmoor, die sogenannten »tors«, zu sehen, nimmt man z.B. die B 3387 von Bovey Tracey nach Widecombe. Sie führt am **Hay Tor** ② und **Sattle Tor** ③ vorbei; ein Abstecher zum **Hound Tor** ④ ist empfehlenswert. Von Widecombe aus wendet man sich nordwestlich und erreicht in der Nähe von Postbridge die B 3212, der man nach Two Bridges folgt.
Gegenüber dem Two Bridge Inn führt ein Pfad entlang des West Dart etwa 3 km zum **Wistman's Wood** ⑤, einem sehenswerten Schutzgebiet am steilen Hang des Longford Tor. Durch stetigen Wind sind die 300- bis 500-jährigen Eichen dieses ursprünglichen Dartmoor-Waldes sehr knorrig. Hohe Luftfeuchtigkeit und Nebel begünstigen epiphytische Pflanzen wie Moose, Flechten und Farne, die auf den Stämmen und Ästen der Eichen aufsitzen.
Weiter auf der B 3357 Richtung Travistock; 1 km hinter Dartmoor Inn liegt zur linken das **Vixen Tor** ⑥, der höchste Felsturm des Dartmoor mit 29,3 m.
Lydford Gorge ⑦: Die Schlucht ist 2,4 km lang und weist 18 m hohe Steilwände auf. Man kann in die Schlucht von beiden Seiten einsteigen. Am Hauptparkplatz bei Lydford gelangt man zunächst zum Devil's Cauldron, einer engen Klamm. Der 2. Parkplatz liegt näher am Whitelady-Wasserfall

Braunkehlchen.

Die Waldprimel blüht im Mai.

(27 m). Auf der Wanderung sieht man überall massenhaft Bärlauch, Hasenglöckchen, Waldsauerklee (S. 137), Waldsanikel und Pilze, aber auch Eisvögel, Gebirgsstelzen (S. 21) und Große Buntspechte.
Von Bovey Tracey Richtung Becky Falls (B 3344) liegt das **Yarner Wood National Nature Reserve** ⑧. Es gibt einen 2,4 km langen Naturlehrpfad und einen 4,8 km langen Waldweg, auf dem man die schönsten Überbleibsel der einst ausgedehnten Dartmoor-Wälder mit einigen der größten Traubeneichen-Exemplare in Westeuropa, Stechpalmen (S. 14) und Ebereschen bestaunen kann.
Weiter auf der B 3344 geht die Old Manaton Road (Schild: »unsuitable for vehicular use«) ab. Der Weg führt zu Fuß zu den **Becky Falls** ⑨, die über eine Granitschulter 21 m tief in eine schöne bewaldete Sumpfniederung hinabstürzen.

Exmoor

Ähnlich wie im Pembrokeshire-Coast-Nationalpark (s. S. 162) zieht sich ein Küstenwanderweg (Coast Path) durch den ganzen Nationalpark von Combe Martin nach Minehead.
Bei Lynton durchquert er das **Valley of the Rocks** ⑩. Man kann auch bis zu einem Wanderparkplatz fahren und von dort das Tal begehen. Von Lynmouth folgt man der Straße westlich durch Lynton bis zum Beginn der mautpflichtigen Straße (»toll road«).
Das Valley of the Rocks ist ein Trockental, in dem früher ein Arm des Lyn geflossen ist. Die Felsformationen entsprechen den »tors« des Dartmoors.
Lynmouth erreicht man durch einen botanisch wertvollen Schluchtwald ⑪ (mit Hirschzunge, S. 133, und Bärlauch), durch den ein bequemer Wanderweg von etwa 3,5 km Länge führt.
Der A 39 in östlicher Richtung folgend (Steigung 25 %) hat man auf halber Höhe einen tollen Blick auf **Foreland Point** ⑫. Hier tritt Old Red Sandstone zutage, und man kann sehen, wie Heidemoore im Steilhang auslaufen. Oben auf der Höhe gibt es einen Parkplatz, der mit »Barna Barrow Car Park« bezeichnet ist. Von hier kann man entweder dem Coast Path folgen oder zum Leuchtturm wandern.
Von der A 39 Richtung Malmsmead erreicht man den **Lorna Doone Trail** ⑬, der mitten in Malmsmead (hinter der Brücke) startet. Die Straße dorthin ist sehr eng und für Fahrzeuge über 2 m Breite unpassierbar. Der Lorna Doone Trail ist ungefähr 8 km lang. Er folgt zunächst dem Badgworthy Water und führt dann durch offene Heidelandschaft.
Um Hochmoor in seiner schönsten Ausprägung zu erleben, empfehlen wir die A 39 bis kurz vor Porlock Hill und dann die Nebenstraße nach Exford ⑭ zu nehmen, die am **Dunkery Beacon** mitten durch das Moor führt.

Trockensteinmauern

Die mehr als 100 Jahre alten Trockensteinmauern stellen in Großbritannien noch heute ein charakteristisches Landschaftselement dar. Sie begleiten Straßen, und teilen schachbrettartig weite Landstriche in einzelne Felder und Weiden, um das Vieh einzupferchen und die Weiden in Rotation zu nutzen.
Trockensteinmauern werden ohne Mörtel nur mit ineinandergefügten Bruchsteinen gebaut. Früher sammelte man die Steine auf den Feldern ein oder entnahm sie der obersten Bodenschicht. Je nach Gebiet gibt es deshalb große Variationen in der Steingröße. Wie groß Festigkeit und Stabilität der Mauer sind, liegt in der Geschicklichkeit ihrer Erbauer. Nach Möglichkeit verwendet man fünf verschiedene Gesteinssorten. Große Steine »foundation stones« bilden in einer Doppelreihe die Basis. Von ihr wird dann mit »building stones« hochgebaut, Spalten werden mit darüberliegenden Steinen dachziegelartig geschlossen. Die Mitte ist mit »filling stones« aufgefüllt. »Throughstones« halten quer gelagert den Bau zusammen. Den Abschluß bilden die »copestones«.
Für eine 1 m lange und etwa 1,5 m hohe Trockensteinmauer benötigt man etwa 1 t Steine. Da ihr Bau heute teurer als ein Zaun kommt, hat sich die »Dry Stone Walling Association of Great Britain« gebildet, um den Bau neuer und die Erhaltung alter Trockensteinmauern zu fördern. Man will erreichen, daß dieses charakteristische Landschaftselement nicht verlorengeht. Die Mauern erfüllen auch wichtige ökologische Aufgaben. Sie stellen einen idealen Lebensraum für Vögel, Mäuse und Insekten dar. Besonders im Dartmoor und Exmoor gedeiht auf den Mauern eine prächtige Vegetation, die im Frühjahr ein so buntes Blütenmeer bildet, daß man kaum die darunterliegenden Steine erkennt.
Außerdem bietet eine Trockensteinmauer Schafen, die sich dicht an sie drängen, bei Wetterunbillen Schutz.
In den Heidegebieten, die sich in trockenen Sommermonaten rasch entzünden können, wirken die Mauern als Feuerbarriere.

Typische Trockensteinmauer

Praktische Tips

Anreise

Dartmoor: Von London nach Exeter und weiter die A 38. Von der A 38 die Ausfahrt Drumbridge Richtung Bovey Tracey oder die Ausfahrt Two Bridges/Ashburton nehmen.

Exmoor: Von London entweder nach Taunton oder nach Exeter; von dort Richtung Lynton über die A 396 oder auf der Küstenstraße A 39.

ACHTUNG: Die Küstenstraße A 39 weist bis zu abenteuerlichen 25 % Steigung auf und ist für Wohnwagengespanne nicht zu empfehlen. Auch lange und überbreite Wohnmobile stellen auf den von Wallhecken fest eingegrenzten Straßen sowohl im Dartmoor als auch im Exmoor hohe Anforderungen an den Autofahrer und den Gegenverkehr.

Unterkunft

Dartmoor: Zahlreiche Hotels, B&B in den Dörfern und Städten des Nationalparks. Für Juli bis August möglichst vorbuchen, da viel Tourismus herrscht. Näheres:

▷ West Country Tourist Board, Trinity Court, Southernhay East, Exeter, Devon, Tel. 0392 76351.

Hervorragende Campingplätze, näheres in »The Dartmoor Visitor«.

Exmoor: Zahlreiche Hotels, B&B und Campingplätze. Parkverwaltung gibt jährlichen »Accomodation guide« heraus, erhältlich:

▷ Exmoor National Park Offices, Exmoor House, Dulverton, Somerset TA22 9HL, Tel. 0398 23665.

Campinginformation:

▷ Information Caravan, Dunster Steep Car Park, Dunster, Somerset.

Vorbuchung im Sommer empfehlenswert.

Information

Im Dartmoor z.B. Bovey Tracey, Postbridge und Princeton; im Exmoor z.B. Lynmouth, Lynton und Dulverton.

Wandern

Gummistiefel, wasserfeste Kleidung und warmer Pullover werden empfohlen; wegen raschen Wetterumschwungs bei längeren Wanderungen Karte und Kompaß (Nebel!) mitnehmen. Bei starkem Regen steigen die Flüsse rasch an. Im Dartmoor sind Reitpfade mit blauen, Wanderpfade mit gelben Punkten markiert. ACHTUNG: Ein militärisches Übungsgelände im Dartmoor, in dem sich drei Schießplätze befinden, ist durch rot-weiße Pfosten und Anschlagtafeln an den Hauptzufahrtswegen markiert. Bei roter Flagge tagsüber oder roten Lampen nachts ist das Betreten verboten.

Beste Reisezeit

Mai bis September; in den Sommermonaten Juli/August ist allerdings Hochbetrieb. Ende August blüht die Heide.

Karten/Literatur

Ordnance Survey, Dartmoor Tourist Map, 1 : 63 360.

Ordnance Survey, Exmoor Tourist Map, 1 : 63 360.

»The Dartmoor Visitor« und »Walks in the Dartmoor National Park«.

»The Exmoor Visitor« mit Tips für Unterkunft, Wanderempfehlungen, Reiten und Angeln, Termine der von Fachleuten geleiteten Wanderführungen.

(Erhältlich in den Informationszentren)

Blick in die Umgebung

Vogelinsel Lundy: Von Bideford (an der A 39 westlich von Exmoor) kann man die 405 ha große Insel, die 19 km weit im Bristolkanal liegt, erreichen. Fahrplan und Reservierungen sind über den Landmark Trust, Tel. 062 8825925, zu erfragen.

Isles of Scilly: Von Penzance (Land's End) 2,5 Stunden mit der Personenfähre (Reservierungen Tel. 0736 62009). Zur besten Reisezeit im Mai/Juni ist jedoch das Vogelreservat auf Annet gesperrt. Unterkünfte über Tourist Information, Tel. 0720 22536.

20 Isle of Anglesey

Klippenszenerie des Holyhead; Dünenlandschaft des Newborough Warren.

Die Insel Anglesey in Nordwales ist durch die schmale Menai Strait vom Festland getrennt und kann über eine Brücke erreicht werden. Felsige Steilklippen bei Holyhead, flache Strände, Sandwatt und Dünengebiete des Newborough Warren prägen die abwechslungsreiche Küstenlandschaft.
Holyhead im Westen Angleseys bietet eine Steilklippenszenerie. Als RSPB-Reservat ist South Stack ausgewiesen. Im Frühsommer brüten hier viele Seevogelarten; im August bildet die Heidevegetation einen rotvioletten Teppich mit dazwischenstehenden leuchtend gelb blühenden Ginsterbüschen. Ein ausgegrabenes Dorf aus der Zeit 200–300 Jahre v. Chr. sowie weitere neolithische, eisenzeitliche und römische Funde weisen darauf hin, daß Anglesey schon früh besiedelt worden ist.
Newborough Warren: Im Südosten Angleseys liegt eine Dünen- und Salzmarschenlandschaft auf kalkhaltigen Böden. Malltraeth Bay mit Malltraeth Sands und Malltraeth Pool, die Cefni-Mündung sowie die Dünen des Newborough Warren zwischen Llanddwyn Island und Abermenai Point, das sechstgrößte Dünensystem in Großbritannien, gehören zum Newborough Warren. Während die Hälfte des Gebietes durch die Forstbehörde mit Nadelbäumen bepflanzt worden ist, wurde die verbliebene Hälfte mit etwa 650 ha als National Nature Reserve ausgewiesen. Bis zum 14. Jh. wurde der Newborough Warren landwirtschaftlich genutzt. Stürmische Winde wehten die Sande der Küstendünen landeinwärts und begruben die landwirtschaftlich genutzten Flächen unter sich. Königin Elisabeth I. erließ daher schon ein Gesetz, das das Schneiden von Strandhafer untersagte, um der Dünenwanderung Einhalt zu gebieten.

Pflanzen und Tiere

Holyhead: Auf der dünnen Bodenkrume an den Klippen des South Stack beherrscht Heidevegetation das Bild. Wo der Wind noch salzhaltige Gischt hinweht, wachsen Gewöhnliche Grasnelken (S. 90). Im Mai und Juni brüten an den Klippen Eissturmvögel (S. 29), Krähenscharben und Kormorane (S. 64), Papageitaucher, Tordalke und Trottellummen (S. 28). Einzelne Skuas (S. 87), Wanderfalken und Alpenkrähen patrouillieren auf Nahrungssuche an den Klippen.
Newborough Warren: Auf den kalkhaltigen Dünen konnte sich eine artenreiche Vegetation mit Golddisteln, Gewöhnlichem Hornklee, Sandthymian, Knöllchenstein-

◁ Die Stranddistel blüht im Sommer.

Im August beginnt die Heideblüte. Diese prachtvolle ▷ Vegetation liegt am Info-Center von Holyhead.

Dünen mit Strandhafer im Newborough Warren.

brech und verschiedenen Orchideenarten ausbilden. An feuchteren Stellen sind Kriechweiden häufig. Hier gedeihen auch Sumpfherzblatt (S. 91), Gewöhnliches Fettkraut (S. 41) und das seltene Rundblättrige Wintergrün. Im August fliegen Brandseeschwalben (S. 127) unermüdlich mit Fischchen in die Dünen, um ihre kleinen Jungen zu füttern.
Die Cefni-Salzmarsch und der Malltraeth Pool bieten zahlreichen Brandgänsen (S. 174), Großen Brachvögeln (S. 85), Rotschenkeln, Entenarten, Pfuhlschnepfen (S. 19), Uferschnepfen und Kampfläufern einen Lebensraum. Die Wiesenweihe war ehemals Brutvogel und zieht heute noch regelmäßig zur Zugzeit durch.

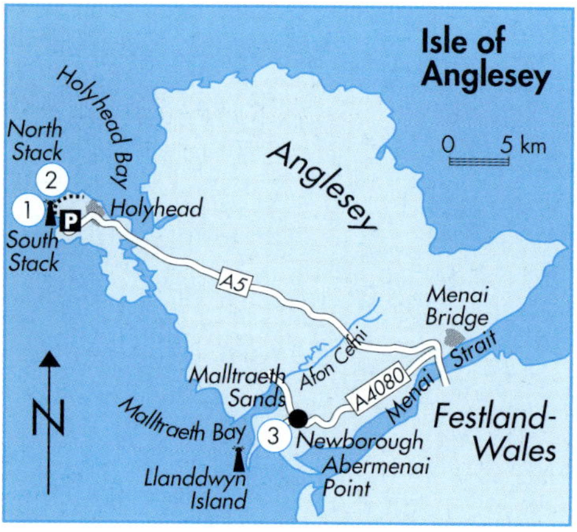

Im Gebiet unterwegs

Holyhead: Im **Ellin's Tower** ① ist ein Informationszentrum mit einer Ausstellung zur Lebensweise der Vögel. Vom ersten Stock hat man einen herrlichen Blick auf die Umgebung des RSPB-Reservats South Stack (Öffnungszeiten: Ostern bis September). Schmale Wanderpfade führen entlang der Klippen zum Leuchtturm, in Richtung **North Stack** ② und in die Heidelandschaft im Inneren der Insel. In der Nähe des North Stack verschandeln Militärgeräte die Landschaft.
Newborough Warren: Eine Fahrt durch den Newborough Forest endet an der **Llanddwyn Bay**. Hier gibt es einen Picknickbereich ③ (Eintrittsgeld) mit Badestrand, aber auch Fußpfade, die am Strand entlangführen. Nach einer 1,6 km langen Wanderung Richtung Westen gelangt man zur kleinen »Felsinsel« **Llanddwyn Island**, die nur bei Hochwasser vom Festland abgeschnitten ist.

Praktische Tips

Anreise

Holyhead: Die A 5 von der Menai Bridge nach Holyhead; ab hier führt eine beschilderte Nebenstraße zum South Stack an die Küste.
Newborough Warren: Von der A 5 an der Menai Bridge auf die Küstenstraße A 4080 abbiegen; ab Newborough ist der Weg beschildert.

Unterkunft

In der Umgebung von Holyhead und Newborough gibt es B&B.

Reisezeit

Ganzjährig zugänglich; die Landschaft um Holyhead ist besonders reizvoll im August mit blühender Heidevegetation.

21 Snowdonia-Nationalpark

Grandiose Berglandschaft in Nordwales mit dem alpin anmutenden Snowdon (1085 m), dem höchsten Berg von Wales.

Das rauhe, zerklüftete Bergland in Nordwales ist 2171 km² groß und erstreckt sich von der Ästuarmündung des Conway an der Nordküste bis Cadair Idris im Südwesten. Der Park wurde nach dem höchsten Gipfel von England mit Wales, dem 1085 m hohen, meist schneebedeckten Snowdon, benannt. Auf walisisch wird das Snowdon-Massiv als »eryri« (= Land der Adler) bezeichnet. Heute kommt der Steinadler leider nicht mehr vor. 13 weitere über 900 m hohe Gipfel mit Geröllhalden und Felsvorsprüngen, Täler mit saftig grünen Wiesen und sprudelnden klaren Bächen, Seen wie Lake Bala sowie 35 km Westküste mit Dünen und Salzmarschen an der Tremadog Bay bestimmen das kontrastreiche Landschaftsbild.
Der geologische Schichtenbau der Bergregion ist sehr komplex. Gesteine des kaledonischen Rumpfgebirges werden von Härtlingen aus vulkanischen Erstarrungsgesteinen überragt. Neben vulkanischem Gestein findet man bei einer Wanderung auf den Snowdon aber auch weicheres Sedimentgestein mit Fossilien und Resten von Muschelschalen. Hier spielte sich ein Lehrstück geologischer Geschichte ab. Denn im Ordovizium (vor etwa 550 Mio. Jahren) war das Gebiet des heutigen Snowdon-Massivs eine Synklinale, vereinfacht gesagt eine geologische Mulde, gefüllt mit einem damals tropischen Meer. Reste von Pflanzen und Meerestieren sedimentierten auf den Grund, mit Ablagerungen von Sanden verfestigte sich das ganze zu Sedimentgesteinen.
Das notwendige Gegenstück hierzu (die Antiklinale) war der damalige Harlech-Sattel. Massive Erdbewegungen bewirkten, daß die Gesteinsschichten der Mulde die heutige Gipfelregion aufbauten und daher Reste von Muschelschalen in der oberen Gipfelregion des Snowdon zu finden sind. Der ehemalige Harlech-Sattel liegt heute eingeebnet am Ufer der Tremadog Bay. Diesen geologisch interessanten Vorgang bezeichnet man als Reliefumkehr: eine ehemalige Mulde wird zum Berg, ein Berg zum Flachland.
An der nordwestlichen Parkgrenze bis hin zur Insel Anglesey schließen sich die oberflächlich ältesten Gesteine auf unserem Planeten an. Dieses präkambrische Gestein ist hier 1,1 – 1,5 Mrd. Jahre alt. Am Knockan Cliff in Schottland (s. S. 77) erreichen präkambrische Gesteine sogar ein Alter von 2 – 3 Mrd. Jahren.
Auch die Eiszeiten haben stark die Landschaft geformt. Intensive Vergletscherung rundete niedrigere Bergkuppen und formte U-förmige Täler wie Nant Gwynant, Nant Ffrancon oder das Llanberis-Tal. Dort wo sich die Gletscher an den Gipfeln ent-

Der Iltis gehört zu den Marderartigen.

wickelten, bildeten sich Kare wie Cwm Glas, Cwm Idwal oder Cwm-y-Cau. Die höchsten Felsen ragten als Nunatakker (= eisfreie Bergspitzen inmitten der Gletscher) über die Inlandeismassen, z.B. Crib Goch oder Nantlle Ridge. Es bildeten sich durch Frostverwitterung spitze Felsgrate mit steilen, abschüssigen Hängen.
Klimatisch ist das Gebiet sehr regenreich. Bis zu 5000 mm Niederschläge können im Jahr fallen, in den Hochlagen meist als Schnee, der im Sommer bis in den Juli hinein liegenbleiben kann. Wanderer müssen besonders die raschen Wetterwechsel mit einkalkulieren. Ist es morgens noch warm und sonnig, kann es innerhalb kürzester Zeit am selben Tag zu heftigen Regen- und Hagelstürmen oder dichtem Nebel kommen.

Während früher hauptsächlich Bergbau (Schiefer- und Kupferabbau) betrieben wurde, bilden heute Forstwirtschaft mit großen Aufforstungsprogrammen (Nadelhölzer), besonders um Betws-Y-Coed, und Tourismus wichtige Erwerbsquellen.
Obwohl viele Touristen Snowdonia im Sommer überschwemmen, ist das Bergland gegenüber der Außenwelt doch so isoliert, daß die Einheimischen Traditionsbewußtsein und Nationalstolz bewahren konnten. Das geht so weit, daß die Treffen der Nationalpark-Gesellschaft in walisischer Sprache abgehalten werden. Wer die englische Übersetzung benötigt, muß einen Kopfhörer benutzen.
Auch die Nationalparkzeitung gibt es seit 1992 in einer gälischen und einer englischen Ausgabe.

◁ Massiv des Snowdon im Mai; im Gipfelbereich hat es verspätet geschneit.

▽ Die Silberwurz gehört zu den arktisch-alpinen Pflanzen (Blütezeit: ab Mai).

Die Rosenwurz, ein Dickblattgewächs, blüht ab Juni.

Pflanzen und Tiere

Im Vergleich zu anderen Teilen Großbritanniens hat das Gebiet eine relativ artenarme Pflanzenwelt. Wegen des feuchten Klimas gibt es zahlreiche Moose und Farne. Im Mai bilden Hasenglöckchen (S. 134) blaue Teppiche in den Tälern, z. B. im Nant Ffrancon. An arktisch-alpinen Pflanzen kommen Gletscherhahnenfuß, Alpenhornkraut, Alpensäuerling, Silberwurz und Roter Steinbrech vor. Am Snowdon und Cadair Idris gedeihen auch Europäische Trollblume und Rosenwurz. Erwähnenswert ist die einzigartige Snowdon- oder Faltenlilie, eine arktisch-alpine Pflanze, die in einem kleinen Bereich am Snowdon endemisch ist. Sie wird nur bis 15 cm groß und blüht im Juni.

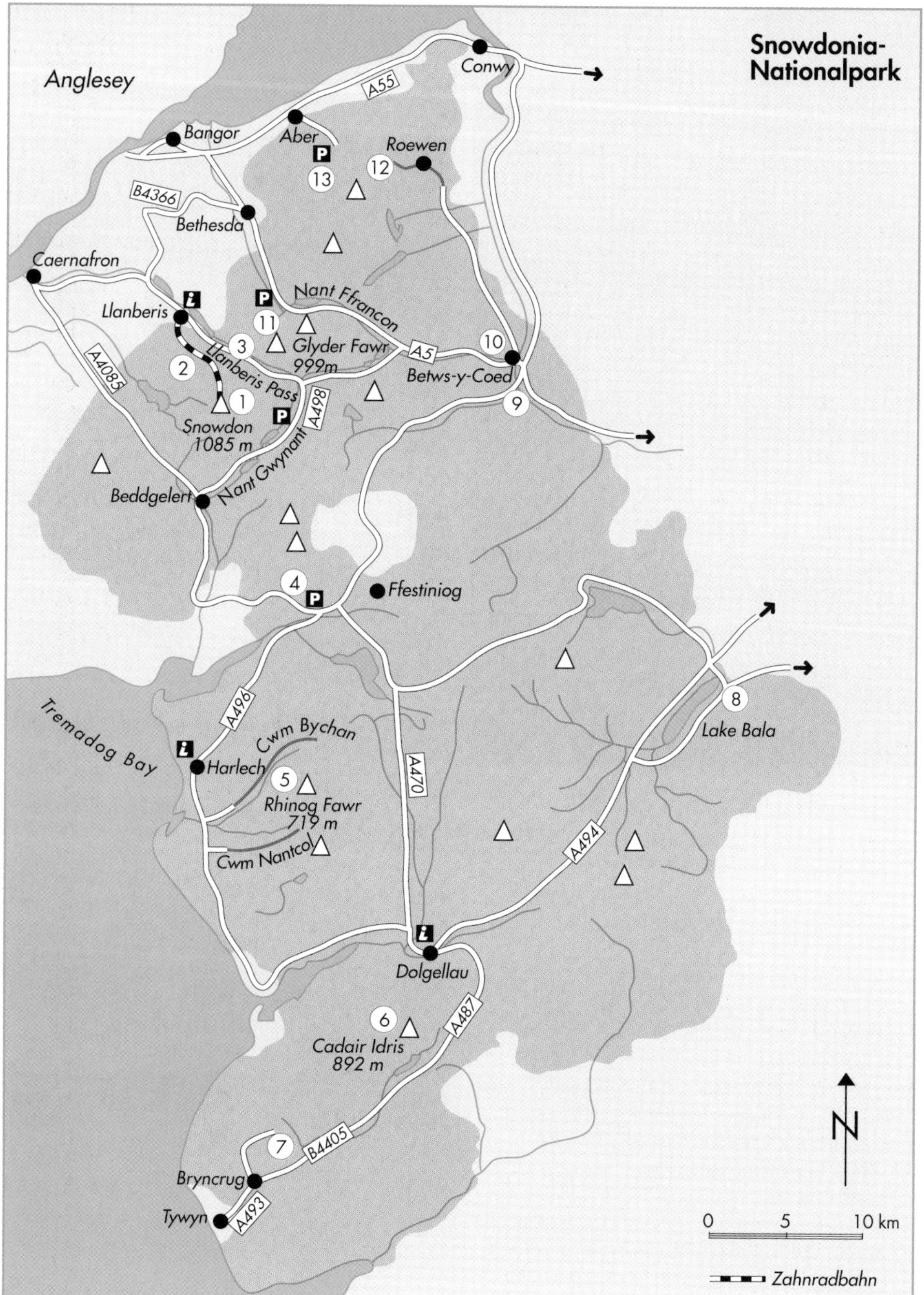
Snowdonia-
Nationalpark
Anglesey
Conwy
A55
Bangor
Aber
Roewen
12
13
B4366
Bethesda
Caernafron
Llanberis
Nant Ffrancon
11
3
Glyder Fawr
999m
A5
10
Betws-y-Coed
2
Llanberis Pass
A4085
1
Snowdon
1085 m
A498
9
Nant Gwynant
Beddgelert
4
Ffestiniog
Tremadog Bay
A496
Cwm Bychan
Harlech
5
Rhinog Fawr
719 m
Cwm Nantcol
A470
8
Lake Bala
A494
Dolgellau
6
Cadair Idris
892 m
A487
7
B4405
Bryncrug
Tywyn
A493
N
0
5
10 km
Zahnradbahn

Es dominieren atlantische Grasländer. Heidevegetation gibt es wegen intensiver Schafweide überraschend wenig; lediglich im rauhen Rhinog-Bergland ist sie weiter verbreitet. Adlerfarn ist häufig. An Talhängen stocken Reste alter Wälder mit Traubeneichen, Stieleichen, Haselnuß und Birken. Durch Aufforstung ist großflächig monotoner Nadelwald angepflanzt worden.
Nach starken Rückgängen breiten sich Kolkraben, Wanderfalken und Merline wieder aus. Ringdrosseln und Alpenkrähen sind heimisch. Der Snowdonia-Nationalpark ist ein wichtiger Überlebensraum für Iltis und Baummarder, die in den übrigen Landesteilen ausgestorben oder extrem selten sind.
An Reptilien gibt es nur Ringelnatter (S. 136), Kreuzotter (S. 121), Bergeidechse (S. 148) und Blindschleiche. In klaren Bächen leben Lachse und Bachforellen.

Im Gebiet unterwegs

Der Nationalpark ist so groß, daß man mehrere Tage einplanen sollte, um die Vielfalt der Landschaften zu »erfahren«. Die meisten besuchen nur das Zentrum des Nationalparks um das **Snowdon-Massiv** ①.
Ausgangspunkt für den Aufstieg zum Snowdon ist Llanberis. Hier gibt es ein gutes Informationszentrum. Von Llanberis fährt eine mit Dampf betriebene Zahnradbahn ② auf den Gipfel.
Der **Pass of Llanberis** ③ (A 4086) windet sich eingezwängt zwischen den Flanken des Snowdon, Glyder Fawr und Y Garn bis auf 366 m Höhe hinauf. Der Parkplatz am **Pont y Gromlech** bietet einen guten Aussichtspunkt, um Kletterer am klassischen Aufstieg zum Snowdon zu beobachten. Die Fahrt hinunter bis zum Pen-y-Gwyrd-Hotel bietet wunderschöne Ausblicke auf die zerklüfteten Felswände des Snowdon. Den besten Blick auf den Snowdon und Grib Goch bietet die Aussichtsplattform im

Männchen der Ringdrossel.

Nant-Gwynant-Tal, dem ersten Parkplatz auf der A 498.
Im Tal des Ffestiniog gibt es mehrere Naturschutzgebiete. Das Coedydd Maentwrog National Nature Reserve liegt an der Tan-Y-Bwlsch-Station ④. Ein Naturlehrpfad führt durch 200-jährigen Traubeneichenwald zu einem kleinen See.
Rhinog ⑤, ein zerklüftetes Bergland mit Felsvorsprüngen und Geröllhalden, ansonsten bedeckt mit Heidemooren, erreicht man über Fußwege, die von asphaltierten Landroverspuren (maximal VW-Bus mit gutem Fahrer) der Täler Cwm Nantcol oder Cwm Bychan abgehen.
Der Aufstieg zum **Cadair Idris** ⑥ ist teilweise schwierig, das Wetter oft trügerisch. Die Westseite ist durch Täler zerklüftet und zerschnitten. Wandermöglichkeiten erfährt man im Informationszentrum Dolgellau. Bemerkenswert sind die 6,4 km landeinwärts von Tywyn nistenden Kormorane (S. 64) am Craig y Pennant, dem **Bird Rock** ⑦. Man muß von der A 493 in Bryncrug rechts in eine kleine Nebenstraße bis zum Bird Rock fahren.
Südlich der Cadair Idris zieht eine Verwerfung von Südwest nach Nordost, in der auch der von Touristen oft überlaufene **Lake Bala** ⑧ liegt.
Südlich von Betws-Y-Coed liegen die **Conwy-Wasserfälle** ⑨, westlich auf der A 5 gibt es die **Swallow Falls** ⑩. In Kaskaden fließt der Llugwy über Felsen. Von einer Aus-

Tremadog Bay.

Alpensäuerling (Blütezeit: ab Juni).

Im Mai sind die Berghänge mit Hasenglöckchen überzogen.

sichtsplattform auf überhängendem Fels blickt man auf den mittleren Teil der Fälle. Zu den unteren Kaskaden führt ein Pfad steil hinab.
Von der Mountain Rescue Station (Bergwacht) am Westufer des Llyn Ogwen an der A 5 gibt es einen Naturlehrpfad zum Cwm Idwal National Nature Reserve ⑪. Oberhalb des **Idwal-Sees** liegt eine enge Felsspalte, Devil's Kitchen genannt.
Westlich von Roewen windet sich eine steile, enge, einspurige(!) Straße den **Ddeufaen-Paß** ⑫ hinauf. Zahlreiche Farngewächse finden an Felswänden noch ihr Auskommen. Auf der Paßhöhe bietet sich ein herrlicher Blick über einsames Moor- und Heidegebiet, Felsen, leider auch auf Überlandleitungen. Am Ende der Straße ist ein kleiner Wendehammer. Zu Fuß folgt man einer alten Römerstraße; von der Paßhöhe hat man dann bei schönem Wetter einen Blick auf die Insel Anglesey.
Bei Aber auf der A 55 gibt es eine kurze Stichstraße ins Hochland entlang eines bewaldeten Tals. Vom Parkplatz kann man 2,4 km durch das Coedydd Aber National Nature Reserve ⑬ zu den beeindruckenden, 35 m hohen **Aber Falls** wandern. Der gut markierte Naturlehrpfad führt durch einen Laubmischwald mit Eichen, Erlen, Eschen, Birken und Haselnußbäumen. Das Tal mit seinen steilen Hängen, kleinen Lichtungen und dem reißenden Flüßchen bietet Bachstelzen, Gebirgsstelzen und Wasseramseln einen Lebensraum. In einem alten Farmgebäude gibt es auf dem Weg ein Informationszentrum.

Praktische Tips

Anreise
Von London über Birmingham führt die M 1 und spätere A 5 direkt nach Betws-Y-Coed.

Unterkunft
Hotels und B&B in Llanberis, Bethesda und Conwy, Betws-Y-Coed, Harlech, Dolgellau und Bala. Liste von Übernachtungs- und Campingmöglichkeiten in den Informationszentren.

Information
▷ Snowdonia National Park Visitors' Centre, Y Stablau, Royal Oak Stables, Betws-Y-Coed, Gwynedd, Tel. 06902 665.
Weitere Besucherzentren u.a. in Llanberis, Dolgellau und Harlech.

Zahnradbahn auf den Snowdon
Talstation der Snowdon Mountain Railway in Llanberis; Abfahrt je nach Wetter und Besucherzahlen ab 9.00 Uhr bis 15.30 Uhr. Die Fahrt bis auf den Gipfel dauert 1 Stunde. Nach 30 Minuten Aufenthalt muß man wieder zurück oder statt des Rückfahrscheins zwei teurere Einzelfahrscheine lösen. Bei gutem Wetter beeindruckendes Bergpanorama, aber öfter Eiseskälte!

Karten
Für Wanderer: 4 Ordnance Survey Outdoor Leisure Series Maps von Snowdon, Conwy Valley, Harlech, Cadair Idris mit Bala, jeweils 1:25 000.
Ansonsten: Ordnance Survey Routemaster 7, Wales & West Midlands, 1:250 000.

Der Gletscherhahnenfuß ist arktisch-alpin verbreitet ▷ (Blütezeit: Sommer).

22 Skomer, Skokholm und Grassholm

270 km südwalisische Küste an der Irischen See mit vorgelagerten Inseln; Vogel- und Robbenparadiese (Kegelrobbe); Sturmschwalben und 45 Prozent des Weltbestandes des Schwarzschnabel-Sturmtauchers.

Die Vogelinseln sind der bekannteste Teil des Pembrokeshire-Coast-Nationalparks, der sich in einem schmalen Band von 5–15 km Breite etwa 270 km von Cardigan nach Amroth an der südwalisischen Küste entlangzieht und eine Fläche von 580 km^2 bedeckt. Der Nationalpark kann über einen Pfad, der parallel zum Meer meist direkt entlang der Klippenkante verläuft, erwandert werden. Er trägt noch die alte, britische Bezeichnung »Pembrokeshire«. Seit einigen Jahren heißt die Region offiziell walisisch »Dyfed«. Geschützt wird eine natürliche, grandiose Küstenlandschaft, die überwiegend aus Klippen von Old Red Sandstone (Devon) mit kleinen Sandbuchten besteht. Schichten der Silur-Devon-Grenze finden sich im Bereich von Marloes Sands. Auf der Halbinsel St. David's gibt es eine der ältesten Gesteinsformation Europas mit einem Alter von 1,5–2,0 Mrd. Jahren (Präkambrium). Die Küstenlandschaft will zu Fuß erwandert werden.

Skomer: Die 292 ha große Insel liegt nur 800 m vom Festland entfernt. Als National Nature Reserve ausgewiesen, wird sie vom Dyfed Wildlife Trust verwaltet. Die Küste von Skomer ist typisch für weite Teile des Pembrokeshire-Coast-Nationalparks. Das Innere der Insel bildet ein Plateau mit kleinen Seen und Sümpfen, das von drei Tälern durchzogen wird. Serien verschiedener Gesteine bilden von Ost nach West verlaufend Hänge, an denen viele Seevögel auf schmalen, durch Erosion entstandenen Simsen brüten. Im Innern findet man prähistorische Relikte, die auf wiederholte Besiedlung der Insel durch den Menschen hinweisen.

Skokholm: Die 97 ha große Insel erhebt sich etwa 60 m über den Meeresspiegel und ist 4,8 km von der walisischen Westküste entfernt. Skokholm ist in Privatbesitz, wird aber als National Nature Reserve vom Dyfed Wildlife Trust verwaltet.

Grassholm: Die felsige Granitinsel mit einem Plateau im Innern liegt 16 km vor der Westküste von Dyfed. Hier brüten etwa 30 000 Paare Baßtölpel im flachen Biotop; eine Besonderheit, da alle übrigen Baßtölpelkolonien des Nordatlantik an Steilhängen liegen.

◁ Das Schwarzkehlchen, eine Charakterart im Pembrokeshire-Coast-Nationalpark.

Fast 270 km grandiose Küsten zeichnen den Pembrokeshire-Coast-Nationalpark aus. ▷

Einer von 200 000 nachtaktiven Schwarzschnabel-Sturmtauchern auf Skomer.

Pflanzen und Tiere

Von Mai bis Juni bieten Küste und Inseln ein farbenprächtiges Bild: Flächendeckende Teppiche von Hasenglöckchen (S. 134) und rosa blühenden Gewöhnlichen Grasnelken (S. 90) bestimmen die Landschaft. Stellenweise dominiert atlantische Zwergstrauchheide. Stechginster (S. 138), Adlerfarn und Brombeeren bilden an den Abbruchkanten ein undurchdringliches Gewirr. Ginster- und Brombeer-Wallhecken begleiten die wenigen meist einspurigen Straßen, die zur Küste führen. Besonders im Bereich zwischen Marloes und Martin's Haven fallen Braunkehlchen (S. 149) und Schwarzkehlchen in großen Zahlen auf. An der Küste lassen sich ziemlich alle See- und Watvogelarten als Brutvögel oder Durchzieher beobachten.

Wildkaninchen bauen Höhlen.

Skomer und Skokholm: Heide- und Moorvegetation mit Adlerfarn und Greiskräutern ist typisch. Als Kostbarkeiten in der Tierwelt gelten die nachtaktiven Schwarzschnabel-Sturmtaucher (etwa 100 000 Paare auf Skomer, 35 000 Paare auf Skokholm) und Sturmschwalben (etwa 500 Paare auf Skomer, 7000 Paare auf Skokholm). Zu den weiteren typischen Seevögeln zählen: Krähenscharben, Papageitaucher (etwa 7000 Paare), Tordalken, Trottellummen (S. 28), Eissturmvögel (S. 29) und Dreizehenmöwen (etwa 15 000 Paare). Im Innern von Skomer befinden sich Kolonien von Mantelmöwen, Heringsmöwen und Lachmöwen (S. 91). Begleitarten an den Klippen sind Wanderfalke, Kolkrabe und Alpenkrähe.
Skokholm ist auch berühmt wegen seiner zahlreichen Zugvögel. Während des Frühjahrs- (April/Mai) und Herbstzuges (August/September) ziehen seltene Arten wie z.B. Fischadler (S. 51) oder Sperbergrasmücke durch, manchmal sogar amerikanische Arten wie der Graubruststrandläufer. Zahlreiche Sumpfohreulen jagen die endemische Skomer-Maus (s. S. 19), aber auch Waldmäuse, Zwerg- und Waldspitzmäuse. Wildkaninchen sind wichtige Baulieferanten für Schwarzschnabel-Sturmtaucher und Papageitaucher, die aber auch selbst Höhlen graben können. Die Viruserkrankung Myxomatose wirkt als regulierender Faktor für die Populationsdichte der Wildkaninchen. Auf der Insel kommen (noch) keine Raubsäuger oder Ratten vor.
Reptilien und Amphibien sind selten: Man trifft nur Bergeidechsen (S. 148), Blindschleichen, Grasfrösche (S. 33), Erdkröten (S. 57) und Fadenmolche an.
Für den Fotografen ist die Papageitaucherkolonie »the Wick« auf Skomer eine Of-

Zu den nachtaktiven Seevögeln der Britischen Inseln zählen Schwarzschnabel-Sturmtaucher, Sturmschwalbe und Wellenläufer. Ihnen gemeinsam ist, daß sie nur bei völliger Dunkelheit an Land kommen. Sie brüten in Kolonien auf kleinen Inseln vor der Küste in selbstgegrabenen Bauen oder unter Felsen. Wellenläufer und Sturmschwalben haben ihre Brutplätze meist im unteren Steilhang nahe zum Meer, Schwarzschnabel-Sturmtaucher in begrasten Hängen, teilweise mit Papageitauchern vergesellschaftet, die für den Menschen noch am ehesten zu erreichen sind.
Wegen ihrer heimlichen Lebensweise an Land sind Zählungen und die Erforschung ihrer Brutbiologie äußerst schwierig. Charakteristisch ist eine verlängerte Brutzeit. Zu ihren Feinden zählen hauptsächlich Möwen und Ratten.
Schwarzschnabel-Sturmtaucher sind mittelgroße Vögel (Flügelspannweite: 76–89 cm). 94 Prozent der Weltpopulation (280 000 Brutpaare) brüten auf den Britischen Inseln. Die größte Einzelkolonie befindet sich auf Rhum (Innere Hebriden). Auf den Shetlands gibt es nur wenige hundert Brutpaare . Die besten Beobachtungsmöglichkeiten bieten sich auf Skomer oder Skokholm; hier brüten etwa 135 000 Paare von Ende Februar bis September. Auf beiden Inseln ist es für Übernachtungsgäste ein unvergeßliches Erlebnis, wenn ab Mitternacht und bei völliger Dunkelheit (nicht bei Vollmond) Tausende von Vögeln mit schnarrenden Lauten und sirrenden Fluggeräuschen fast fledermausartig herumfliegen und in der Nähe ihrer Baue landen.
Da die Beine weit hinten am Vogelkörper angebracht sind, bewegen sich Schwarzschnabel-Sturmtaucher am Boden sehr unbeholfen. Meist müssen sie mehr oder weniger auf dem Boden rutschend noch eine kurze Strecke zurücklegen, um in ihre Höhlen zu gelangen. Für ihre Feinde sind sie dabei eine leichte Beute.
Sturmschwalben sind die kleinsten Seevögel (Flügelspannweite: 36–39 cm). Etwa 70 Prozent der Weltpopulation (95 000 bis 270 000 Brutpaare) brüten auf den Britischen Inseln. Die größten Kolonien befinden sich auf den Inseln North Rona und Sule Skerry, die im Atlantik zwischen den Hebriden und Orkney liegen. Die ersten Brutvögel kommen Ende April an die Küste und zeitigen im Juni ihre Gelege. Die Jungen bleiben manchmal bis Ende November an Land. Da Sturmschwalben meist am Steilhang brüten, sind sie selbst nachts an Land schwer zu beobachten. Meist findet man nur die Kadaver der von Möwen getöteten Vögel.
Auf Bootsfahrten z.B. nach Grassholm erkennt man Sturmschwalben an ihrem typischen Flugbild: Knapp über der Meeresoberfläche dicht über den Wellen fliegend, manchmal auch mit herabhängenden Füßen auf die Oberfläche platschend. Ihre Nahrung, kleine Krebstiere oder Fische, erbeuten sie dabei ähnlich wie Wellenläufer im Flug.
Wellenläufer (Flügelspannweite: 45–48 cm) kommen auf den Britischen Inseln nur in Schottland (Shetland- und Orkney-Inseln sowie Hebriden) mit weniger als 100 000 Paaren vor. Der größte Teil der Population brütet in Alaska. Die Brutzeit ist von Anfang Mai bis Oktober. Ihre Bruthöhlen sind für den Menschen nicht zugänglich. Man kann Wellenläufer aber mit etwas Glück auf dem offenen Meer, z.B. bei Fährpassagen, beobachten.

Rote Lichtnelke.

fenbarung: Formatfüllende Aufnahmen sind schon mit einem kleinen Zoom möglich. Die Vögel laufen einem ruhig sitzenden Fotografen zwischen den Beinen durch, um ihre auf der anderen Wegseite gelegenen Nester zu erreichen. Die Kolonie ist durch Seile abgesperrt (S. 25), die unbedingt zu respektieren sind.
Grassholm: Die Baßtölpelkolonie ist von 20 Paaren im letzten Jahrhundert (1883), über 300 Paare 1913, 2000 Paare 1924, 4750 Paare 1933, 20390 Paare 1975 auf 30000 Paare 1985 angewachsen. Es handelt sich um eine der größten Kolonien des Nordatlantiks. Diese vielen Brutvögel plus die erbrüteten Jungen drängen sich auf knapp 9 ha. Wenn die Baßtölpel an ihren Brutplätzen landen, kommt es daher zu vielen Streitereien und Schnabelhieben. Beim Stoßtauchen nach Fischen im Meer bleiben immer einige Vögel in Fischernetzen hängen und ertrinken. Andere können sich retten und tragen dann als Halskrause noch Reste von Fischernetzen.

Kennzeichen der alten Großmöwen: roter Punkt am Schnabel; hier eine Silbermöwe.

Im Gebiet unterwegs

Neben den Kerngebieten der Küste, den Halbinseln von Angle, Dale oder St. David's, sind die vielen vorgelagerten Inseln besonders erwähnenswert, die eine vielfältige Tierwelt an Meeresvögeln und -säugern beherbergen. Man kann eine Reihe von Inseln besuchen wie Ramsey oder Caldey, aber die berühmtesten sind Skomer, Skokholm sowie das weiter draußen in der Irischen See gelegene Grassholm. Sollte man keine Möglichkeit haben wenigstens eine Tagestour auf die Inseln zu unternehmen, bietet sich eine Wanderung von Marloes entlang der Küste an. Man hat von der Küste dort einen besonders guten Blick auf die Insel Skomer und kann auch spät abends Sturmschwalben einfliegen sehen. Ausgangspunkt für Wanderungen sollte der Parkplatz des National Trust (bewacht und gebührenpflichtig) sein.
Skomer: Nach der Landung im »North Haven« ① erfolgt die obligatorische Einweisung durch den Naturschutzwart, John Sutcliffe, danach kann man auf eigene Faust auf den markierten Pfaden (!) die Insel erkunden. Für die Tagestour hat man je nach Tide 4–5 Stunden Zeit und muß dann pünktlich wieder am Hafen erscheinen. Es gibt nur 6 Betten als spartanische Übernachtungsmöglichkeit bei Selbstverpflegung. Chemietoiletten und Gasherd sind vorhanden.
Beim Bootslandeplatz **North Haven** stehen im Juni/Juli viele Papageitaucher mit Fischchen im Schnabel vor ihren Bauen. Nur

Papageitaucher ruhen sich am Abend gerne in Gruppen aus.

wenn es stockdunkel ist, fliegen die Schwarzschnabel-Sturmtaucher ein. Es ist ein unvergeßliches Erlebnis, nachts mit der Taschenlampe (genügend Batterien !) die zu Tausenden einkehrenden Vögel zu erleben. Tagsüber sind sie auf der Insel nicht zu beobachten. In der Hafenbucht gebären Kegelrobben im Herbst ihre Jungen. »The Neck« ② ist für Besucher nicht zugänglich, da in der Papageitaucherkolonie wissenschaftliche Studien betrieben werden.
Einer der interessantesten Beobachtungsplätze ist **»The Wick«** ③. Auf der einen Seite sind 61 m hohe Klippen, auf denen Trottellummen, Tordalken, Eissturmvögel und Dreizehenmöwen brüten. Am gegenüberliegenden Hang haben Papageitaucher ehemalige Kaninchenbaue frequentiert. Schaut man im Juli mit dem Fernglas die Höhlen ab, sieht man mit viel Glück, wie das Junge vorne an den Baueingang kommt, um seine Flügel auszuprobieren. Die Papageitaucher sind sehr vertraut und vom Weg aus gut zu beobachten.
Durchquert man im **»South Valley«** ④ die große Mantelmöwenkolonie, findet man nicht selten Reste von durch Möwen getöteten Schwarzschnabel-Sturmtauchern und Sturmschwalben. Letztere haben ihre Höhlenbrutplätze bei **»Tom's House«** ⑤. Bei klarer Sicht kann man von **Skomer Head** ⑥ das 11,3 km entfernte Grassholm sehen. Über dem Meer fliegen Baßtölpel; manchmal schwimmen Delphine und Schweinswale vorbei. Kegelrobben (S.124) sind am besten bei Ebbe auf dem **»Garland Stone«** ⑦ zu beobachten.
Im Innern der Insel ⑧ jagen tagsüber Sumpfohreulen (S.87), Turmfalken (S.144) und manchmal Mäusebussarde (S.138) nach Mäusen. Weiterhin kommen Steinkäuze, Austernfischer, Kiebitze, Große Brachvögel (S.85), Feldlerchen, Wiesenpieper (S.147), Fasane und Ringeltauben vor. Wenn die Vögel nicht wie der Turmfalke in den Klippen brüten, müssen sie wie die Ringeltauben wegen Baummangels ihre Brut auf dem Boden großziehen.
Um die Auswirkungen der Wildkaninchen auf den Pflanzenwuchs festzustellen, ist seit 1973 eine kleine Parzelle, das »rabbit enclosure« ⑨, eingezäunt. Die Pflanzen wachsen darin üppiger und artenreicher. Der Unterschied zur Umgebung ist frappierend.
Skokholm: Nach Ankunft auf der Insel führt der Naturschutzwart eine 4-stündige Tour zu den Seevogelkolonien durch. Ein besonderes Erlebnis ist ein einwöchiger Aufenthalt von Samstag auf Samstag (von April bis September). Man kann sich dann frei auf den markierten Wegen bewegen.

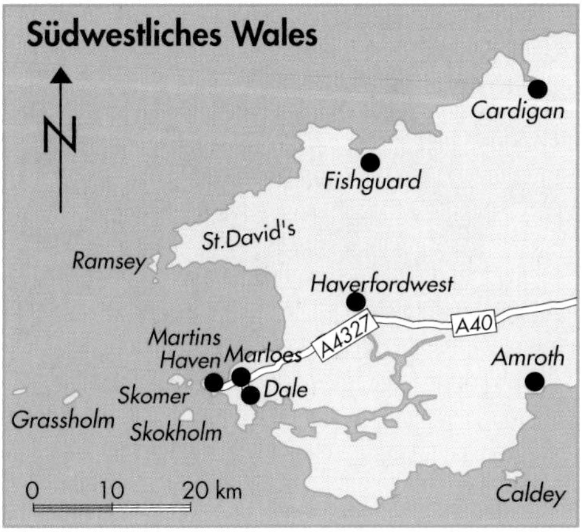

Einige Foto- und Beobachtungsverstecke stehen zur Verfügung. Vom neu eingerichteten Versteck am Hang unter dem Leuchtturm sind Skuas (S. 87), Seeschwalben, Delphine und Schweinswale zu beobachten. Die Unterbringung (nur 15 Betten) ist einfach, aber sehr gemütlich (ähnlich einer Jugendherberge mit Vollpension, Gasbeleuchtung und Chemietoilette).

Grassholm: Man darf sich ungefähr 1 Stunde auf der Insel aufhalten. Übernachtungsmöglichkeiten gibt es keine. Je nach Seegang ist die Landung im »North Gut« schwierig. Zunächst muß man einige Felsen hinaufklettern, um auf das Plateau zu gelangen. Daher sollte das Fotoequipement besser im Rucksack und sicher vor Gischt transportiert werden. Man folgt einem markierten Pfad, der in etwa 20 m Entfernung an der Baßtölpelkolonie vorbeiführt. Man steht dort auf einer seit 1930 verlassenen Papageitaucherkolonie. Die Baue sind durch übertriebene Bautätigkeit der Papageitaucher alle eingebrochen. Am Rande der Insel brüten auf den niedrigen Felsen Tordalken, Trottellummen, Dreizehenmöwen und Krähenscharben. In kleinen Buchten schauen manchmal Kegelrobben aus dem Wasser oder sonnen sich auf den Felsen.

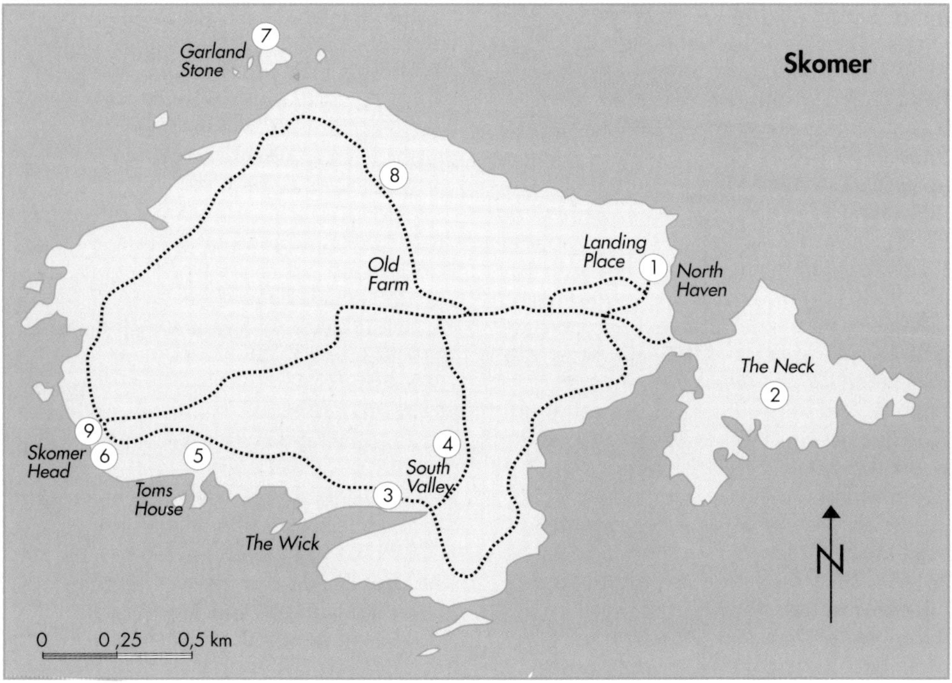

Praktische Tips

Anreise

Von London die M 4 nach Westen Richtung Bristol, Cardiff und Swansea, weiter die A 48 nach Carmarthen und die A 40 nach Haverfordwest. Von hier noch etwa 25 km nach Martin's Haven. In Haverfordwest am 2. Kreisverkehr nach rechts hochfahren Richtung »town center« und St.Davis, dann nach links auf die A 4327 Richtung Dale. Vor Dale rechts nach Marloes abbiegen und weiter eine sehr schmale Straße bis zum Ende nach Martin's Haven durchfahren.

Das Übersetzen zu den Inseln Skomer, Skokholm und Grassholm erfolgt von Martin's Haven, hier gebührenpflichtiger Parkplatz des National Trust. Bootstouren nach Skokholm und Grassholm sollten wegen der geringen Platzzahl vorgebucht werden. Zentrale Telefonnummer für die Reservierungen ist 0646/601636 (in Dale, beim Veranstalter Dale Sailing).

Nach Skomer: Ab 1. April oder ab Karfreitag, wenn dieser früher liegt. Saisonende ist der 30. September. Etwa 20 Minuten, dienstags bis sonntags; ab etwa 10.00 Uhr stündlich bis mittags, bei genügend Nachfrage halbstündlich; Rückkehr 15.00–16.00 Uhr, abhängig von Tide, Wetter und Nachfrage.

So., Di.,Mi. und Do. 1-stündige Bootstour ab 13.00 Uhr um die Insel ohne Landung.

Nach Skokholm: 30 Minuten, nur montags um etwa 10.00 Uhr für 35 Personen. Termin: vom »Spring Bank Holiday« bis Ende August.

Nach Grassholm: Nur montags um 10.00 Uhr, ungefähr 3 Stunden, für 12 Personen; nach dem 15. Juni eine Stunde Aufenthalt auf der Insel möglich. Freitags Rundfahrt um die Insel etwa 2 Stunden. Donnerstag abends organisiert das National Park Office ab Anfang Juni eine Tour mit Erläuterungen durch einen Führer (Landungsmöglichkeiten müssen erfragt werden).

Baßtölpel mit Halskrause aus Fischernetz.

Unterkunft

Campingplätze ohne Komfort an der Straße von Marloes nach Martin's Haven. Wasser und Entsorgung bei öffentlichen Toiletten in Marloes möglich. Wohnmobil oder Caravan sind ideal. In der Umgebung B & B.

Übernachtungen auf Skokholm oder Skomer; Informationen und Buchungen:

▷ Dyfed Wildlife Trust, 7 Market Street, Haverfordwest, Dyfed SA61 1NF, Tel. 0437 765462.

Lange Voranmeldezeit von 1–2 Jahren (!), da auf Skomer nur 6 Betten und auf Skokholm nur 15 Betten zur Verfügung stehen, die oft durch Reisegruppen blockiert sind. Aber: auch bei den Tagestouren sieht man bis auf die Schwarzschnabel-Sturmtaucher und Sturmschwalben alles, wenn kein Nebel ist.

Beste Reisezeit

Für Seevögel Juni bis Juli, Baßtölpel mit Jungen im Juli. Um die Pflanzenpracht mitzuerleben, beste Zeit Ende Mai bis Juni.

Blick in die Umgebung

Besuch des alten Ortskerns von **Haverfordwest.** Zum Nationalpark gehören auch die **Prescelli Mountains** mit der höchsten Erhebung, dem Foel Cwm Cerwyn (536 m).

Nebenreiseziele

N 1 St. Abb's Head

Diese imposante Küstenlandschaft mit steilen, zerklüfteten Vulkanfelsen ist ein National Nature Reserve. Auf Simsen des roten Sandsteins an der Landspitze des St. Abb's Head und auf einem aus dem Meer ragenden Felsen brüten zahlreiche Seevögel wie Trottellummen, Tordalken, Eissturmvögel (S. 29), Dreizehenmöwen, Silbermöwen und Krähenscharben.
Die B 6438 führt steil hinunter zum Fischerort St. Abb's. 0,8 km vor St. Abb's gibt es einen Parkplatz und ein Informationszentrum. Von hier gelangt man auf einem Klippenweg zum St. Abb's Head und seinem Leuchtturm. Der Pfad ist bei Regen recht glitschig. Vorsicht mit Kindern!

N 2 Aberlady Bay

Das Reservat des East Lothian District Council umfaßt 580 ha Sandwatt in einer Bucht des Firth of Forth, 11 km südwestlich von North Berwick (s. S. 30) gelegen. In der Dünen- und Marschenlandschaft gedeihen Queller, der die Schlicksedimentation

Loch Leven ist für Wasservögel und seine Forellen bekannt.

Aberlady Bay – ein Watvogelparadies.

begünstigt, Strandhafer, Sanddorn, Strandwegerich und Strandkamille. Zahlreiche Watvögel, darunter Austernfischer, Alpenstrandläufer, Brachvogel, Knutt und Rotschenkel, stochern bei Ebbe im Schlick nach Nahrung. Von weitem fallen die prächtig gefärbten Brandgänse auf. Im Winter rasten Singschwäne und einige Gänsearten, darunter Kurzschnabelgänse (S. 92). Regelmäßig sind in dieser Zeit Trauerenten, Samtenten und Eisenten zu beobachten.
An der A 198 zwischen Aberlady und Gullane gibt es einen Parkplatz mit beschildertem Wanderweg. Schon vom Parkplatz aus lassen sich die meisten Vogelarten beobachten.

N 3 Loch Leven (Vane Farm)

Loch Leven, ein National Nature Reserve, ist eines der Zentren für Wasservogelforschung in Großbritannien.
1830 wurde der See um 1,4 m abgesenkt, die Seeoberfläche verkleinerte sich dabei um 30 Prozent und ließ mehrere Inseln entstehen. Biologisch ist St. Self's Island

bedeutend, da hier Stockenten, Pfeifenten (S. 21), Reiherenten, Flußseeschwalben und Lachmöwen brüten. An den Ufern des Sees und den angrenzenden Wiesen sind Kiebitze, Rotschenkel, Grünschenkel, Große Brachvögel (S. 85) und Austernfischer zu sehen, manchmal auch Greifvögel wie Turmfalke (S. 144) und Mäusebussard. Der See bildet im Winter für Enten, Singschwäne (S. 84), Kurzschnabelgänse, Graugänse, Kanadagänse (S. 89) und Weißwangengänse ein wichtiges Überwinterungsgebiet.

Am Südufer von Loch Leven liegt das 185 ha große RSPB-Zentrum **Vane Farm.** Ein Naturlehrpfad führt hinauf durch einen Birkenwald und Heidemoore mit Blaubeeren und Besenheide. In diesem Biotop lebt das Schottische Moorschneehuhn (S. 123). Vom höchsten Punkt hat man eine herrliche Aussicht über Loch Leven und das umgebende Hügelgelände.

Von der Vane Farm aus kann man durch fest installierte Ferngläser und Spektive auf die Spitze einer Halbinsel blicken, auf der sich oftmals viele Wat- und Wiesenvögel aufhalten. Hier gibt es neuerdings auch eine Beobachtungshütte.

Das Reservat ist von April bis Dezember täglich von 10.00–17.00 Uhr geöffnet, von Januar bis März von 10.00–16.00 Uhr. Man hat Zutritt zur Vane Farm und zum Naturlehrpfad; 1 km entfernt liegt am See ein Picknickbereich, der übrige Reservatteil mit Wiesen und Feldern darf nicht begangen werden. Das Gebiet liegt direkt östlich von Kinross. Man nimmt Ausfahrt 5 auf der M 90 und biegt auf die B 9097 in östlicher Richtung nach Glenrothes ab.

N 4 Loch Lomond

Loch Lomond ist der größte Binnensee Großbritanniens und umgeben von hohen Bergen. Seine längliche, schmale Form kennzeichnet einen Graben, der durch Ausschurf eines Gletschers während der Eiszeiten entstanden ist. Durch den kolbenförmigen Südteil des Sees verläuft ein geologischer Einschnitt, eine Verwerfung, die die südlichen Lowlands von den schottischen Highlands trennt. Während der Nordteil des Sees sehr tief ist und sehr nährstoffarmes Wasser hat, bewirkt der Zulauf des River Endrick, der durch Agrarland fließt, einen höheren Nährstoffgehalt im südlichen Seebereich.

Loch Lomond ist ein Winterquartier für zahlreiche Wasservögel und Etappenziel für Zugvögel.Im Südosten des Sees liegt ein 405 ha großes National Nature Reserve, das einen Teil der Festlandsküste und 5 Inseln umfaßt. Auf den Inseln gibt es naturnahe Traubeneichenbestände. Die A 82 entlang des Westufers des Sees ist stark befahren. Das schöne Landschaftspanorama lohnt aber die Fahrt. Das Ostufer ist relativ unberührt, da hinter Rowardennan keine Straße mehr verläuft. Vom Campingplatz in Rowardennan gibt es den West-Highland-Weg entlang des Ostufers, eine Wanderstrecke zum grasbewachsenen Gipfel des Ben Lomond (973 m). Von hier bietet sich ein wunderschöner Blick über den See.

Erkundigungen sind in den Touristenbüros in Balloch (Tel. 0389 53533) oder Tarbet (Tel. 03012 260) einzuholen. In der Ferienzeit sollten möglichst Übernachtungsquartiere vorgebucht werden. Von Balloch kann man eine Bootsfahrt ans Ostufer nach Inversnaid oder zu anderen Stellen unternehmen.

N 5 Tentsmuir Point

Das National Nature Reserve ist eine Dünen- und Wattlandschaft mit großer Biotopvielfalt am Ausgang des Firth of Tay bei Dundee. Das Watt vor der Küste stellt einen wichtigen Nahrungs- und Rastplatz für zahlreiche Watvögel sowie Brandgänse, Graugänse, Kurzschnabelgänse (S. 92), Entenarten, Mittelsäger (S. 57) und Gänse-

säger dar, insbesondere auch im Winter. Auf Sandflächen ruhen Kegelrobben und Seehunde.
Landeinwärts ist eine Biotopabfolge zu beobachten: Junge, bewegliche Dünen direkt am Meer gehen in ältere, schon mit Gewöhnlichem Strandroggen, Korallenwurz und Baltischen Binsen überwachsene Dünen über. Weiter im Landesinneren folgen Heideflächen mit Zwergsträuchern, hauptsächlich Schwarzen Krähenbeeren, und Buschgelände mit Erlen, Birken und Weiden. Die größten Bereiche der Sandzunge am Firth of Tay bestehen aus dem Tentsmuir Forest, einem wiederaufgeforsteten Nadelwald, hauptsächlich mit *Pinus nigra* var. *maritima*. Die Baumwurzeln sollen die Dünen festhalten.
3 km südlich von Tayport geht von der B 945 eine Nebenstraße östlich ins Reservat. Es ist öffentlich zugänglich, mehrere Pfade führen zum Tentsmuir Point und an den Strand.

N 6 Fowlsheugh

In diesem RSPB-Reservat gibt es 60 m hohe Steilklippen mit ausgedehnten Seevogelkolonien. Es liegt 4,8 km südlich von Stonehaven und ist über Dundee auf der A 92 zu erreichen. Auf einer schmalen Straße gelangt man nach Crawton. Hier führt vom Parkplatz ein markierter Küstenpfad Richtung Norden die Klippen entlang. Auf schmalen Simsen und Felskanten brüten während der Monate April bis Anfang Juli 100 000 Dreizehenmöwen, Trottellummen, Tordalken, Papageitaucher und Eissturmvögel. In der Spritzwasserzone sind Krähenscharben und Eiderenten (S. 127) zu beobachten.
Neuerdings gibt es 2mal wöchentlich abends Bootsfahrten von Stonehaven aus entlang der Klippen. Auch geführte Wanderungen werden zu bestimmten Zeiten angeboten. Nachfragen beim Informationszentrum am Parkplatz.

N 7 Corrieshalloch Gorge

Innerhalb des Braemore Forest im Strath More liegt die Corrieshalloch Gorge. Sie ist eine dicht bewaldete, etwa 1,5 km lange und 60 m tiefe Klamm, in die sich während der Eiszeiten Schmelzwässer in den harten Fels eingetieft haben.
Von einer Hängebrücke blickt man auf den **Measach-Wasserfall** am oberen Ende der Schlucht. Beachten Sie das Hinweisschild am Parkplatz auf der A 835 nahe der Abzweigung zur A 832, etwa 10 km südöstlich des Loch Broom.

N 8 Strath Oykel (Lachsfluß)

Der River Oykel fließt von den Hängen des Ben More Assynt durch ein landschaftlich idyllisches, im Mittel- und Unterlauf weites, vom Gletscher überformtes Tal, das Glen Oykel. River Oykel vereinigt sich mit River Cassley und River Shin zum Kyle of Sutherland, der in den Dornach Firth entwässert. Auf der A 837 folgt man dem River Oykel. Bei der alten Steinbrücke »Oykel Bridge« hat man einen schönen Blick auf den Fluß, in dem Lachse, Seeforellen und Bachforellen leben. Fischen kann man nur mit Angelschein!
Die Ufer des Oykel sind bewaldet. Anschaulich lassen sich im Tal die verschiedenen Altersstadien der Aufforstungen mit Nadelbäumen nachvollziehen. Nach fast vollständiger Entwaldung der Highlands im Mittelalter hat man in den letzten 60 Jahren große Aufforstungsprogramme seitens des Staates ins Leben gerufen. In sehr arbeitsreichen Schritten werden Parzellen vorbereitet. Sie sind mit tiefen Gräben zur Drainage durchzogen und werden eingezäunt, um Rotwild und Schafe abzuhalten. Es gibt sogar Sicherungen gegen Kaninchenfraß. Heidewachstum muß verhindert werden; zur Verbesserung der sauren, sehr nährstoffarmen Podsolböden wird aus der Luft gedüngt und gekalkt.

Die Corrieshalloch Gorge, eine 60 m tiefe Schlucht (N 7).

N 9 Vogelinsel Handa

Die 310 ha große Insel ist nur durch den wenige hundert Meter breiten Sound of Handa von der Küste Sutherlands getrennt. Felsklippen umgeben die Insel von drei Seiten und bieten Seevögeln gute Nistplätze. Die Insel selbst ist relativ eben und bedeckt mit Heide- und Deckenmooren sowie 6 kleinen Seen. Ein Rundweg, den man nicht verlassen darf, führt über Stege und Bohlen. Aber auch vom Weg aus, der zunächst quer durch den Moorbiotop der Insel geht, lassen sich Skuas (S. 87) oder Schmarotzerraubmöwen (S. 89) gut beobachten und fotografieren. Meist stehen die Vögel auf den Moorbulten.
Die Schmarotzerraubmöwe kommt hier sowohl in einer hellen als auch dunklen Phase vor. Es handelt sich dabei um genetisch bedingte Farbvariationen im Gefieder. 1970 gab es erst einen Brutplatz der Schmarotzerraubmöwe auf Handa, 1986 waren es schon 30. Die Skua ist zahlreicher. Während 1970 nur 3 Paare brüteten, zählte man 1986 schon 66 Brutplätze. Die Skua wirkt plumper und gedrungener als die zierliche Schmarotzerraubmöwe, die auch der viel elegantere Flieger ist.
An den Steilklippen mit schmalen Felssimsen, besonders dem Great Stack, einer Felsnadel im Meer, brüten Dreizehenmöwen, Papageitaucher (S. 167), Eissturmvögel, Gryllteisten (S. 99) und Krähenscharben. Trottellummen (1987: 98 700 Vögel) und Tordalken (1987: 16 400 Vögel) haben auf Handa jeweils ihre größte Brutkolonie in Großbritannien. Kegelrobben können bei Ebbe auf kleinen, der Küste vorgelagerten Felsinseln ruhen.
Von Scourie (auf der A 894) biegt eine schmale Stichstraße nach Tarbet ab. Hier starten Bootsfahrten vom 1. April bis

Tentsmuir Point ist ein wichtiger Rastplatz für Brandgänse (N 5). Im Foto rechts das Männchen.

Im Westen von Handa Island: 60 m hohe Felsklippen.

10. September täglich außer sonntags; Abfahrt etwa 9.30, letzte Rückfahrt 15.00 bis 16.00 Uhr, abhängig vom Wetter und der Anzahl der übergesetzten Leute. Wohn- und Campingmöglichkeiten in Scourie.

N 10 Northumberland-Nationalpark

Der Nationalpark, westlich von Newcastle-upon-Tyne, ist 80 km lang und nur 16 km breit; ein isoliertes, einsames, nahezu unbesiedeltes Grenzland zwischen England und Schottland. Im Nordwesten liegen die hellen Granithügel der **Cheviots**, die mit bis zu 816 m die höchsten Lagen im Park darstellen. Die Nordhänge sind grasbewachsen. Zahlreiche Flüsse und klare Bäche stürzen durch Felsschluchten, in denen Wasseramseln und Gebirgsstelzen (S. 21) leben. Die Cheviots selbst bilden Plateaus mit Heiden und kahlen Mooren, auf denen sich Granit-Tors, kleine Felshü-

Großflächige Aufforstung mit Sitka-Fichten im Strath Oykel (N 8).

gel wie im Dartmoor, befinden (s. S. 142). In diesem Gebiet leben wilde Ziegen, Schneehasen, Ringdrosseln (S. 159) und Merline. Die Konkurrenz des Grauhörnchens ist für das Eichhörnchen noch nicht so stark wie im englischen Tiefland. Der größte Teil des Heidemoors liegt im Osten, im Coquetdale und in den 440 m hohen zerklüfteten Simonside Hills aus dunklem Sandstein, die zahlreiche Wandermöglichkeiten bieten. Im Zentrum fließt die Rede in einem idyllischen Flußtal.
Die Südgrenze des Parks bilden die Steilabbrüche der Great Whin Sill, die durch tertiären Vulkanismus als natürliche Barriere entstanden sind. Hier bauten die Römer zur Grenzsicherung ihres Nordwestterritoriums den **Hadrianswall** (122–128 n.Chr.), eine beeindruckende Steinfestung, die sich vom Solway Firth bis zur Tyne-Mündung quer durch England erstreckt. Die schönste Sicht auf den Wall bekommt man auf der Wanderung von Housestead nach Westen in Richtung Whinshields, wo auch Vindolanda, ein altes Fort, liegt. Im Sommer gibt es auf der B 6318 einen Busservice (1993: vom 24.7. bis 5.9. täglich) entlang des Hadrianswall zwischen Hexham und Haltwhistle.
In diesem Park bestehen große Interessenskonflikte zum Naturschutz. Das 233 km^2 große militärische Sperrgebiet mitten im Park zwischen Rede und Coquetdale ist das wichtigste Militärgelände Englands. An 290 Tagen im Jahr gilt es – durch rote Flaggen angezeigt – als gesperrt. Geöffnet ist es während der Lammzeit vom 14.4. bis 15.5. und an öffentlichen Feiertagen. Aufforstungen mit Nadelhölzern führen zur Verarmung der einheimischen Pflanzen- und Tierwelt. Der größte vom Menschen in Europa aufgeforstete Wald liegt um den Kielder-See außerhalb des Parks. Bisher konnte die Lagerung von radioaktiven Abfällen in den Graniten der Cheviots verhindert werden.
Wegen der Abgeschiedenheit des Gebietes gibt es Unterkünfte nur außerhalb des Parks in den Städten Wooler, Rothbury (hier auch Informationszentrum), Hexham und Haltwhistle.

N 11 Leighton Moss und Morecambe Bay Nature Reserve

Das RSPB-Reservat Leighton Moss besteht aus flachen Seen, Schilfgürteln und Weiden-Erlen-Gebüschen. Es gibt ein Besucherzentrum und fünf Beobachtungshütten. Besondere Kostbarkeiten sind 10 Brutpaare der Rohrdommel, das entspricht 25 Prozent der britischen Population. Seit kurzem brüten wieder Rohrweihen. Daneben gibt es Wasserrallen und mehrere Entenarten. Die seltenen Bartmeisen sowie Schilfrohrsänger und Feldschwirle bewohnen die Röhrichtdickichte. In den Gewässern des Gebiets leben Fischotter. Im angrenzenden Wald sind Rothirsche und Rehe heimisch.
Von der M 6 (Ausfahrt 36) fährt man über Milnthorne und Arnside weiter Richtung Silverdale. Das Gebiet ist täglich von 9.00–21.00 Uhr geöffnet. Eine Beobachtungshütte (public hide) auf dem Damm, der durch das Gebiet verläuft, ist immer offen.

N 12 Titchwell Marsh

Das RSPB-Reservat am Wash ist eine Flachküstenlandschaft, die bei Ebbe weite Wattbereiche freigibt. Bis zu 20 Watvogelarten, darunter Säbelschnäbler, viele Knutts, Uferschnepfen und verschiedene Entenarten, suchen im Schlick nach Nahrung. Von zwei Beobachtungshütten kann man die Marsch überblicken, von einer weiteren ist im Sommer eine Küstenseeschwalben- und Zwergseeschwalbenkolonie zu beobachten. Außerdem brüten etwa 40 Säbelschnäblerpaare.
Das Schutzgebiet ist ganzjährig zugänglich und auf der Küstenstraße A 149 zwi-

schen Thornham und dem Ort Titchwell erreichbar. Unterkünfte finden sich in Thornham und Wells-next-the-Sea.

N 13 Norfolk Broads: Hickling Broad und Ranworth Broad

Das Feuchtgebiet der Norfolk Broads ist eine weite, flache Seenlandschaft in den Flußniederungen von Ant, Bure, Thurne, Waveney und Yare. Die Landschaft entstand wahrscheinlich im 14. Jh. infolge von Landsenkung durch Torfstich. Einige Seen sind mit Flüssen zu einer Wasserstraße verbunden, auf der man etwa 200 km mit einem Boot zurücklegen kann. Der hohe Freizeitdruck mit viel Wasseraktivitäten wirkt sich sehr negativ auf diese Kulturlandschaft aus. Motorboote haben die für brütende Vögel wichtigen Schilfsäume zerstört. Durch Überdüngung in der Landwirtschaft wird die Algenblüte im Wasser besonders in warmen Sommern gefördert.
Ein Kleinod bildet das 550 ha große **Hickling Broad,** ein National Nature Reserve. Ein großer, flacher See ist mit Schilf und Riedgras umgeben, daran angrenzend befindet sich ein kleiner Wald. Rohrdommeln, Bartmeisen, gelegentlich auch Rohrweihen und Wiesenweihen brüten im Schilf. Unter zahlreichen Schmetterlingsarten hat der Schwalbenschwanz hier eines seiner letzten Vorkommen in England. Im See leben viele Süßwasser-Fischarten, darunter Hecht und Zander.
Auf der A 149 hinter Great Yarmouth hält man sich westlich nach Hickling, von dort aus ist der See ausgeschildert. Vom Besucherzentrum geht es zu Fuß oder mit dem Boot weiter. Das Schutzgebiet darf zwischen dem 01.04. und 31.10. (täglich außer dienstags) nur mit Genehmigung des Warden betreten werden. Information: Warden's House, Stubb Road, Hickling, Norwich NR12 OBW, Tel. 069 261276. Anmeldung für Bootsfahrten zu Beobachtungsverstecken: Tel. 069 261503. Gummistiefel erforderlich, auf Bootstouren warme Kleidung anziehen!

Die Rohrdommel ist manchmal im Leighton Moss zu sehen.

Ranworth Broad weist einen 450 m langen Steg durch Wald-, Sumpf- und Marschland auf. Das Besucherzentrum (täglich von 10.00–17.00 Uhr geöffnet) ist als Besonderheit schwimmend angelegt. Neben einer Reiherkolonie (S. 57) gibt es hier eine der größten Schlafkolonien des Kormorans (S. 64). Im Sommer sind Schwalbenschwänze die bedeutsamste Schmetterlingsart. Vom Turm der nahegelegenen St. Helen's Church hat man einen sehr guten Überblick über das Reservat. Der Turm ist zugänglich. Man erreicht das Gebiet über die A 47 und die Nebenstraße nach South Walsham oder über die B 1140 von Norwich aus.

N 14 Wicken Fen

Die Fens waren eine weite, flache Sumpflandschaft mit Schilf- und Rohrkolbenbeständen zwischen Peterborough und The Wash in Ostengland. Bis zum Ende des 19 Jh. ist diese Landschaft mit Hilfe von Gräben und Windmühlen trockengelegt worden, um Weide- und Ackerland zu gewinnen. Wicken Fen ist ein 259 ha großes Reservat, in dem die ursprüngliche Vielfalt der Lebensräume der Fens wieder herge-

Elmley Marshes, ein immer lohnenswertes Ziel für Wat- und Wiesenvogelbeobachtungen.

stellt wurde. Hierzu wurden die Entwässerungsgräben verdämmt, und mit Hilfe einer alten Windmühle wurde der ursprüngliche Wasserstand wieder hergestellt, so daß sich das Moor langsam regenerieren konnte.
Heute herrschen wieder Weiden, Birken und Erlen vor. In den offenen Gewässern wachsen Schilf, Schmalblättriger Rohrkolben, Sumpfseggen und Rispenseggen sowie zahlreiche Wasserpflanzen, darunter Wasserschwertlilie und Wasserfeder. Echtes Mädesüß (S. 109), Gewöhnlicher Wasserdost und Gewöhnlicher Gilbweiderich sind verbreitet. Zahlreiche Schmetterlings- und Vogelarten können angetroffen werden.
Das Gebiet ist durch mehrere Pfade mit insgesamt vier Beobachtungshütten und einem Informationszentrum gut erschlossen. Von Newmarket auf der A 142 biegt man auf die A 1123 nach Wicken; ab hier ist Wicken Fen ausgeschildert.

N 15 The Lodge bei Sandy, Bedfordshire

The Lodge ist das Hauptquartier der Royal Society for the Protection of Birds (=RSPB), der mit 750 000 Mitgliedern größten Naturschutzorganisation Großbritanniens. 800 Festangestellte betreiben hier Naturschutzforschung und verwalten insgesamt 115 eigene Reservate in ganz Großbritannien.
Durch das 43 ha große RSPB-Reservat, einem Heide- und Waldland, führen Naturlehrpfade. Von 100 nachgewiesenen Vogelarten brüten etwa 50. Im Wald sind Grauhörnchen (S. 139) häufig. Hier hält sich auch das aus Asien eingebürgerte Muntjak auf. Eine kleine Population Kreuzkröten bevölkert die Tümpel.
Zum Eingang, Shop und Visitor Centre gelangt man 1,6 km hinter Sandy auf der B 1042, die Richtung Cambridge verläuft. Geöffnet ist täglich von 9.00–21.00 Uhr (Shop von 9.00–17.00 Uhr).

N 16 Minsmere RSBP-Reservat

In den flachen Brackwasserlagunen befindet sich die zweitgrößte Säbelschnäblerkolonie Englands. Außerdem brüten hier Bartmeisen und Rohrweihen. Während der Zugzeiten gilt das Gebiet als Rastplatz für Fischadler und viele Watvögel wie Uferschnepfen und Dunkelwasserläufer. Fischotter sind häufig, Muntjaks in den benachbarten Wäldern eingeführt.
Minsmere erreicht man über die B 1125 von Westleton nach Dunwich. Auf ausge-

wiesenen Wegen ist das Gebiet ganzjährig (außer dienstags) von 9.00–21.00 Uhr zugänglich. Vom Dunwich-Klippen-National-Trust-Parkplatz gelangt man zu einer Beobachtungshütte am Strand, die immer offen ist. Bitte fahren sie auf den engen Straßen im und am Reservat vorsichtig!

N 17 Havergate Island

Die Insel ist ein RSPB-Reservat im Mündungsbereich des Ore mit der größten Säbelschnäblerkolonie Englands mit etwa 120 Paaren. Nachdem Säbelschnäbler ein Jahrhundert in England ausgestorben waren, sind sie seit 1947 hierher und ins naheliegende Minsmere (s. N 16) zurückgekehrt. Das Schutzgebiet ist nur mit einem Boot zu erreichen: 2mal täglich legt es Mo., Do., Sa. und So. (April bis August) vom Orford Kai um 10.00 Uhr und 11.30 Uhr ab. Besucher müssen im Voraus buchen und schriftlich um Genehmigung nachsuchen beim Warden: J. Partridge, 30 Mundays Lane, Orford, Woodbridge IP 12 2 LX.

N 18 Elmley Marshes

Das RSPB-Reservat Elmley Marshes ist eine Feuchtwiesenlandschaft auf der Südseite des Themse-Ästuars, von Blänken, Sumpfwiesen und eingedeichten Salzwiesen durchzogen. Die typischen Wiesenvögel wie Kiebitz und Rotschenkel sind sehr häufig. Von den fünf Beobachtungshütten entlang des 8 km langen Rundwanderweges kann man sogar brütende Säbelschnäbler beobachten. Brandgänse, Zwergtaucher, Alpenstrandläufer, Sandregenpfeifer, Zwergseeschwalben, Kanadagänse und Rohrweihen sind Brutvögel. Aus Osteuropa stammt der Seefrosch (S. 20), die einzige auf den Britischen Inseln vorkommende Grünfroschart. Sein Quaken schallt im Frühsommer weit über die Kanäle.

Der Hadrianswall – Wahrzeichen des Northumberland-Nationalparks (N 10).

Säbelschnäbler brüten z.B. in den Elmley Marshes.

Man erreicht das Reservat über die Ausfahrt 5 der M 2 und folgt der A 249 Richtung Sheerness. Hinter der Betonbrücke über den Swale zweigt rechts ein ausgeschildeter Feldweg ab. Nach 3 km erreicht man den Parkplatz. Bis zur ersten Beobachtungshütte sind es 2 km Fußmarsch. Außer dienstags, täglich von 9.00–21.00 Uhr geöffnet.

N 19 Dorset-Klippen

Die bei Sonnenschein weiß leuchtenden Dorset-Klippen (122 m) liegen an der Südküste Englands westlich von Bornemouth. Steile Kreideklippen, die durch stetige Meeresbrandung Auswaschungen und Tore im Fels sowie idyllische Sandbuchten aufweisen, bilden eine eindrucksvolle Küstenlandschaft. Hier verläuft der **Dorset Coast Path,** ein Fernwanderweg. Auf der windabgewandten Seite des Dorset Coast Path befinden sich Halbtrockenrasen. Als besondere Kostbarkeiten gedeihen kalk- und wärmeliebende Orchideen (s. S. 183), darunter das im Frühjahr blühende Purpurknabenkraut; später, im Mai/Juni, blühen Hummelragwurz, Spinnenragwurz und Pyramidenorchis (S. 128).
Über Wareham gelangt man auf einer Stichstraße zur Küste und auf einen großen Parkplatz hinter Lulworth. Wendet man sich nach Westen, folgt man auf einem herrlichen Klippenpfad der Purbeck-Küste und kann auf die **Lulworth Cove** blicken, eine kreisförmige Bucht, deren Felsring nur einen schmalen Ausgang zum Ärmelkanal offenläßt. Die ostwärts verlaufende 11 km lange Teilstrecke des Dorset Coast Path bis Kimmeridge ist landschaftlich wunderschön, aber anstrengend zu gehen.

N 20 Mendip Hills

Die Mendip Hills sind etwa 300 m hoch und liegen südwestlich von Bristol in Somerset. Landschaftlich bilden sie ein Kalksteinplateau, das mit Moor- und Heideflächen überzogen ist. Darüber ragen einzelne Sandsteinfelsen. Der höchste ist mit 325 m der Black Down. Im Süden steigt die Landschaft sanft an. Im Nordwesten werden die Hangkanten von den tiefen, engen Schluchten der Cheddar Gorge, Ebba Gorge und Burrington Gorge eingeschnitten.
Die dauernd wehenden Südwestwinde bringen viel Steigungsregen heran.Das Regenwasser wird hier nicht oberflächlich in Bächen abgeführt, sondern es sickert in das zerklüftete Kalkgestein und fließt unterirdisch. Da Kalk in Wasser löslich ist, sind riesige Höhlensysteme entstanden. An der Oberfläche kommt es zu Einbrüchen und Senkungen (s. S. 115).
Die **Cheddar Gorge** ist eine 3 km lange Kalksteinschlucht mit steil abfallenden, bis 120 m hohen Felswänden und einigen Höhlen. Besonders charakteristisch sind die am Ende der Gorge gelegenen Black Rock Reserves. Das 90 ha große Gebiet besteht aus Trockentälern, die das Mendip-

Plateau zerschneiden und in die Cheddar Gorge münden. Im unteren Teil der Trockentäler befindet sich Wald mit Gewöhnlichem Frauenmantel (S. 39), Gundermann, Geflecktem Aronstab, Waldprimel (S. 149), Einbeere, Blutstorchschnabel, Kleiner Bibernelle und Goldnessel. Im Mai bilden Hasenglöckchen und Bärlauch (S. 135) große Blütenteppiche. Im oberen Teil befinden sich Halbtrockenrasen mit etwa 200 kalkliebenden Pflanzen , darunter Sonnenröschen, Geflecktes Knabenkraut (S. 121), Wiesenschlüsselblume, Hainveilchen und Schillergras. Als zoologische Besonderheit tritt die Große Hufeisennase, eine höhlenbewohnende Fledermaus, auf.

Die **Wookey-Höhle** (täglich geöffnet von 9.30–17.30 Uhr) nördlich der Stadt Wells wird vom Axe durchflossen. Tropfsteine, Stalaktiten und Stalakmiten werden angestrahlt. Das Betreten der Höhle ist hier in geführten Gruppen möglich. Das Terrain ist touristisch stark erschlossen. In der Stadt **Cheddar** sind die Cheddar Showcaves zu besichtigen. Für Höhleninteressierte gibt es das »Adventure Caving Centre« in Cheddar bei Gough's Cave, Tel. 0934 742343.

N 21 Brecon-Beacons-Nationalpark

Der Brecon-Beacons-Nationalpark ist ein 1350 km² großes, rauhes Bergland in Südwales und wurde als letzter Nationalpark Großbritanniens 1957 gegründet. Die Brecon Beacons lassen sich mit ihren gerundeten Berggipfeln eher mit unseren Mittelgebirgen vergleichen, wohingegen das nördlich gelegene Snowdon-Massiv, obwohl es nur 200 m höher ist, überwiegend alpinen Charakter zeigt (s. S. 155).

Drei Gebirgszüge werden von eiszeitlich überformten, grünen, mit Wallhecken untergliederten Tälern wie dem Usk oder Taff Valley durchzogen. Von West nach Ost unterscheidet man erstens die Sandsteingipfel des noch relativ unberührten, oft nebelverhangenen **The Black Mountain** oder walisisch »Mynydd Du«, zweitens die eigentlichen **Brecon Beacons** und drittens die an der Grenze zu England im Osten gelegenen **Black Mountains,** die sinnigerweise gleichnamig mit den westlichen Gipfeln sind. Der höchste Gipfel in den Brecon Beacons ist Pen-y-Fan (886 m).

Geologisch überwiegt Old Red Sandstone aus dem Devon. Silurische Sandsteine grenzen im Nordwesten zwischen Llandeilo und Llandovery an den Brecon-Beacons-Nationalpark. Am Südrand zieht sich ein schmales Kalksteinband aus dem Karbon entlang, in dem sich Höhlensysteme gebildet haben. Die **Tropfsteinhöhlen Danyr-Ogof** kann man an der A 4067 nordöstlich von Ystalyfera besichtigen.

In den Zwischeneiszeiten sind durch breite Schmelzwasserströme große Kalksteinschluchten entstanden. Heute gibt es hier z.T. noch kleine Wasserfälle, die in den bewaldeten Tälern von Mellte oder Hepste in die Tiefe stürzen. Auf Kalk gedeiht Grüner Streifenfarn und Roter Steinbrech.

Das Klima ist rauh, mit harten Wintern und viel Schnee an den Nordhängen sowie raschen Wetterwechseln im Sommer. Trotz

Einige Karsthöhlen sind für den Tourismus total erschlossen.

Lulworth Cove ist der beliebteste Punkt der Dorset-Klippen (N 19).

niedriger Berghöhen von 800 m und der südlichen Breitenlage birgt das Wetter für Wanderer große Gefahren, an die der Gedenkstein des im August 1900 erfrorenen Tommy Jones am Corn Du mahnt. Entsprechende Ausrüstung und Kleidung sind bei Touren auf den zahlreichen Rundwanderwegen über die Bergkämme, aber auch auf

Die Unterlippe der Hummelragwurz gleicht einer pelzigen Hummel.

den kürzeren Spaziergängen erforderlich. Auf engen, für Wohnanhänger nicht empfehlenswerten nordsüdlich verlaufenden Straßen läßt sich der Park mit dem Auto erkunden. Auf der B 4423 von Hay zum Gospel Pass (677 m) in den Black Mountains hat man einen herrlichen Blick von der Gipfelhöhe in die Umgebung. Zwischen Silvern und Brynmaer an der A 465 gibt es im Cwm Clydach National Nature Reserve einen alten Buchenwald, vergesellschaftet mit Ebereschen, Eschen und Mehlbeeren. Hier leben noch Baummarder und Iltis (S. 155). Zwischen The Black Mountain im Westen und den Brecon Beacons liegt das ehemalige königliche Jagdgebiet, der Fforest Fawr, ein großes weites Heidemoor mit tief bewaldeten Tälern. Hier befindet sich heute das National Nature Reserve Craig Cerrig Gleisiad mit seltenen arktisch-alpinen Pflanzen am Nordhang.

Besucherzentren gibt es in Abergavenny, in Llandovery sowie bei Brecon. Vom Brecon Mountain Centre (täglich von 9.30–17.00 Uhr geöffnet) 7 km südwestlich von Brecon hat man einen guten Blick auf Pen-y-Fan und Corn Du sowie auf das Tarell-Tal.

Kalkliebende Vegetation

Vegetation auf kalkhaltigen Böden verbinden wir in Mitteleuropa meist mit Halbtrockenrasengesellschaften, die im Gegensatz zur Umgebung nährstoffärmer, trockener und wärmer sind. In solchen Gebieten wachsen viele interessante und seltene Pflanzen, darunter Orchideen.
In Großbritannien stellt sich die Situation anders dar. Auch hier kommen stellenweise kalkhaltige Böden unterschiedlichen geologischen Alters vor. Von Lochinver bis Durness verläuft von Nord nach Süd ein kambrisches Kalkband (s. Northwestern Highlands, S. 66, und Knockan Cliff, S. 77). Kalkgestein des Karbons dominieren im Peak District (s. S. 130), in den Yorkshire Dales (s. S. 112), in den Mendip Hills (s. S. 180), in Northumberland und im Süden der Brecon Beacons (s. S. 181). Kreideklippen ragen in Süd- und Ostengland empor.
Diese kalkhaltigen Böden sind – im Gegensatz zu unseren mitteleuropäischen – nährstoffreicher in Relation zum umliegenden extrem nährstoffarmen Moor- und Heideland.
Auf den Kalkböden wächst demzufolge eine vergleichsweise sehr reichhaltige Pflanzenwelt. Für Großbritannien bietet z.B. der Dalradian-Kalk (Paläozoikum) am Ben Lawers (s.S. 37) einem einzigartigen Artenreichtum an alpinen Pflanzen Lebensgrundlage. Im Vergleich mit unberührten Gebieten der Alpen oder Pyrenäen würde man Ben Lawers aber als eher unterdurchschnittlich bewerten müssen.
In Südengland gedeihen an den Dorset-Klippen sogar die mediterranen Orchideen Purpurknabenkraut, Hummelragwurz, Spinnenragwurz und die auch weiter im Norden an den Bempton Cliffs vorkommende Pyramidenorchis. Das für eine Pflanzengesellschaft der Halbtrockenrasen charakteristische Schillergras ist in den Mendip Hills verbreitet.
Als Besonderheit finden wir an der Westküste Schottlands und den Hebriden (s. S. 62) auf kalkhaltigen, mit Muschelschalen durchsetzten Sandböden die typische Machairgrasvegetation.

Orchideen auf Kalk: Spinnenragwurz.

Das mediterrane Purpurknabenkraut.

Reiseplanung

Vor der Reise

Informationen

Großbritannien unterhält in Deutschland und der Schweiz Informationsbüros. Dorthin kann man sich mit allen Fragen, die die jeweiligen Landesteile Schottland, England und Wales betreffen, wenden. Gegebenenfalls wird man an andere Stellen verwiesen, um sehr spezielle Auskünfte zu bekommen. Bei den Informationsbüros sind auch Prospekte, Broschüren, Karten usw. erhältlich, teilweise kostenlos, teilweise gegen Gebühr.

Deutschland:

▷ Britische Zentrale für Fremdenverkehr (BTA), Taunusstr. 52-60, 60329 Frankfurt, Tel. 069/ 2380 711/12/13.

Schweiz:

▷ British Tourist Authority (BTA), Limmatquai 78, CH-8001 Zürich, Tel. 01/ 261 4277/ 97.

In den Landesteilen selbst gibt es hervorragend organisierte Informationsbüros, die mit »tourist information« gekennzeichnet sind. Schriftliche oder telefonische Anfragen sind möglich bei:

▷ British Travel Centre, 12 Regent Street, Piccadilly Circus, London SW1Y 4PQ, Tel. (0044) 71/ 730 3400.

Die »tourist information« vor Ort sind immer sehr hilfreich und verfügen meistens über ausgezeichnetes Prospekt- und Kartenmaterial zu allen touristisch sehenswerten Gebieten aus ihrem Bereich; dazu gehören auch Informationen zur Natur.

Einreise

Ein gültiger Personalausweis genügt; Schweizer und Österreicher benötigen zusätzlich noch eine rosafarbene Besucherkarte, erhältlich beim BTA in Zürich bzw. für Österreicher im BTA Frankfurt oder im Britischen Konsulat in Wien.
Wer mit dem eigenen Auto einreist, benötigt die üblichen Papiere: Führerschein, Kraftfahrzeugschein und grüne Versicherungskarte. Das Fahrzeug sollte ein Nationalitätenkennzeichen haben.

Gesundheit

EG-Bürger können den National Health Service in Anspruch nehmen, ansonsten nur kostenlose Notfallversorgung. Eine Auslandskrankenversicherung ist empfehlenswert. In die Reiseapotheke gehören alle Medikamente, die man ständig oder gelegentlich braucht; für Rucksackwanderungen empfiehlt sich zusätzlich eine elastische Binde und ein bei Sport- oder Muskelverletzungen übliches Medikament als Gel oder Salbe. Wer auf Insektenstiche allergisch reagiert, sollte ein Antihistaminikum als Gel mitnehmen.

Devisen und Zollbestimmungen

Währung ist das Britische Pfund; jede von Ihnen gewünschte Menge an Banknoten und Reiseschecks darf ein- und ausgeführt werden. Die meisten Tankstellen, größeren Geschäfte, Hotels und Restaurants akzeptieren internationale Kreditkarten. Euroschecks werden fast überall angenommen. Kleinere Unterkünfte und B&B nehmen meist nur Bargeld.
Im wesentlichen gelten die EG-Zollbestimmungen. Die Einfuhr von Foto-, Film- oder Videoausrüstung und Sportgeräten für den privaten Gebrauch bereitet keinerlei Schwierigkeiten.
Einzelheiten über Ein- und Ausfuhrbeschränkungen:

▷ HM Customs and Excise, Dorset House,

Stamford Street, London SE1 9PS, GB, Tel. (0044) 71/620 1313.

Einfuhr von Haustieren
6 Monate Quarantänebedingungen in speziellen Tierheimen, mindestens 6 Monate im Voraus Importgenehmigung bei:
The Ministry of Agriculture, Fisheries and Food, Hook Rise, South Tolworth, Surbiton, Surrey KT6 7NF,GB,
Tel. (0044) 81/330 4411.

Reisezeit
Hauptreisezeit sind die Monate Juni bis Ende August. Aber auch im Mai mit der ersten Blütenpracht im Süden oder den letzten Resten von Schnee in Snowdonia (Wales) oder in den Cairngorms (Schottland) kann der Besuch sehr reizvoll sein. Das gilt auch für den Spätsommer, wenn im August/September die Besenheide blüht und die Deckenmoore statt bräunlich teilweise flammend rotviolett erstrahlen.
Die beste Zeit für Seevogelbeobachtungen ist Juni bis Juli.

Anreise / Reisen im Land

Mit dem Auto

Die wichtigsten Auto- und Passagierfähren verkehren zwischen Calais / Dover; Dünkirchen / Ramsgate; Ostende / Dover und Folkestone; Zeebrugge / Hull und Felixstone; Vlissingen / Sheerness; Hoek van Holland / Harwich; Hamburg / Newcastle und Harwich; Rotterdam / Hull. Luftkissenboote, die auch Fahrzeuge transportieren, verkehren zwischen Calais / Ramsgate und Dover. Der Eurotunnel (zwischen Calais in Frankreich und Folkestone) unter dem Ärmelkanal ist ab Mai 1994 befahrbar.
Weitere Fährverbindungen, Informationen und Preise im Reisebüro.
Fähren zu den Hebriden, Orkney- und Shetland-Inseln sowie zu kleineren Inseln: siehe jeweilige Reiseziele.

Tips für Autofahrer
In Großbritannien herrscht Linksverkehr: links fahren, rechts überholen. Im Kreisverkehr (»roundabout«) gilt in der Regel rechts vor links, im Uhrzeigersinn herumfahren.
In England ist schnelles Vorankommen in Nordsüdrichtung durch die Autobahnen gewährleistet. Die Ostwestverbindungen durch Wales oder Cornwall sind schon spärlicher. In Wales und Schottland, aber auch den Nationalparks Englands gelten geringere Durchschnittsgeschwindigkeiten als wir sie im zubetonierten Deutschland gewohnt sind.
Hinweis für Wohnmobile und Caravans:
Ein Teil der engen Straßen ist für Fahrzeuge über 2m (6′–6″) Breite gesperrt, meist zusätzlich durch ein blaues Schild »unsuitable for caravans & coaches« gekennzeichnet.
Pannenhilfe: Automobil Association (AA), Fanum House, 5 New Coventry St., London WC2, Tel. 071/954 73 73 oder gebührenfrei Tel. 08 0088 7766; oder Royal Automobile Club (RAC), 83 Pall Mall, London SW1, Tel. 071/930 4343 oder gebührenfrei Tel. 08 0082 82 82.
Notruf: 999 für Krankenwagen, Feuerwehr und Polizei.
Geschwindigkeitsbegrenzungen: Auf Autobahnen und mehrspurigen Straßen: 70 Meilen (112 km/h), auf zweispurigen Straßen: 60 Meilen (96 km/h), in geschlossenen Ortschaften 30 Meilen (48 km/h), falls nicht anders angegeben.
Brückenzölle: Unter anderem für Forth Bridge, Tay Bridge, Humber Bridge, Dartford-Tunnel und -Brücke, Severn Bridge.

Mit der Bahn

Ein reichhaltiges Fahrkartenangebot an »tourist tickets« und »discount cards« über die BTA in Frankfurt erhältlich oder bei:
▷ British Rail International,
Düsseldorfer Str.15–17,
60329 Frankfurt, Tel. 069/232381.

Der preisgünstige »BritRail Pass« ist 1 bis maximal 4 Wochen unbegrenzt benutzbar. Der Paß muß im Heimatland erworben werden: Reisebüros oder BTA Frankfurt. »Rail Rover Tickets« stehen für bestimmte Landesteile zur Verfügung. Erkundigungen an den meisten britischen Bahnhöfen. Preiswerte Netzkarten für Schottland »Highlands and Islands Travel Pass« oder »ScotRail Pass« gelten für alle Bahnstrecken und die meisten Bus- und Fährschiffdienste zu den schottischen Inseln. Erhältlich in Reisebüros.
Durch den Eurotunnel kann Großbritannien ab Mai 1994 direkt mit der Bahn erreicht werden.

Mit dem Bus

▷ Informationen: Deutsche Touring, Am Römerhof 17, 60486 Frankfurt, Tel. 069/7903-0.

Günstige Netzkarten, z.B. »Caledonian Express Tourist Trail Pass«, bei den Verkaufsstellen in Großbritannien.

Mit dem Flugzeug

Flughafen Heathrow in London, von dort Anschlußflüge. Es bestehen aber auch Direktverbindungen zu anderen Großstädten. Informationen im Reisebüro oder

▷ British Airways, 60329 Frankfurt, Düsseldorfer Str. 1–7, Tel. 069/232441.

»Highland Rover«-Ticket der British Airways: Innerhalb von 21 Tagen kann man 8 getrennte Flüge zu den Hebriden, Orkney- oder Shetland-Inseln unternehmen. Weitere Flüge zu den Orkney- und Shetland-Inseln: siehe Reiseziele.

Sonstiges

Ausrüstung und Kleidung für Wanderer
Wanderer, die in den regenreichen Moor- und Heideregionen des Hochlandes ihr Auto verlassen, sollten, selbst wenn sie nur 1–2 km zum nächsten Aussichtspunkt wandern möchten, einen Rucksack mit Regenbekleidung, kleinem Schirm und funktionierendem Kompaß dabei haben. Manchmal schlägt das Wetter so schnell um, daß bei einfallendem Nebel in kürzester Zeit weder Auto noch Straße wiederzufinden sind.
Auch Bergtouren sollte man nicht unterschätzen. Gutes Schuhwerk, Kartenmaterial, Rucksack mit Notproviant und warmem Pullover sind unabdingbar. Jedes Jahr kommen genügend Bergwanderer in Großbritannien in Bergnot, die nur einmal schnell einen der 3000-Fuß-»Hügel« ersteigen wollten. Wettereinbrüche im Hochsommer mit Hagel, Graupel oder Schnee sind nicht so selten. Für Moorwanderer sind Gummistiefel empfehlenswert. Sonst haben wir auch gute Erfahrungen mit modernen Goretex®-Leichtstiefeln gemacht, die die gleiche Festigkeit schwerer Lederstiefel bei halbem Gewicht bieten. Dem Wetter angemessen sollten auch Jacken und Hosen mit Goretex® oder ähnlich regenabweisenden Membranen versehen sein. Ideal sind lange Hosen, die mit Gymnastikstrümpflingen zu den Stiefeln hin mückendicht gemacht werden, sowie eine leicht gefütterte Jacke und langärmlige Baumwollhemden mit Halstuch. Diese Kleidung bewährt sich auch gegen die manchmal in Scharen auftretenden winzigen »midgeds«: Kriebelmücken, die bei Windstille aus der Heide in großen Wolken aufsteigen können. Ähnlich wie z.B. in Skandinavien helfen ansonsten nur chemische Insektenmittel wie z.B. Autan®, mit denen man Haut und Kleidung einreibt oder besprüht. Wind und Regen verhindert die Mückenplage.

Unterkunft
Feste Buchungen sind nur in Hotels zur Hauptreisezeit nötig. Wenn man flexibel B&B (Bed and Breakfast = Übernachtung mit Frühstück) benutzt, genügt ein Anruf am Vortag oder auf gut Glück. Schwierig-

keiten gibt es in der Golf-Saison (Juli) um Edinburgh, dann ist wirklich alles voll. Campingplätze gibt es reichlich, von der einfachen Privatwiese ohne »facilities« bis zum Nobelplatz. ADAC oder RAC haben Campingführer. Mit dem Wohnmobil kann man auch schon einmal auf einem Parkplatz übernachten, aber bitte ohne Müll zu hinterlassen.
Unterkunftsverzeichnis und Übersichtskarte für Schottland »Scotland Hotels & Guest Houses« erhalten Sie beim:

▷ Scottish Tourist Board, 23 Ravelston Terrace oder P.O. Box 705, Edinburgh EH4 3EU, Tel. (0044) 031/3322433.

Infos für alle Regionen können Sie bei BTA in Frankfurt schriftlich abrufen (Postkarte genügt).
Direkte Buchungen von Unterkünften bei:

▷ British Travel Centre, 12 Regent St., Piccadilly Circus, London SW1Y 4PQ, Tel. (0044) 71/730 3400;
▷ Scottish Tourist Board, 19 Cockspur St., London SW1Y 5BL, Tel. (0044) 71/930 8661;
▷ Wales Tourist Board, Brunel House, 2 Fitzalan Road, Cardiff CF2 1 UY, Tel (0044) 222/499909.

Die Jugendherbergen bilden ein ausgedehntes Netz in Großbritannien. 260 befinden sich in der Nähe von oder in Nationalparks. Man muß Mitglied einer Jugendherbergsorganisation sein und die Mitgliedskarte vorlegen.

▷ Youth Hostels Association (YHA), 8 St. Stephen's Hill, St. Albans, Hertfordshire AL1 2DY, oder
▷ Scottish Youth Hostel Association, 7 Glebe Crescent, Stirling FK8 2JA.

Telefon
Telefonate von öffentlichen Telefonzellen (auch anwählbar) oder von Postämtern. Das Telefonnetz bietet Durchwahlmöglichkeit. Die Vorwahlen:
nach Deutschland: 01049,
nach Österreich: 01043,
nach der Schweiz: 01041;
von Deutschland, der Schweiz oder Österreich nach Großbritannien: 0044. Die Null der Ortskennzahlen ist wegzulassen.

Uhrzeit
In Großbritannien gilt die Greenwich Mean Time (GMT), die gegenüber der Mitteleuropäischen Zeit (MEZ) 1 Stunde zurück ist; das gilt auch für die Sommerzeit. Geplant ist, ab 1995 MEZ einzuführen!

Strom
Wechselstrom: 240 V. Rasierapparate können in sämtlichen Unterkünften angeschlossen werden; ansonsten sind britische Dreipol-Steckdosen üblich. Adapter vor der Reise im Elektro-Fachhandel besorgen.

Angeln
Angeln ist in nahezu allen britischen Gewässern ohne Angelschein verboten.

Diplomatische Vertretungen

▷ Botschaft und Konsulat der Bundesrepublik Deutschland, 21-23 Belgrave Square, London SW1, Tel. (0044) 71/235 50 33;
▷ Botschaft der Republik Österreich, 18 Belgrave Mews West, London SW1, Tel. (0044) 71/235 37 31;
▷ Botschaft der Schweizerischen Eidsgenossenschaft, 16-18 Montague Place, London W1, Tel. (0044) 71/723 07 01;
▷ Königlich Britische Botschaft, Friedrich-Ebert-Allee 77, 53113 Bonn, Tel. 0228/234061.

Maße und Gewichte
1 mile (mi) = 1,609 km
1 inch (in) = 2,54 cm
1 foot (ft) = (12 in) = 30,48 cm
1 yard (yd) = (3 ft)= 91,4 cm
1 acre (ac) = 4047 qm
1 gallon (gal) = 4,55 l
1 ounce (oz) = 28,35 g
1 pound (lb) = 16 ounces = 453,6g
1 pint (pt) = 0,57 l

Anhang

Karten

Für die allgemeine, großräumige Routenplanung empfiehlt sich:
Euro-Länderkarte, Großbritannien, England, Schottland, Wales, Irland, 1 : 800 000, RV Verlag.
Empfehlungen zu Wanderkarten: siehe Reiseziele.

Literatur

ANGEL, H. (1981): The Natural History of Britain and Ireland. Book Club Associates, George Rainbird Ltd., London.

HEINEBERG, H. (1983): Großbritannien. Länderprofile – Geographische Daten, Strukturen, Entwicklungen. Klett Verlag, Stuttgart.

JAHNS, H. M. (1987): Farne, Moose, Flechten. BLV-Verlag, München.

KOSTRZEWA, R. & A. KOSTRZEWA (1993): Der Turmfalke. Überlebensstrategien eines Greifvogels. AULA-Verlag, Wiesbaden.

KOSTRZEWA, R; CH. HÖHN & A. KOSTRZEWA (Herbst 1994): Schottland. Umschau-Verlag, Frankfurt/M..

LLOYD, C.; M. L. TASKER & K. PARTRIDGE (1991): The status of seabirds in Britain and Ireland. Poyser, London.

PETERSON, R. et al. (1985): Die Vögel Europas. Paul Parey, Hamburg.

RATCLIFFE, D. (1977): Highland Flora. Highlands and Islands Development Board, Inverness.

SCHALLER, TH. & C. CASPARI (1993):Der große BLV Pflanzenführer. BLV-Verlag, Müchen.

SMITH, R. (1986): Wildest Britain. A visitor's guide to the National Parks. Blandford Press, Poole, NY, Sydney (nur Wales und England).

SUTTON, D. (1988): Field guide to the wild flowers of Britain & Northern Europe. Kingfisher, London.

THOM, V. M. (1986): Birds in Scotland. Poyser, Calton.

Bildnachweis

B. Fischer: 60
R. Kostrzewa: 139 or, 141 o, 143
A. Limbrunner: 87 u, 135 u, 144, 159, 162, 177
M. Pforr: 148 l
E. Pott: 21 u, 41 ur, 51, 53 o, 80, 111 M, 127 u, 141 u, 157 or, 160 or
H. Reinhard: 139 u
U. Schimmelpfennig: 157 u
A. Weber: 64 o, 70
K. Wernicke: 23, 53 u, 59, 127 o, 174 u, 180
W. Wisniewski: 45 or
P. Zeininger: 21 M, 40 ul, 42 o, 47 o, 52 ul, 75 o, 85 o, 87 o, 121 ur, 149 l, 161
H. Zutter-Roth: 128 o

Alle anderen 188 Fotos: A. Kostrzewa

Wörterbuch

Deutsch/Englisch/Wissenschaftlich

Pflanzen
(einschließlich Moose, Farne, Flechten und Pilze)

Adlerfarn / Bracken / Pteridium aquilinum
Ährenlilie / Asphodel, Bog / Narthecium ossifragum
Alpenazalee / Azalea, Trailing / Loiseleuria procumbens
Alpenbärentraube / Bearberry, Alpine / Arctostaphylos alpina
Alpenbärlapp / Alpine-clubmoss / Diphasium alpinum
Alpenberufkraut / Feabane / Erigeron alpinus
Alpenfrauenmantel / Lady's-mantle, Alpine / Alchemilla alpina
Alpengänsekresse / Rock-cress, Alpine/ Arabis alpina
Alpenhornkraut / Mouse-ear, Alpine / Cerastium alpinum
Alpensäuerling / Sorrel, Mountain / Oxyria digyna
Alpenvergißmeinnicht / Forget-me-not, Alpine / Myosotis alpestris
Alpenwiesenraute / Meadow-rue, Alpine / Thalictrum alpinum
Arktisches Hornkraut / Mouse-ear, Arctic / Cerastium arcticum
Aufrechtes Fingerkraut / Tormentil / Potentilla erecta

Bachnelkenwurz / Avens, Water / Geum rivale
Baltische Binse / Rush, Baltic / Juncus balticus
Bärlauch / Garlic, Wild / Allium ursinum
Bergsegge / Sedge, Mountain / Carex montana
Besenheide / Heather / Calluna vulgaris
Bittere Kreuzblume / Milkwort, Dwarf / Polygala amara
Blasenbinse / Rannoch-rush / Scheuchzeria palustris
Blaubeere / Bilberry / Vaccinium myrtillus
Blaues Pfeifengras / Moor-grass, Purple / Molinia caerulea
Blutstorchschnabel / Crane's-bill, Bloody / Geranium sanguineum
Blutweiderich / Purple-loosestrife / Lythrum salicaria
Borstgras / Mat-grass / Nardus stricta
Braune Schnabelbinse / Beak-sedge, Brown / Rhynchospora fusca
Braunrote Stendelwurz / Helleborine, Dark-red / Epipactis atrorubens
Breitblättrige Glockenblume / Bellflower, Giant / Campanula latifolia
Breitblättriges Wollgras / Cottongrass, Broad-leaved / Eriophorum latifolium
Brennender Hahnenfuß / Spearwort, Lesser / Ranunculus flammula
Brombeere / Bramble / Rubus fruticosus
Buschwindröschen / Anemone, Wood / Anemone nemorosa

Dreispaltige Binse / Rush, Three-leaved / Juncus trifidus

Eberesche (Vogelbeere) / Rowan / Sorbus aucuparia
Echte Engelwurz / Angelica, Garden / Angelica archangelica
Einblütiges Perlgras / Melick, Wood / Melica uniflora
Einblütiges Wintergrün / Wintergreen, One-flowered / Moneses uniflora
Eingriffeliger Weißdorn / Hawthorn / Crataegus monogyna
Englischer Ginster / Whin, Petty / Genista anglica
Europäische Trollblume / Globeflower / Trollius europaeus
Europäischer Siebenstern / Wintergreen, Chickweed/ Trientalis europaea

Faltenlilie / Lily, Snowdon / Lloydia serotina
Feldenzian / Gentian, Field / Gentiana campestris
Fetthenne / Stonecrop, Biting / Sedum acre
Fetthennensteinbrech / Saxifrage, Yellow / Saxifraga aizoides
Fieberklee / Bogbean / Menyanthes trifoliata
Fleischrotes Knabenkraut / Marsh-orchid, Early / Dactylorhiza incarnata

Gagelstrauch / Bog-myrtle / Myrica gale
Gänsefingerkraut / Silverweed / Potentilla anseri
Gefleckter Aronstab / Lords-and-Ladies / Arum maculatum
Geflecktes Knabenkraut / Spotted-orchid, Heath / Dactylorhiza maculata
Gegenblättriges Milzkraut / Golden-saxifrage, Opposite-leaved / Chrysosplenium oppositiifolium
Gelbe Gauklerblume / Monkeyflower / Mimulus guttatus
Gelbe Narzisse / Daffodil, Wild / Narcissus pseudonarcissus
Gelbe Teichrose / Water-lily, Yellow / Nyphar lutea
Gelbes Stiefmütterchen / Pansy, Yellow / Viola lutea
Gewöhnliche Brunelle / Selfheal / Prunella vulgaris
Gewöhnliche Grasnelke / Thrift / Armeria maritima
Gewöhnliche Kratzdistel / Thistle, Spear / Cirsium vulgare
Gewöhnliche Margerite / Daisy, Oxeye / Leucanthemum vulgare
Gewöhnliche Moosbeere / Cranberry / Vaccinium oxycoccos
Gewöhnliche Pestwurz / Butterbur / Petasites hybridus
Gewöhnlicher Augentrost / Eyebright, Common / Euphrasia nemorosa
Gewöhnlicher Frauenmantel / Lady's-mantle / Alchemilla vulgaris
Gewöhnlicher Gilbweiderich / Loosestrife, Yellow / Lysimachia vulgaris
Gewöhnlicher Hornklee / Bird's-foot-trefoil, Common / Lotus corniculatus
Gewöhnlicher Natternkopf / Viper's-bugloss / Echium vulgare
Gewöhnlicher Queller / Glasswort / Salicornia europaea
Gewöhnlicher Seidelbast / Mezereon / Daphne mezereum
Gewöhnlicher Strandroggen / Lyme-grass / Leymus arenaria
Gewöhnlicher Thymian / Thyme, Wild / Thymus pulegioides
Gewöhnlicher Wasserdost / Hemp-agrimony / Eupatoria cannabina
Gewöhnlicher Wasserschlauch / Bladderwort, Greater / Utricularia vulgaris
Gewöhnliches Fettkraut / Butterwort, Common / Pinguicula vulgaris
Gewöhnliches Katzenpfötchen / Everlasting, Mountain / Antennaria dioica
Gewöhnliches Sonnenröschen / Rock-rose, Common / Helianthemum nummularium
Gletscherhahnenfuß / Buttercup, Glacier/ Ranunculus glacialis
Glockenheide / Heath, Cross-leaved / Erica tetralix
Golddistel / Thistle, Carline / Carlina vulgaris
Goldnessel / Archangel, Yellow / Lamiastrum galeobdolon
Grauheide / Heather, Bell / Erica cinerea
Große Sternmiere / Stitchwort, Greater / Stellaria holostea
Großes Hexenkraut / Enchanter's-nightshade / Circaea lutetiana
Großes Zweiblatt / Twayblade, Common / Listera ovata
Grüne Hohlzunge / Orchid, Frog / Coeloglossum viride
Grüne Streifenfarn / Spleenwort, Green / Asplenium viride
Gundermann / Ground-ivy / Glechoma hederacea

Hainveilchen / Violet, Heath / Viola riviniana
Hallimasch / Fungus, Honey / Armillaria mellea
Hasenglöckchen / Bluebell / Hyacintoides non-scripta
Herbstzeitlose / Saffron, Meadow / Colchicum autumnale
Herz-Zweiblatt / Twayblade, Lesser / Listera cordata
Hirschzunge / Hart's-tongue / Phyllitis scolopendrium
Hummelragwurz / Spider-orchid, Late / Ophrys fuciflora

Islandknöterich / Purselane, Iceland / Koenigia islandica

Jakobsgreiskraut / Ragwort, Common / Senecio jacobaea

Kleinblütiges Springkraut / Balsam, Small / Impatens parviflora
Kleine Bibernelle / Burnet-saxifrage / Pimpinella saxifraga
Kleiner Klappertopf / Yellow-rattle / Rhinanthus minor
Kleines Wintergrün / Wintergreen, Common / Pyrola minor
Knöllchensteinbrech / Saxifrage, Meadow / Saxifraga granulata
Knöterich-Laichkraut / Pondweed, Bog / Potamogeton polygonifolius
Königsfarn / Fern, Royal / Osmunda regalis
Korallenpilz / Fungus, Coral / Ramaria od. Clavaria aurea
Korallenwurz / Orchid, Coralroot / Corallorhiza trifida
Kriechender Günsel / Bugle / Ajuga reptans
Kriechstendel / Lady's-tresses, Creeping / Goodyera repens
Kriechweide / Willow, Creeping / Salix repens
Kuckuckslichtnelke / Ragged-Robin / Lychnis flos-cuculi
Kugelige Teufelskralle / Rampion, Round-headed / Phyteuma orbiculare

Langblättriger Sonnentau / Sundew, Great / Drosera anglica
Lanzenschildfarn / Fern, Holly / Polystichum lonchites
Lauchhederich / Mustard, Garlic / Alliaria petiolata
Lungenenzian / Gentian, Marsh / Gentiana pneumonanthe

Mädesüß / Meadowsweet / Filipendula ulmaria
Maiglöckchen / Lily-of-the-valley / Convallaria majalis
Mandelblättrige Wolfsmilch / Spurge, Wood / Euphorbia amygdaloides
Meersenf / Rocket, Sea / Cakile maritima
Mehlbeere / Whitebeam, Common / Sorbus aria
Mehlprimel / Primrose, Bird's-eye / Primula fabrinosa

Mittlerer Sonnentau / Sundew, Oblong-leaved / Drosera intermedia
Moltebeere / Cloudberry / Rubus chamaemorus
Mondraute / Moonwort / Botrichium lunaria
Moorbirke / Birch, Downy / Betula pubescens
Moos-Steinbrech / Saxifrage, Mossy / Saxifraga hypnoides
Moosglöckchen / Twinflower / Linnaea borealis

Netzweide / Willow, Net-leaved / Salix reticulata
Norwegisches Sandkraut / Sandwort, Norwegian / Arenaria norwegica ssp. norwegica

Orangebecherling / Peel Peziza Orange / Peziza aurantia

Preiselbeere / Cowberry / Vaccinium vitis-idaea
Purpurknabenkraut / Orchid, Lady / Orchis purpurea
Pyramidenorchis / Orchid, Pyramidal / Anacamptis pyramidalis

Rauschbeere / Bilberry, Bog / Vaccinium uliginosum
Rentierflechte / Reindeer-moss / Cladonia ssp.
Rhododendron / Rhododendron / Rhododendron ponticum
Rispensegge / Tussock-sedge, Greater / Carex paniculata
Rosenwurz / Roseroot / Sedum rosea
Rote Lichtnelke / Campion, Red / Silene dioica
Roter Fingerhut / Foxglove / Digitalis purpurea
Roter Steinbrech / Saxifrage, Purple / Saxifraga oppositifolia
Rundblättriger Sonnentau / Sundew, Round-leaved / Drosera rotundifolia
Rundblättriges Wintergrün / Wintergreen, Round-leaved / Pyrola rotundifolia
Rupprechts Storchschnabel / Herb-Robert / Geranium robertianum

Sanddorn / Sea-buckthorn / Hippophae rhamnoides
Sandthymian / Thyme, Breckland / Thymus serpyllum
Scharbockskraut / Celandine, Lesser / Ranunculus ficaria
Scharfer Hahnenfuß / Buttercup, Meadow / Ranunculus acris
Schilf / Reed, Common / Phragmites australis
Schillergras / Hair-grass, Somerset / Koeleria vallesiana
Schlammsegge / Bog-sedge / Carex limosa
Schlangenknöterich / Bistort, Common / Polygonum bistorta
Schmalblättriger Rohrkolben / Bulrush, Lesser / Typhia angustifolia
Schmalblütiges Weidenröschen / Willowherb, Rosebay / Epilobium angustifolium
Schnee-Enzian / Gentian, Snow / Gentiana nivalis
Schopftintling / Fungi, Shaggy-ink-cap / Coprinus comatus
Schottische Schlüsselblume / Primrose, Scottish / Primula scotica
Schwarze Krähenbeere / Crowberry / Empetrum nigrum
Schwarzer Streifenfarn / Spleenwort, Black / Asplenium adiantum-nigrum
Schwarzerle / Alder / Alnus glutinosa
Schwedischer Hartriegel / Cornel, Dwarf / Cornus suecica
Schwimmendes Laichkraut / Pondweed, Broad-leaved / Potamogeton natans
Shetland-Hornkraut / Chickweed (Mouse-ear) / Cerastium arcticum ssp. Edmondstonii
Silberwurz / Avens, Mountain / Dryas octopetala
Skabiose / Knabweed, Greater / Centauria scabiosa
Sparrige Binse / Rush, Heath / Juncus squarrosus
Spinnenragwurz / Spider-orchid, Early / Ophrys sphecodes
Spitzwegerich / Ribwort, Plantain / Plantago lanceolata
Starrer Wurmfarn / Buckler-fern, Rigid / Dryopteris villarii
Stechginster / Gorse / Ulex europaeus
Stechpalme / Holly / Ilex aquifolium
Stengellose Schlüsselblume / Primrose / Primula vulgaris
Stengelloses Leimkraut / Campion, Moss / Silene acaulis
Sternblütige Steinbrech / Saxifrage, Starry / Saxifraga stellaris
Stinkmorchel / Fungus, Stinkhorn / Phallus impudicus
Stranddistel / Sea-holly / Eryngium maritimum
Strandflieder / Sea-lavender, Common / Limonium vulgare
Strandhafer / Marram / Ammophila arenaria
Strandkamille / Mayweed, Sea / Tripleurospermum maritimum
Strandmilchkraut / Milkwort, Sea / Glaux maritima
Strandwegerich / Plantain, Sea / Plantago maritima
Strauchpappel / Mallow, Bass / Lavatera arborea ssp.
Sumpfdotterblume / Marsh-marigold / Caltha palustris
Sumpfherzblatt / Grass-of-Parnassus / Parnassia palustris
Sumpfläusekraut / Lousewort, Marsh / Pedicularis palustris
Sumpfsegge / Pont-sedge, Lesser / Carex acutiformis
Sumpfveilchen / Violet , Marsh / Viola palustris
Sumpfvergißmeinnicht / Forget-me-not, Water / Myosotis palustris

Tannenbärlapp / Clubmoss, fir / Huperzia selago
Taubenkropf / Campion, Bladder / Silene vulgaris
Taubenskabiose / Scabious, Small / Scabiosa columbaria
Teufelsabbiß / Scabious, Devils'-bit / Succisa pratensis
Torfmoos / Bog-moss / Sphagnum ssp.

Vierblättrige Einbeere / Herb-Paris / Paris quadrifolia
Vogelnestwurz / Orchid, Bird's-nest / Neottia nidus-avis

Waldbingelkraut / Mercury, Dog's / Mercurialis perennis
Walderdbeere / Strawberry, Wild / Fragaria vesca
Waldgeißblatt / Honeysuckle / Lonicera peridymenum
Waldgelbstern / Star-of-Bethlehem / Gagea lutea
Waldmeister / Woodruff / Galium odoratum
Waldprimel / Oxlip / Primula elatior
Waldsanikel / Sanicle / Sanicula europaea
Waldsauerklee / Wood-sorrel / Oxalis acetosella
Wasserfeder / Water-violet / Hottonia palustris
Wasserhahnenfuß / Water-crowfoot, Common / Ranunculus aquatilis
Wasserschwertlilie / Iris, Yellow / Iris pseudacorus
Weiches Honiggras / Soft-grass, Creeping / Holcus mollis
Weichorchis / Orchid, Bog / Hammarbya paludosa
Weiße Schnabelbinse / Beak-sedge, White / Rhynchospora alba
Weiße Seerose / Water-lily, White / Nymphaea alba
Weißklee / Clover, White / Trifolium repens
Wiesen-Scharfgarben / Yarrow / Achillea millefolium
Wiesenglockenblumen / Bellflower, Spreading / Campanula patula
Wiesenlöwenzahn / Dandelion, Common / Taraxacum officinale
Wiesensauerampfer / Sorrel, Common / Rumex acetosa
Wiesenschaumkraut / Cuckooflower / Cardamine pratensis
Wiesenschlüsselblume / Oxlip, False / Primula veris
Wilde Möhre / Carrot, Wild / Daucus carota
Wilde Runkelrübe / Beet, Sea / beta vulgaris ssp. maritima
Wildgladiole / Gladiolus, Wild / Gladiolus illyricus
Wundklee / Vetch, Kidney / Anthyllis vulneraria

Zackenmützenmoos / Hair-moss, Wolly / Rhacomitrium lanuginosum
Zwergbirke / Birch, Dwarf / Betula nana
Zwergwacholder / Juniper, Dwarf / Juniperus sibirica
Zwergweide / Willow, Dwarf / Salix herbacea
Zwittrige Krähenbeere / Crowberry, Mountain / Empetrum hermaphroditum

Vögel

Alpenkrähe / Chough / Pyrrhocorax pyrrhocorax
Alpenschneehuhn / Ptarmigan / Lagopus mutus
Alpenstrandläufer / Dunlin / Calidris alpina
Auerhuhn / Capercaillie / Tetrao urogallus
Austernfischer / Oystercatcher / Haematopus ostralegus

Bachstelze / Wagtail, White / Motacilla alba
Bartmeise / Tit, Bearded / Panurus biarmicus
Baßtölpel / Gannet / Sula bassana
Baumfalke / Hobby / Falco subbuteo
Baumpieper / Pipit, Tree / Anthus trivialis
Bekassine / Snipe / Gallinago gallinago
Bergente / Scaup / Aythya marila
Bergfink / Brambling / Fringilla montifringilla
Berghänfling / Twite / Carduelis flavirostris
Birkhuhn / Grouse, Black / Tetrao tetrix
Bläßgans / Goose, White-fronted / Anser albifrons
Brandgans / Shelduck / Tadorna tadorna
Brandseeschwalbe / Tern, Sandwich / Sterna sandvicensis
Braunkehlchen / Whinchat / Saxicola rubetra
Buchfink / Chaffinch / Fringilla coelebs

Dohle / Jackdaw / Corvus monedula
Dorngrasmücke / Whitethroat / Sylvia communis
Dreizehenmöwe / Kittiwake / Rissa tridactyla
Dunkelsturmtaucher / Shearwater, Sooty / Puffinus griseus
Dunkelwasserläufer / Redshank, Spotted / Tringa erythropus

Eiderente / Eider / Somateria molissima
Eisente / Duck, Long-tailed / Clangula hyemalis
Eissturmvogel / Fulmar / Fulmarus glacialis
Eistaucher / Diver, Northern / Gavia immer
Eisvogel / Kingfisher / Alcedo atthis
Englische Schafstelze / Wagtail, Yellow / Motacilla flava

Falkenraubmöwe / Skua, Long-tailed / Stercorarius longicaudus
Feldlerche / Skylark / Alauda arvensis
Feldschwirl / Warbler, Grasshopper / Locustella naevia
Felsentaube / Dove, Rock / Columba livia
Fichtenkreuzschnabel / Crossbill, Common / Loxia curvirostra
Fischadler / Osprey / Pandion haliaetus
Fitis / Warbler, Willow / Phylloscopus trochilus
Flußseeschwalbe / Tern, Common / Sterna hirundo
Flußuferläufer/ Sandpiper, Common / Tringa hypoleucos

Gänsesäger / Goosander / Mergus merganser
Gartenrotschwanz / Redstart / Phoenicurus phoenicurus
Gebirgsstelze / Wagtail, Grey / Motacilla cinerea
Goldammer / Yellowhammer / Emberiza citrinella
Goldregenpfeifer / Plover, Golden / Pluvialis apricaria
Graubruststrandläufer / Sandpiper, Pectoral / Calidris melanotos
Graugans / Goose, Greylag / Anser anser
Graureiher / Heron, Grey / Ardea cinerea
Großer Brachvogel / Curlew / Numenius arquata
Großer Buntspecht / Woodpecker, Great Spotted / Dendrocopos major
Grünschenkel / Greenshank / Tringa nebularia
Grünspecht / Woodpecker, Green / Picus viridis
Gryllteiste / Guillemot, Black (Tystie) / Cepphus grylle

Habicht / Goshawk / Accipiter gentilis
Haubenmeise / Tit, Crested / Parus cristatus
Haubentaucher / Grebe, Great Crested / Podiceps cristatus
Heckenbraunelle / Dunnock / Prunella modularis
Heidelerche / Lark, Wood / Lullula arborea
Heringsmöwe / Gull, Lesser Black-backed / Larus fuscus
Höckerschwan / Swan, Mute / Cygnus olor

Kampfläufer / Ruff / Philomachus pugnax
Kanadagans / Goose, Canada / Branta canadensis
Karmingimpel / Rosefinch, Scarlet / Carpodacus erythrinus
Kiebitz / Lapwing / Vanellus vanellus
Kleiber / Nuthatch / Sitta europaea
Knutt / Knot / Calidris canutus
Kolkrabe / Raven / Corvus corax
Kormoran / Cormorant / Phalacrocorax carbo
Kornweihe / Harrier, Hen / Circus cyaneus
Krähenscharbe / Shag / Phalacrocorax aristotelis
Krickente / Teal / Anas crecca
Kurzschnabelgans / Goose, Pink-footed / Anser brachyrhynchus
Küstenseeschwalbe / Tern, Arctic / Sterna paradisaea

Lachmöwe / Gull, Black-headed / Larus ridibundus
Löffelente / Shoveler / Anas clypeata

Mantelmöwe / Gull, Great Black-backed / Larus marinus
Mäusebussard / Buzzard / Buteo buteo
Meerstrandläufer / Sandpiper, Purple / Calidris maritima
Mehlschwalbe / Martin, House / Delichon urbica
Merlin / Merlin / Falco columbarius
Mittelsäger / Merganser, Red-breasted / Mergus serrator
Mornellregenpfeifer / Dotterel / Eudromias morinellus

Nebelkrähe / Crow, Hooded / Corvus corone cornix
Neuntöter / Shrike, Red-backed / Lanius collurio

Odinshühnchen / Phalarope, Red-necked / Phalaropus lobatus
Ohrentaucher / Grebe, Slavonian / Podiceps auritus

Papageitaucher / Puffin / Fratercula arctica
Pfeifente / Wigeon / Anas penelope
Pfuhlschnepfe / Godwit, Bar-tailed / Limosa lapponica
Prachttaucher / Diver, Black-throated / Gavia arctica
Provencegrasmücke / Warbler, Dartford / Sylvia undata

Rabenkrähe / Crow, Carrion / Corvus corone corone
Regenbrachvogel / Whimbrel / Numenius phaeopus
Reiherente / Duck, Tufted / Aythya fuligula
Ringdrossel / Ouzel, Ring / Turdus torquatus
Rohrammer / Bunting, Reed / Emberiza schoeniculus
Rohrdommel / Bittern / Botaurus stellaris
Rohrweihe / Harrier, Marsh / Circus aeruginosus
Rosenseeschwalbe / Tern, Roseate / Sterna dougallii
Rotdrossel / Redwing / Turdus iliacus
Rotkehlchen / Robin / Erithacus rubecula
Rotmilan / Kite, Red / Milvus milvus
Rotschenkel / Redshank / Tringa totanus
Rotsterniges Blaukehlchen / Bluethroat, Red-spotted / Luscinia svecica

Saatkrähe / Rook / Corvus frugilegus
Säbelschnäbler / Avocet / Recurvirostra avosetta
Samtente / Scoter, Velvet / Melanitta fusca
Sanderling / Sanderling / Calidris alba
Sandregenpfeifer / Plover, Ringed / Charadrius hiaticula
Schellente / Goldeneye / Bucephala clangula
Schilfrohrsänger / Warbler, Sedge / Acrocephalus schoenobaenus
Schmarotzerraubmöwe / Skua, Arctic / Stercorarius parasiticus
Schnatterente / Gadwall / Anas strepera
Schneeammer / Bunting, Snow / Plectrophenax nivalis nivalis und P. nivalis insulae
Schnee-Eule / Owl, Snowy / Nyctea scandiaca
Schneegans / Goose, Snow / Anser caerulescens
Schottischer Fichtenkreuzschnabel / Crossbill, Scottish / Loxia scotica
Schottisches Moorschneehuhn / Grouse, Red (Willow) / Lagopus lagopus scoticus u. hibernicus
Schwarzkehlchen / Stonechat / Saxicola torquata
Schwarzschnabel-Sturmtaucher / Shearwater, Manx / Puffinus puffinus
Seeadler / Eagle, White-tailed / Haliaeetus albicilla
Shetland-Zaunkönig / Wren, Shetland / Troglodytes troglodytes zetlandicus
Silbermöwe / Gull, Herring / Larus argentatus
Singschwan / Swan, Whooper / Cynus cygnus
Skua / Skua, Great (Bonxie) / Catharacta skua
Sommergoldhähnchen / Firecrest / Regulus ignicapillus
Sperber / Sparrowhawk / Accipiter nisus
Sperbergrasmücke / Warbler, Barred / Sylvia nisoria
Spießente / Pintail / Anas acuta
Steinadler / Golden Eagle / Aquila chrysaetos
Steinkauz / Owl, Little / Athene noctua
Steinschmätzer / Wheatear / Oenanthe oenanthe
Steinwälzer / Turnstone / Arenaria interpres
Sterntaucher / Diver, Red-throated / Gavia stellata
Strandpieper / Pipit, Rock / Anthus spinoletta
Sturmmöwe / Gull, Common / Larus canus
Sturmschwalbe / Petrel, Storm / Hydrobates pelagicus
Sumpfohreule / Owl, Short-eared / Asio flammeus

Tafelente / Pochard / Aythya ferina
Tordalk / Razorbill / Alca torda
Trauerbachstelze / Wagtail, Pied / Motacilla alba
Trauerente / Scoter, Common / Melanitta nigra
Trottellumme / Guillemot / Uria aalge
Turmfalke / Kestrel / Falco tinnunculus

Uferschnepfe / Godwit, Black-tailed / Limosa limosa
Uferschwalbe / Martin, Sand / Riparia riparia

Wacholderdrossel / Fieldfare / Turdus pilaris
Wachtelkönig / Corncrake / Crex crex
Waldbaumläufer / Creeper, Tree / Certhia familiaris
Waldkauz / Owl, Tawny / Strix aluco
Waldlaubsänger / Warbler, Wood / Phylloscopus sibilatrix
Waldohreule / Owl, Long-eared / Asio otus
Wanderfalke / Peregrine / Falco peregrinus
Wasseramsel / Dipper / Cinculus cinclus
Wasserralle / Rail, Water / Rallus aquaticus
Weißwangengans / Goose, Barnacle / Branta leucopsis
Wellenläufer / Petrel, Leach's / Oceanodroma leucorrhoa
Wespenbussard / Buzzard, Honey / Pernis apivorus
Wiesenpieper / Pipit, Meadow / Anthus pratensis
Wiesenweihe / Harrier, Montagu's / Circus pygargus
Wintergoldhähnchen / Goldcrest / Regulus regulus

Zaunkönig / Wren / Troglodytes troglodytes
Ziegenmelker / Nightjar / Caprimulgus europaeus
Zilpzalp / Chiffchaff / Phylloscopus collybita
Zwergseeschwalbe / Tern, Little / Sterna albifrons
Zwergtaucher / Grebe, Little / Tachybaptus ruficollis

Säugetiere

Baummarder / Pine Marten / Martes martes

Dachs / Badger / Meles meles
Damhirsch / Deer, Fallow / Dama dama
Delphin / Dolphin, Common / Delphinus delphis

Eichhörnchen / Squirrel, Red / Sciurus vulgaris
Erdmaus / Vole, Field / Microtus agrestris

Feldhase / Hare, Brown / Lepus europaeus
Feldmaus / Vole, Common / Microtus arvalis
Fischotter / Otter / Lutra lutra

Gelbhalsmaus / Fieldmouse, Yellownecked / Apodemus flavicollis
Grauhörnchen / Squirrel, Grey / Sciurus carolinensis
Grindwal / Whale, Pilot / Globicephala melaena
Große Hufeisennase / Bat, Greater Horseshoe / Rhinolophus ferrum-equinum

Haselmaus / Dormouse / Muscardinus avellanarius
Hausmaus / Mouse, House / Mus musculus
Hermelin / Stoat / Mustela erminea

Igel / Hedgehog / Erinaceus europaeus
Iltis / Polecat / Putorius puterius

Kegelrobbe / Seal, Grey / Halichoerus grypus

Langfinnendelphin / Dolphin, White-beaked / Lagenorhynchus albirostris

Maulwurf / Mole / Talpa europaea
Mauswiesel / Weasel / Mustela nivalis
Mufflon / Mouflon / Ovis aries musimon
Muntjak / Muntjac / Muntiacus muntjak

Ostschermaus / Vole, Ground / Arvicola terrestris

Reh / Deer, Roe / Capreolus capreolus
Rentier / Reindeer / Rangifer tarandus
Rotfuchs / Fox / Vulpes vulpes
Rothirsch / Deer, Red / Cervus elaphus
Rundkopfdelphin / Dolphin, Risso's / Grampus griseus

Schneehase / Hare, Mountain (Blue Hare) / Lepus timidus
Schweinswal / Porpoise, Common / Phocoena phocoena
Seehund / Seal, Sand / Phoca vitulina
Siebenschläfer / Dormouse, Fat / Glis glis
Sikahirsch / Deer, Sika / Sika nippon

Waldmaus / Mouse, Field od. Woodmouse / Apodemus sylvaticus
Waldspitzmaus / Shrew, Common / Sorex araneus
Waldwühlmaus / Vole, Bank / Clethrionomys glareolus
Wanderratte / Rat, Brown / Rattus norwegicus
Wasserspitzmaus / Watershrew / Neomys fodiens
Westschermaus / Vole, Water / Arvicola amphibius
Wildkaninchen / Rabbit / Oryctolagus cuniculus
Wildkatze / Cat, Wild / Felis catus

Zwergmaus / Mouse, Harvest / Micromys minutus
Zwergspitzmaus / Shrew, Pigmy (Lesser Shrew) / Sorex minutus

Amphibien, Reptilien

Bergeidechse (Waldeidechse) / Lizzard, Common / Lacerta vivipara
Blindschleiche / Worm, Slow / Anguis fragilis

Erdkröte / Toad, Common / Bufo bufo

Fadenmolch / Newt, Palmate / Triturus helveticus

Glattnatter (Schlingnatter) / Snake, Smooth / Coronella austriaca
Grasfrosch / Frog, Common (Grass Frog) / Rana temporaria

Kammolch / Newt, Warty / Triturus cristatus
Kreuzkröte / Natterjack / Bufo calamita
Kreuzotter / Adder (Common Viper) / Vipera berus

Ringelnatter / Snake, Grass / Natrix natrix

Seefrosch / Frog, Marsh (Lake Frog) / Rana ridibunda

Teichmolch (Streifenmolch) / Newt, Smooth / Triturus vulgaris

Zauneidechse / Lizzard, Sand / Lacerta agilis

Fische

Äsche / Thymallus thymalus

Bachforelle / Trout, Brown / Salmo trutta subsp.

Europäischer Aal / Eel / Anguilla anguilla

Hecht / Pike / Esox lucius
Hering / Herring / Clupea harengus

Karpfen / Carp / Cyprimus carpio
Kleine Moräne / Vendace / Coregonus albula

Lachs / Salmon / Salmo salar

Makrele / Mackerel / Scomber scombrus

Plötze / Roach / Rutilus rutilus

Regenbogenforelle / Trout, Rainbow / Oncorhynchus mykiss
Rotfeder / Rudd / Scardinius erythrophthalmus

Sandaal / Sandeel / Ammodytes spec.
Schleie / Tench / Tinca tinca
Seeforelle / Trout, Sea / Salmo trutta subsp.
Sprotte / Sprat / Sprattus sprattus

Zander / Lucioperca lucioperca

Wirbellose

Admiral / Admiral, Red / Vanessa atalanta
Aurorafalter / Tip, Orange / Anthocharis cardamines

Baldachinspinne / Hammock, Spider / Linyphia triangularis
Blauflügel-Prachtlibelle / Calopteryx virgo
Bläuling / Argus, Scotch / Aricia artaxerces
Blutrote Heidelibelle / Damsel, Red / Sympetrum sanguineum
Braunfleckiger Perlmutterfalter / Fritillary, Bog / Clossiana selene
Brombeerzipfelfalter / Hairstreak, Green / Callophrys rubi

Feuerfalter / Copper, Small / Lycaena phlaeas
Forleule /Pine Beauty/ Panolis flammea

Geiskleebläuling / Blue, Silver-studded / Plebejus argus
Großer Heufalter / Heath, Large / Coenonympha tullia

Hauhechelbläuling / Blue, Common / Polyommmatus icarus
Hirschkäfer / Beetle, Stag / Lucanus cervus

Kaisermantel / Fritillary, Silver-washed / Argynnis paphia
Kleiner Eisvogel / Admiral, White / Limenitis camilla
Kleiner Fuchs / Tortoiseshell, Small / Aglais urticae

Mohrenfalter / Ringlet, Mountain / Erebia epiphron

Ochsenauge / Brown, Meadow / Maniola jurtina
Ockerbindiger Samtfalter / Grayling / Hipparchia semele

Plattbauch / Chaser, Broad-bodied / Libellula depressa

Rote Waldameise / Ant, Wood / Formica rufa

Schwalbenschwanz / Swallowtail / Papillio machaon

Torf-Mosaikjungfer / Aeshna, Common / Aeshna juncea

Vierfleck / Chaser, Four-spotted / Libellula quadrimaculata

Zimmerbock / Timberman / Acanthocinus aedilis

Englisch/Deutsch

Pflanzen

Alder / Schwarzerle
Alpine-clubmoss / Alpenbärlapp
Anemone, Wood / Buschwindröschen
Angelica, Garden / Echte Engelwurz
Archangel, Yellow / Goldnessel
Ash /Esche
Aspen / Espe
Asphodel, Bog / Ährenlilie
Avens, Mountain / Silberwurz
Avens, Water / Bachnelkenwurz
Azalea, Trailing / Alpenazalee

Balsam, Small / Kleinblütiges Springkraut
Beak-sedge, Brown / Braune Schnabelbinse
Beak-sedge, White / Weiße Schnabelbinse
Bearberry, Alpine / Alpenbärentraube
Bedstraw, Heath / Labkraut
Beech / Rotbuche
Beet, Sea / Wilde Runkelrübe
Bellflower, Giant / Breitblättrige Glockenblume
Bellflower, Spreading / Wiesenglockenblumen
Bilberry / Blaubeere
Bilberry, Bog / Rauschbeere
Birch, Downy / Moorbirke
Birch, Dwarf / Zwergbirke
Bird's-foot-trefoil, Common / Gewöhnlicher Hornklee
Bistort, Common / Schlangenknöterich
Bladderwort, Greater / Gewöhnlicher Wasserschlauch
Bluebell / Hasenglöckchen
Bogbean / Fieberklee
Bog-moss / Torfmoos
Bog-myrtle / Gagelstrauch
Bog-sedge / Schlammsegge
Bracken / Adlerfarn
Bramble / Brombeere
Bramble Stone / Steinbeere
Buckler-fern, Rigid / Starrer Wurmfarn
Bugle / Kriechender Günsel
Bulrush, Lesser / Schmalblättriger Rohrkolben
Burnet-saxifrage / Kleine Bibernelle
Butterbur / Gewöhnliche Pestwurz
Buttercup, Meadow / Scharfer Hahnenfuß
Buttercup, Glacier/ Gletscherhahnenfuß
Butterwort, Common / Gewöhnliches Fettkraut

Campion, Bladder / Taubenkropf
Campion, Moss / Stengelloses Leimkraut
Campion, Red / Rote Lichtnelke
Carrot, Wild / Wilde Möhre
Celandine, Lesser / Scharbockskraut
Chickweed (Mouse-ear) / Shetland-Hornkraut
Cloudberry / Moltebeere
Clover, Red / Wiesenklee
Clover, White / Weißklee
Clubmoss, fir / Tannenbärlapp
Cornel, Dwarf / Schwedischer Hartriegel
Cottongrass, Broad-leaved / Breitblättriges Wollgras
Cowberry / Preiselbeere
Cranberry / Gewöhnliche Moosbeere
Crane's-bill, Bloody / Blutstorchschnabel
Crowberry / Schwarze Krähenbeere
Crowberry, Mountain / Zwittrige Krähenbeere
Cuckooflower / Wiesenschaumkraut

Daffodil, Wild / Gelbe Narzisse
Daisy, Oxeye / Gewöhnliche Margerite
Dandelion, Common / Wiesenlöwenzahn

Enchanter's-nightshade / Großes Hexenkraut
Everlasting, Mountain / Gewöhnliches Katzenpfötchen
Eyebright, Common / Gewöhnlicher Augentrost

Feabane / Alpenberufkraut
Fern, Holly / Lanzenschildfarn
Fern, Royal / Königsfarn
Forget-me-not, Alpine / Alpenvergißmeinnicht
Forget-me-not, Water / Sumpfvergißmeinnicht
Foxglove / Roter Fingerhut
Fungi, Shaggy-ink-cap / Schopftintling
Fungus, Coral / Korallenpilz
Fungus, Honey / Hallimasch
Fungus, Stinkhorn / Stinkmorchel

Garlic, Wild / Bärlauch
Gentian, Field / Feldenzian
Gentian, Marsh / Lungenenzian
Gentian, Snow / Schnee-Enzian
Gladiolus, Wild / Wildgladiole
Glasswort / Gewöhnlicher Queller
Globeflower / Europäische Trollblume
Golden-saxifrage, Opposite-leaved / Gegenblättriges Milzkraut
Gorse / Stechginster
Grass-of-Parnassus / Sumpfherzblatt
Ground-ivy / Gundermann

Hair-moss, Wolly / Zackenmützenmoos
Hair-grass, Somerset / Schillergras
Harebell / Glockenblume
Hart's-tongue / Hirschzunge
Hawthorn / Eingriffeliger Weißdorn
Hazel / Haselnuß
Heath, Cross-leaved / Glockenheide
Heather / Besenheide
Heather, Bell / Grauheide
Helleborine, Dark-red / Braunrote Stendelwurz
Hemp-agrimony / Gewöhnlicher Wasserdost
Herb-Paris / Vierblättrige Einbeere
Herb-Robert / Rupprechts Storchschnabel
Holly / Stechpalme
Honeysuckle / Waldgeißblatt

Iris, Yellow / Wasserschwertlilie
Ivy / Gewöhnlicher Efeu

Juniper, Dwarf / Zwergwacholder

Knabweed / Sommerwurz
Knabweed, Greater / Skabiose

Lady's-mantle / Gewöhnlicher Frauenmantel
Lady's-mantle, Alpine / Alpenfrauenmantel
Lady's-tresses, Creeping / Kriechstendel
Lily-of-the-valley / Maiglöckchen
Lily, Snowdon / Faltenlilie
Lime, Small-leaved / Winterlinde
Loosestrife, Yellow / Gewöhnlicher Gilbweiderich
Lords-and-Ladies / Gefleckter Aronstab
Lousewort, Marsh / Sumpfläusekraut
Lyme-grass / Gewöhnlicher Strandroggen

Mallow, Bass / Strauchpappel
Marram / Strandhafer
Marsh-marigold / Sumpfdotterblume
Marsh-orchid, Early / Fleischrotes Knabenkraut
Mat-grass / Borstgras
Mayweed, Sea / Strandkamille
Meadow-rue, Alpine / Alpenwiesenraute
Meadowsweet / Echtes Mädesüß
Melick, Wood / Einblütiges Perlgras
Mercury, Dog's / Waldbingelkraut
Mezereon / Gewöhnlicher Seidelbast
Milkwort, Dwarf / Bittere Kreuzblume
Milkwort, Sea / Strandmilchkraut
Monkeyflower / Gelbe Gauklerblume
Moonwort / Mondraute
Moor-grass, Purple / Blaues Pfeifengras
Mouse-ear, Alpine / Alpenhornkraut
Mouse-ear, Arctic / Arktisches Hornkraut
Mouse-ear (chickweed), Shetland / Shetland--Hornkraut
Mustard, Garlic / Lauchhederich

Oak, Pedunculate / Stieleiche
Oak, Sessil / Traubeneiche
Orchid, Bird's-nest / Vogelnestwurz
Orchid, Bog / Weichorchis
Orchid, Coralroot / Korallenwurz
Orchid, Early-purple / Stattliches Knabenkraut
Orchid, Frog / Grüne Hohlzunge
Orchid, Lady / Purpurknabenkraut
Orchid, Pyramidal / Pyramidenorchis
Oxlip / Waldprimel

Pansy, Yellow / Gelbes Stiefmütterchen
Peel Peziza Orange / Orangebecherling
Pine, Scots / Waldkiefer
Pink, Cheddar / Pfingstnelke
Plantain, Sea / Strandwegerich
Pondweed, Bog / Knöterich-Laichkraut
Pondweed, Broad-leaved / Schwimmendes Laichkraut
Pont-sedge, Lesser / Sumpfsegge
Poppy, Common / Klatschmohn
Primrose / Stengellose Schlüsselblume
Primrose, Bird's-eye / Mehlprimel
Primrose, Scottish / Schottische Schlüsselblume
Purple-loosestrife / Blutweiderich
Purselane, Iceland / Islandknöterich

Ragged-Robin / Kuckuckslichtnelke
Rampion, Round-headed / Kugelige Teufelskralle
Rannoch-rush / Blasenbinse
Reed, Common / Schilf
Reindeer-moss / Rentierflechte
Rhododendron / Rhododendron
Ribwort, Plantain / Spitzwegerich
Rock-cress, Alpine/ Alpengänsekresse
Rock-rose, Common / Gewöhnliches Sonnenröschen
Rocket, Sea / Meersenf
Roseroot / Rosenwurz
Rowan / Eberesche (Vogelbeere)
Rush, Baltic / Baltische Binse
Rush, Heath / Sparrige Binse
Rush, Three-leaved / Dreispaltige Binse

Saffron, Meadow / Herbstzeitlose
Sandwort, Norwegian / Norwegisches Sandkraut

Sanicle / Waldsanikel
Saxifrage, Meadow / Knöllchensteinbrech
Saxifrage, Mossy / Moos-Steinbrech
Saxifrage, Purple / Roter Steinbrech
Saxifrage, Starry / Sternblütige Steinbrech
Saxifrage, Yellow / Fetthennensteinbrech
Scabious, Devils'-bit / Teufelsabbiß
Scabious, Small / Taubenskabiose
Scurvy-grass / Gewöhnliches Löffelkraut
Sea-buckthorn / Sanddorn
Sea-holly / Stranddistel
Sea-lavender, Common / Strandflieder
Sedge, Mountain / Bergsegge
Selfheal / Gewöhnliche Brunelle
Silverweed / Gänsefingerkraut
Soft-grass, Creeping / Weiches Honiggras
Sorrel, Common / Wiesensauerampfer
Sorrel, Mountain / Alpensäuerling
Spider-orchid, Early / Spinnenragwurz
Spider-orchid, Late / Hummelragwurz
Spleenwort, Black / Schwarzer Streifenfarn
Spleenwort, Green / Grüner Streifenfarn
Spotted-orchid, Heath / Geflecktes Knabenkraut
Spruce, Norway / Fichte
Spruce, Sitka / Sitkafichte
Spurge, Wood / Mandelblättrige Wolfsmilch
Star-of-Bethlehem / Waldgelbstern
Stitchwort, Greater / Große Sternmiere
Stonecrop, Biting / Fetthenne
Strawberry, Wild / Walderdbeere
Sundew, Great / Langblättriger Sonnentau
Sundew, Oblong-leaved / Mittlerer Sonnentau
Sundew, Round-leaved / Rundblättriger Sonnentau
Sycamore / Bergahorn

Thistle, Carline / Golddistel
Thistle, Spear / Gewöhnliche Kratzdistel
Thrift / Gewöhnliche Grasnelke
Thyme, Breckland / Sandthymian
Thyme, Wild / Gewöhnlicher Thymian
Tormentil / Aufrechtes Fingerkraut
Tussock-sedge, Greater / Rispensegge
Twayblade, Common / Großes Zweiblatt
Twayblade, Lesser / Herz-Zweiblatt
Twinflower / Moosglöckchen

Vetch, Kidney / Wundklee
Violet, Heath / Hainveilchen
Violet , Marsh / Sumpfveilchen
Viper's-bugloss / Gewöhnlicher Natternkopf

Water-crowfoot, Common / Wasserhahnenfuß
Water-lily, White / Weiße Seerose
Water-lily, Yellow / Gelbe Teichrose
Water-milfoil / Tausendblatt
Water-violet / Wasserfeder
Whin, Petty / Englischer Ginster
Whitebeam, Common / Mehlbeere
Willow, Creeping / Kriechweide
Willow, Dwarf / Zwergweide
Willow, Net-leaved / Netzweide
Willowherb, Broad-leaved / Bergweidenröschen
Willowherb, Rosebay / Schmalblütiges Weidenröschen
Wintergreen, Chickweed / Europäischer Siebenstern
Wintergreen, Common / Kleines Wintergrün
Wintergreen, One-flowered / Einblütiges Wintergrün
Wintergreen, Round-leaved / Rundblättriges Wintergrün
Woodruff / Waldmeister
Wood-sorrel / Waldsauerklee

Yarrow / Wiesen-Scharfgarben
Yellow-rattle / Kleiner Klappertopf

Jew / Eibe

Vögel

Avocet / Säbelschnäbler

Bittern / Rohrdommel
Blackbird / Amsel
Bluethroat, Red-spotted / Rotsterniges Blaukehlchen
Brambling / Bergfink
Bunting, Reed / Rohrammer
Bunting, Snow / Schneeammer
Buzzard / Mäusebussard
Buzzard, Honey / Wepenbussard

Capercaillie / Auerhuhn
Chaffinch / Buchfink
Chough / Alpenkrähe
Chiffchaff / Zilpzalp
Cormorant / Kormoran
Corncrake / Wachtelkönig
Creeper, Tree / Waldbaumläufer
Crossbill, Common / Fichtenkreuzschnabel
Crossbill, Scottish / Schottischer Fichtenkreuzschnabel
Crow, Carrion / Rabenkrähe
Crow, Hooded / Nebelkrähe
Curlew / Großer Brachvogel

Dipper / Wasseramsel
Diver, Black-throated / Prachttaucher
Diver, Northern / Eistaucher
Diver, Red-throated / Sterntaucher
Dotterel / Mornellregenpfeifer
Dove, Rock / Felsentaube
Duck, Long-tailed / Eisente
Duck, Tufted / Reiherente
Dunlin / Alpenstrandläufer
Dunnock / Heckenbraunelle

Eagle, White-tailed / Seeadler
Eider / Eiderente

Fieldfare / Wacholderdrossel
Firecrest / Sommergoldhähnchen
Flycatcher, Spotted / Grauschnäpper
Fulmar / Eissturmvogel

Gadwall / Schnatterente
Gannet / Baßtölpel
Godwit, Bar-tailed / Pfuhlschnepfe
Godwit, Black-tailed / Uferschnepfe
Goldcrest / Wintergoldhähnchen
Golden Eagle / Steinadler
Goldeneye / Schellente
Goose, Barnacle / Weißwangengans
Goose, Canada / Kanadagans
Goose, Greylag /Graugans
Goose, Pink-footed / Kurzschnabelgans
Goose, Snow / Schneegans
Goose, White-fronted / Bläßgans
Goosander / Gänsesäger
Goshawk / Habicht
Grebe, Great Crested / Haubentaucher
Grebe, Little / Zwergtaucher
Grebe, Slavonian / Ohrentaucher
Greenshank / Grünschenkel
Grosbeak, Scarlet / Karmingimpel
Grouse, Black / Birkhuhn
Grouse, Red (Willow) / Schottisches Moorschneehuhn
Guillemot / Trottellumme
Guillemot, Black (Tystie) / Gryllteiste
Gull, Black-headed / Lachmöwe
Gull, Common / Sturmmöwe
Gull, Great Black-backed / Mantelmöwe
Gull, Herring / Silbermöwe
Gull, Lesser Black-backed / Heringsmöwe

Harrier, Hen / Kornweihe
Harrier, Marsh / Rohrweihe
Harrier, Montagu's / Wiesenweihe
Heron, Grey / Graureiher
Hobby / Baumfalke

Jackdaw / Dohle

Kestrel / Turmfalke
Kite, Red / Rotmilan
Kittiwake / Dreizehenmöwe
Kingfisher / Eisvogel
Knot / Knutt

Lapwing / Kiebitz
Lark, Wood / Heidelerche

Mallard / Stockente
Martin, House / Mehlschwalbe
Merganser, Red-breasted / Mittelsäger
Merlin / Merlin
Moorhen / Teichhuhn

Nightjar / Ziegenmelker
Nuthatch / Kleiber

Osprey / Fischadler
Ouzel, Ring / Ringdrossel
Owl, Little / Steinkauz
Owl, Long-eared / Waldohreule
Owl, Short-eared / Sumpfohreule
Owl, Snowy / Schnee-Eule
Owl, Tawny / Waldkauz
Oystercatcher / Austernfischer

Peregrine / Wanderfalke
Petrel, Leach's / Wellenläufer
Petrel, Storm / Sturmschwalbe
Phalarope, Red-necked / Odinshühnchen
Pheasant / Fasan
Pigeon, Wood / Ringeltaube
Pintail / Spießente
Pipit, Meadow / Wiesenpieper
Pipit, Rock / Strandpieper
Pipit, Tree / Baumpieper
Plover, Ringed / Sandregenpfeifer
Plover, Golden / Goldregenpfeifer
Pochard / Tafelente
Ptarmigan / Alpenschneehuhn
Puffin / Papageitaucher

Rail, Water / Wasserralle
Raven / Kolkrabe
Razorbill / Tordalk
Redshank / Rotschenkel
Redshank, Spotted / Dunkelwasserläufer
Redwing / Rotdrossel

Redstart / Gartenrotschwanz
Robin / Rotkehlchen
Rook / Saatkrähe
Rosefinch, Scarlet / Karmingimpel
Ruff / Kampfläufer

Sanderling / Sanderling
Sandpiper, Common / Flußuferläufer
Sandpiper, Pectoral / Graubruststrandläufer
Sandpiper, Purple / Meerstrandläufer
Scaup / Bergente
Scoter, Common / Trauerente
Scoter, Velvet / Samtente
Shag / Krähenscharbe
Shearwater, Manx / Schwarzschnabel-Sturmtaucher
Shearwater, Sooty / Dunkelsturmtaucher
Shelduck / Brandgans
Shoveler / Löffelente
Shrike, Red-backed / Neuntöter
Siskin / Zeisig
Skua, Arctic / Schmarotzerraubmöwe
Skua, Great (Bonxie) / Skua
Skua, Long-tailed / Falkenraubmöwe
Skylark / Feldlerche
Snipe / Bekassine
Sparrow, House / Haussperling
Sparrow, Tree / Feldsperling
Sparrowhawk / Sperber
Starling / Star
Stonechat / Schwarzkehlchen
Swallow / Rauchschwalbe
Swan, Mute / Höckerschwan
Swan, Whooper / Singschwan
Swift / Mauersegler

Teal / Krickente
Tern, Arctic / Küstenseeschwalbe
Tern, Black / Trauerseeschwalbe
Tern, Common / Flußseeschwalbe
Tern, Little / Zwergseeschwalbe
Tern, Sandwich / Brandseeschwalbe
Tern, Roseate / Rosenseeschwalbe
Tit, Blue / Blaumeise
Tit, Bearded / Bartmeise
Tit, Crested / Haubenmeise
Tit, Great / Kohlmeise
Turnstone / Steinwälzer
Twite / Berghänfling

Wagtail, Grey / Gebirgsstelze
Wagtail, Pied / Trauerbachstelze
Wagtail, White / Bachstelze
Wagtail, Yellow / Englische Schafstelze
Warbler, Barred / Sperbergrasmücke
Warbler, Dartford / Provencegrasmücke
Warbler, Grasshopper / Feldschwirl
Warbler, Sedge / Schilfrohrsänger
Warbler, Willow / Fitis
Warbler, Wood / Waldlaubsänger
Wheatear / Steinschmätzer
Whimbrel / Regenbrachvogel
Whinchat / Braunkehlchen
Whitethroat / Dorngrasmücke
Wigeon / Pfeifente
Woodcock / Waldschnepfe
Woodpecker, Great Spotted / Buntspecht
Woodpecker, Green / Grünspecht
Wren / Zaunkönig
Wren, Shetland / Shetland-Zaunkönig

Yellowhammer / Goldammer

Säugetiere
Badger / Dachs
Bat, Greater Horseshoe / Große Hufeisennase

Cat, Wild / Wildkatze

Fox / Rotfuchs

Deer, Fallow / Damhirsch
Deer, Red / Rothirsch
Deer, Roe / Reh
Deer, Sika / Sikahirsch
Dolphin, Common / Delphin
Dolphin, Risso's / Rundkopfdelphin
Dolphin, White-beaked / Langfinnendelphin
Dormouse / Haselmaus
Dormouse, Fat / Siebenschläfer

Fieldmouse, Yellownecked / Gelbhalsmaus

Hare, Brown / Feldhase
Hare, Mountain (Blue Hare) / Schneehase
Hedgehog / Igel

Mole / Maulwurf
Mouse, Field (Woodmouse) / Waldmaus
Mouse, Harvest / Zwergmaus
Mouse, House / Hausmaus
Mouflon / Mufflon
Muntjac / Muntjak

Otter / Fischotter

Pine Marten / Baummarder
Polecat / Iltis
Porpoise, Common / Schweinswal

Rabbit / Wildkaninchen
Rat, Brown / Wanderratte
Reindeer / Rentier

Seal, Grey / Kegelrobbe
Seal, Sand / Seehund
Shrew, Common / Waldspitzmaus
Shrew, Pigmy (Lesser Shrew) / Zwergspitzmaus
Squirrel, Red / Eichhörnchen
Squirrel, Grey / Grauhörnchen
Stoat / Hermelin

Vole, Bank / Waldwühlmaus
Vole, Common / Feldmaus
Vole, Field / Erdmaus
Vole, Ground / Ostschermaus
Vole, Water / Westschermaus

Watershrew / Wasserspitzmaus
Weasel / Mauswiesel
Whale, Pilot / Grindwal
Woodmouse / Waldmaus

Amphibien, Reptilien
Adder (Common Viper) / Kreuzotter

Frog, Common (Grass Frog) / Grasfrosch
Frog, Marsh (Lake Frog) / Seefrosch

Lizzard, Sand / Zauneidechse
Lizzard, Common / Bergeidechse (Waldeidechse)

Natterjack / Kreuzkröte
Newt, Palmate / Fadenmolch
Newt, Smooth / Teichmolch (Streifenmolch)
Newt, Warty / Kammolch

Snake, Grass / Ringelnatter
Snake, Smooth / Glattnatter (Schlingnatter)

Toad, Common / Erdkröte

Worm, Slow / Blindschleiche

Fische
Butterfish / Butterfisch

Carp / Karpfen

Eel / Europäischer Aal

Herring / Hering

Mackerel / Makrele

Pike / Hecht

Roach / Plötze
Rudd / Rotfeder

Salmon / Lachs
Sandeel / Sandaal
Sprat / Sprotte

Tench / Schleie
Trout, Brown / Bachforelle
Trout, Sea / Seeforelle
Trout, Rainbow / Regenbogenforelle

Vendace / Kleine Moräne

Wirbellose
Admiral, Red / Admiral
Admiral, White / Kleine Eisvogel
Aeshna, Common / Torf-Mosaikjungfer
Ant, Wood / Rote Waldameise
Argus, Scotch / Bläuling / Aricia artaxerxes

Beetle, Stag / Hirschkäfer
Blue, Common / Hauhechelbläuling
Blue, Silver-studded / Geiskleebläuling
Brown, Meadow / Ochsenauge

Chaser, Broad-bodied / Plattbauch
Chaser, Four-spotted / Vierfleck
Copper, Small / Feuerfalter

Damsel, Red / Blutrote Heidelibelle

Fritillary, Bog / Braunfleckiger Perlmutterfalter
Fritillary, Silver-washed / Kaisermantel

Grayling / Ockerbindiger Samtfalter

Hairstreak, Green / Brombeerzipfelfalter
Hammock, Spider / Baldachinspinne
Heath, Large / Großer Heufalter

Ringlet, Mountain / Mohrenfalter / Erebia epiphron

Swallowtail / Schwalbenschwanz

Tip, Orange / Aurorafalter
Timberman / Zimmerbock
Tortoiseshell, Small / Kleiner Fuchs

Register

Fett gedruckte Seitenzahlen verweisen auf Abbildungen, schräg gedruckte Seitenzahlen auf Essays (im Text blau unterlegt). Seitenzahlen mit dem Zusatz »ff« bezeichnen den Beginn eines Hauptreiseziels.

Pflanzen

Vögel

Säugetiere

Amphibien, Reptilien

Fische

Wirbellose

Ortsnamen und Sachbegriffe

684